成长的烦恼

中国迈向现代化进程中的挑战及应对

蔡昉◎著

中国社会科学出版社

图书在版编目（CIP）数据

成长的烦恼：中国迈向现代化进程中的挑战及应对／蔡昉著 .—北京：中国社会科学出版社，2021.7（2021.11重印）

ISBN 978 – 7 – 5203 – 8614 – 2

Ⅰ．①成… Ⅱ．①蔡… Ⅲ．①中国经济—经济发展—研究 Ⅳ．①F124

中国版本图书馆 CIP 数据核字（2021）第 112969 号

出 版 人	赵剑英
策划编辑	王　茵
责任编辑	马　明　李　沫
责任校对	李　莉
责任印制	王　超

出　　版	中国社会科学出版社
社　　址	北京鼓楼西大街甲 158 号
邮　　编	100720
网　　址	http://www.csspw.cn
发 行 部	010 – 84083685
门 市 部	010 – 84029450
经　　销	新华书店及其他书店

印　　刷	北京明恒达印务有限公司
装　　订	廊坊市广阳区广增装订厂
版　　次	2021 年 7 月第 1 版
印　　次	2021 年 11 月第 2 次印刷

开　　本	710×1000　1/16
印　　张	24.5
字　　数	249 千字
定　　价	98.00 元

凡购买中国社会科学出版社图书，如有质量问题请与本社营销中心联系调换

电话：010 – 84083683

版权所有　侵权必究

目　录

绪　论 ·· (1)
 一　引言 ·· (1)
 二　中国特色社会主义现代化 ······················ (5)
 三　发展中的问题和成长中的烦恼 ··············· (11)
 四　结构与要点 ······································· (14)

第一章　从中等收入陷阱到门槛效应 ··············· (23)
 一　引言 ·· (23)
 二　走向高收入：从趋同到分化 ··················· (27)
 三　收入、人口与增长的关系特征 ················ (31)
 四　门槛效应的理论和经验 ························· (37)
 五　发展阶段转变中的中国经济 ··················· (44)
 六　结语和政策建议 ································· (49)

第二章 如何置身全球"长期停滞"之外？……（54）
　　一　引言……（54）
　　二　以长期停滞定义的世界经济……（57）
　　三　逆全球化趋势、内顾倾向及脱钩……（61）
　　四　人口负增长作为一个转折点……（72）
　　五　打破结构性需求不足的制约……（80）
　　六　结语和政策建议……（85）

第三章 以拓展比较优势形成新发展格局……（89）
　　一　引言……（89）
　　二　基于人口转变的比较优势变化……（94）
　　三　规模效应与比较优势拓展版……（98）
　　四　"双循环"的新发展格局……（104）
　　五　结语和政策建议……（108）

第四章 区域经济发展的动态平衡……（112）
　　一　引言……（112）
　　二　作为普遍现象的区域不均衡……（116）
　　三　"胡焕庸线"与区域经济格局变化……（121）
　　四　误导的地区赶超理论和经验依据……（127）
　　五　区域均衡战略何以存在效果差异？……（135）
　　六　东北振兴：比较优势还是规模经济？……（144）

七　结语和政策建议 …………………………………（151）

第五章　生产率、新动能与制造业 ………………………（155）
　一　引言 ………………………………………………（155）
　二　生产率的产业差异及其阶段特征 ………………（159）
　三　生产率提高的两个过程及其反转 ………………（165）
　四　制造业下降的规律与转折点 ……………………（173）
　五　为什么需要以及如何稳定制造业？ ……………（178）
　六　结语和政策建议 …………………………………（183）

第六章　诸城记：城市发展的基本要素 …………………（188）
　一　引言 ………………………………………………（188）
　二　城市化的经济社会发展内涵 ……………………（192）
　三　城市发展的"托尔斯泰效应" …………………（198）
　四　城市发展成败的特征化事实 ……………………（206）
　五　政府的选择：梯波特—麦奎尔模型 ……………（212）
　六　结语和政策建议 …………………………………（216）

第七章　以人为中心的宏观经济政策 ……………………（220）
　一　引言 ………………………………………………（220）
　二　"宏观经济民粹主义" …………………………（225）
　三　宏观经济政策的就业优先视角 …………………（232）

四　特征化事实：应对危机的宏观经济政策 ……… （240）
五　结语和政策建议 …………………………………… （253）

第八章　创造与保护：为什么需要更多的再分配？ …… （257）
一　引言 ………………………………………………… （257）
二　突破"穆勒难题"和"奥肯取舍" ……………… （259）
三　涓流经济学的最后盛宴 …………………………… （263）
四　创造与破坏：超越熊彼特式创新 ………………… （270）
五　劳动力市场的初次分配效应递减 ………………… （279）
六　如何分享创新与创业的成果？ …………………… （283）
七　结语和政策建议 …………………………………… （289）

第九章　人往高处走：高质量发展与社会流动 ………… （293）
一　引言 ………………………………………………… （293）
二　人口变化的社会经济视角 ………………………… （296）
三　社会性流动的两种模式 …………………………… （304）
四　高质量发展与社会性流动 ………………………… （313）
五　更高发展阶段上的相对贫困现象 ………………… （317）
六　结语和政策建议 …………………………………… （324）

第十章　如何开启第二次人口红利？ …………………… （329）
一　引言 ………………………………………………… （329）

二　与老龄化共舞：创新理念与实践 …………………（332）

三　人口特征如何支撑未来增长？ …………………（337）

四　老龄化对经济增长的制约 ………………………（341）

五　回声效应中的人口红利 …………………………（352）

六　结语和政策建议 …………………………………（356）

参考文献 ………………………………………………（361）

后　记 …………………………………………………（382）

绪 论

一 引言

党的十九大报告指出:"从十九大到二十大,是'两个一百年'奋斗目标的历史交汇期。我们既要全面建成小康社会、实现第一个百年奋斗目标,又要乘势而上开启全面建设社会主义现代化国家新征程,向第二个百年奋斗目标进军。"[①] 到2020年底,以打赢脱贫攻坚战和圆满完成"十三五"规划目标为标志,第一个百年奋斗目标已经实现,随即进入新发展阶段,开启全面建设社会主义现代化国家的新征程。

在决胜全面建成小康社会和"十三五"规划收官的2020年,虽然遭遇到新冠肺炎疫情这一新中国历史上传播速度最快、感染范围最广、防控难度最大的重大突发公共卫生事件,

---

① 习近平:《决胜全面建成小康社会 夺取新时代中国特色社会主义伟大胜利——在中国共产党第十九次全国代表大会上的报告》,人民出版社2017年版,第28页。

2　成长的烦恼

及其造成的对经济社会生活的严重冲击，中国仍然在世界上最早控制住疫情，并及时复工复产和复商复市，实现了2.3%的经济增长速度，成为世界上唯一国内生产总值（GDP）正增长的主要经济体，完成了各项经济社会发展主要目标。

根据国际货币基金组织（IMF）初步统计[①]，2020年在中国GDP增长2.3%的同时，美国GDP缩减了3.5%，全球经济缩减了3.3%。据此推算，中国经济占世界经济的比重已经达到17.3%，恰好是1978年的10倍。在同一时期，美国经济的世界经济占比从27.4%下降到24.3%。2020年中国经济总量也首次突破百万亿元大关，达到101.6万亿元，按照可比价格计算是1978年的40.2倍。

从1978年开始截至目前的整个改革开放时期，中国的人均收入水平更是实现了跨越式的提高。1978年，中国是世界上最贫困的国家之一，处在世界银行所定义的低收入国家中低水平行列。当年人均GDP仅为156美元，相当于撒哈拉以南非洲低收入国家平均水平的31.6%。由于实现了史无前例的高速经济增长，中国的人均GDP连续跨上几个重要台阶：在1993年跨过中等偏下收入国家门槛，在2009年进入中等偏上收入国家的行列，大约同时在经济总量上超过日本，成为仅次于美国

[①] 参见 International Monetary Fund,"World Economic Outlook", April 2021, https://www.imf.org/zh/Publications/WEO/Issues/2021/03/23/world-economic-outlook-april-2021，2021年4月25日浏览。

的世界第二大经济体。2019年，中国的人均GDP已经比中等偏上收入国家的平均水平高出13.5%。

GDP总量和人均水平的提高，被转化为显著增强的国力、走近世界前沿行列的科技水平和显著提升的人民生活水平。在整个改革开放时期，城乡居民人均可支配收入的提高，与GDP的增长整体上保持了同步，在党的十八大以来同步性更是显著提高。2020年，按不变价格计算，人均居民可支配收入比1978年提高了26.3倍，在2010年基础上翻了一番。

实现在现行脱贫标准下农村贫困人口全部脱贫，是全面建成小康社会一个最重要的标志，也是党的十八大以来实现共同富裕要求的最突出进展。按照2020年人均收入4000元确定的现行标准，相当于按购买力平价计算每人每天2.3美元。在世界银行掌握数据的132个国家中，即便按照每人每天1.9美元的标准，2018年也仅有9个国家实现了贫困发生率的清零。也就是说，在绝大多数高收入国家，也尚未根本消除绝对贫困。例如，以1.9美元计算的贫困发生率，高收入国家平均为0.6%，中等偏上收入国家平均为1.5%，中等偏下收入国家平均为16.9%，低收入国家平均高达45.5%（图0-1）。

可见，中国全面建成小康社会的伟大成就确为成色十足，这也标志着中国在更高水平上、以更雄厚的物质基础进入新发展阶段，开启全面建设社会主义现代化国家新征程。同时也要看到，作为一个拥有14亿人口的大国，中国在实现现代化的

4　成长的烦恼

途中也将面临前所未有的特殊挑战，不只是一路凯歌、莺歌燕舞。而且，越是接近现代化的实现，也将遇到更大的艰难险阻。

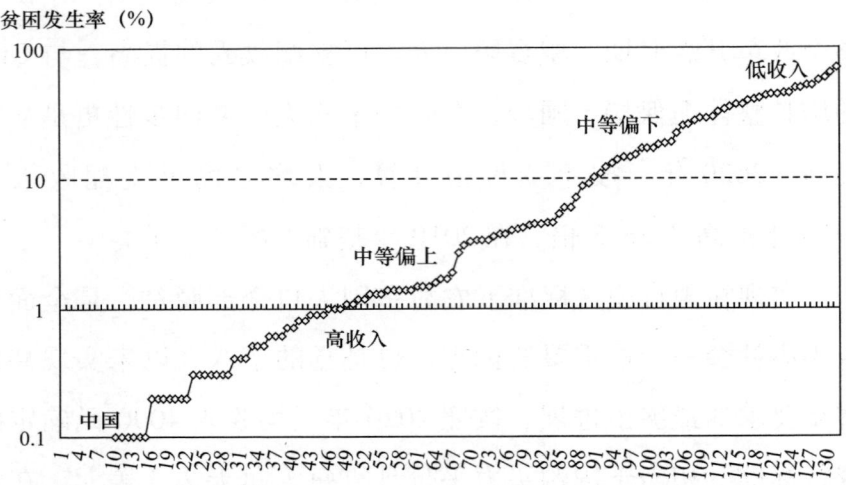

图0-1　按1.9美元标准计算的各国贫困发生率

注释：纵坐标采用了对数形式。由于图形内空间有限，横坐标中的国家和地区名称以数字代替。

资料来源：World Bank，"World Development Indicators"，世界银行官方网站，https://data.worldbank.org/。

特别是，在实现现代化的这个阶段上，必然会出现很多发展中的问题和成长中的烦恼，其中一些是一般规律使然，另一些则与中国的特殊国情有着密切的关系，在经济社会各个环节中都会产生诸多难点问题。诚然，各国走向现代化的过程中，会遇到一些具有一般性的挑战，很多成功的经验和失败的教训都值得总结和吸取，经济学研究成果对此做出了反映，因此也具有借鉴意义。然而，鉴于中国的社会制度和特殊国情，在发展过程中形成许多独有的特征，对于很多这样的问题，从已经实现了现代化的国家那里，我们是找不到现成答案的，从已有的经济理论特别是主流经济学理论中，也找不到已有定论的发展规律可循。

因此，着眼于中国经济所处的国际经济环境和自身发展阶段，分析各相关领域面临的主要挑战、持续存在的难点和堵点，以及可能出现的新风险，无疑是在进入新发展阶段伊始，经济理论和政策研究所面临的头等重要任务。本书便是通过作者长期对中国经济发展过程的理解与研究，提出中国走向现代化途中的一些重要话题，相应做出经济学的理论解释，尝试提出具有针对性的政策建议。

二 中国特色社会主义现代化

与历史上其他国家实现的现代化相比，中国特色社会主义现代化的最突出特点，就是这将是 14 亿人口实现共同富裕的现代化。中国的现代化是在中国共产党领导下中国特色社会主义事业的重要组成部分，而党的宗旨是全心全意为人民服务。14 亿人口共同富裕的现代化，在以往的人类历史上从未有过。

6　成长的烦恼

2019年，按照世界银行对国家的分组，全部高收入国家的人口总和为12.36亿人，仅仅是中国人口的88.3%。预计到2025年，中国跨越高收入国家收入门槛，那就意味着全世界生活在高收入水平的人口将增加一倍有余，这无疑是中国对人类做出的巨大贡献，14亿中国人民在克服各种艰难险阻和挑战后的成功现代化实践，也将为人类社会发展提供有益的经验。

从目标、步骤与路径等方面来看，中国特色社会主义现代化的实现过程，将面对一系列严峻的挑战。在本书，我们将揭示若干具有现实针对性和紧迫性的特殊挑战，进行理论分析和国际比较，在此基础上提出应对思路和政策手段等方面的建议。同时，相关的理念和实践也必然具有一般的经验意义。

促进全体人民共同富裕，基本标志是人民生活品质的提高，使人民群众在共建共享发展中有更多获得感。在2035年基本实现现代化和2050年全面建成富强民主文明和谐美丽的社会主义现代化强国，都将以相应水平的人均GDP作为标志。同时，共同富裕则意味着城乡居民的收入水平和生活品质与人均GDP水平相匹配。因此，在进一步发展的过程中，需要保持居民收入增长与经济增长基本同步。

实现全体人民共同富裕，必须做到人人参与、人人尽力、人人享有。就业是民生之本，也是每个人通过辛勤劳动创造美好生活的重要舞台。实施积极就业政策，仍然需要从以下几个方面着眼和着力。一是加强劳动就业立法和执法，完善劳动力市场制度，构建和谐劳动关系，不断提高就业质量；二是完善终身学习体系，加强就业和创业培训，改善公共就业服务，缓解结构性和摩擦性就业矛盾；三是把就业优先政策置于宏观层面，建立宏观经济政策预警和应对机制，减小周期性失业发生概率及对民生造成的损害。

以提高基本公共服务的供给和均等化水平为抓手，加大再分配力度，提高社会保护和社会共济水平，促进社会公平正义。促进全体人民共同富裕，要着眼于重点人群，从找准关键堵点、突破持续难点出发，不断扩大中等收入群体规模。近年来脱贫的农村低收入家庭、进城农民工以及老年人等重点人群，是需要加大力度予以培育的中等收入群体后备军，应该从扩大劳动参与率、保障收入的持续稳定增长，以及促进基本公共服务可得性等方面着眼，补齐各种短板，降低这些人群的就业风险和生活脆弱性，使其源源不断地进入中等收入群体。

占世界人口高达18.2%的14亿中国人民的现代化，不可避免产生一种显著的大国效应，即中国在物质文明和精神文明各方面存量和增量的变化，都会对世界产生显著的影响。一方面，无论是从国内还是国际角度来认识，这种大国效应都给中国带来特殊而严峻的挑战。另一方面，巨大的人口规模也产生得天独厚的优势，有助于支撑中国的现代化进程。

首先，迅速的人口转变固然在特定的时期给经济增长带来显著的红利，也在人口红利消失的条件下带来额外突出的负面冲击。这种人口转变和经济发展的阶段变化，都会以人口规模的量级产生放大效应。这种效应以前发生过，今后很可能还要发生。很多研究指出，20世纪90年代以来，随着中国参与世界分工体系，特别是2001年加入世界贸易组织（WTO），由于劳动年龄人口快速增长、更高的劳动参与率，以及农村劳动力转移，与其他因素一起改变了全球劳动力供给、贸易特征和世界经济平衡格局。[1] 相应地，在中国的人口转变阶段发生根本性转变的情况下，世界经济的许多趋势性特征也将发生变化。

我们来观察中国总人口、劳动年龄人口和老年人口的世界占比，把可以代表人口红利最高点的2010年与预期基本实现现代化的2035年进行比较。在2010—2035年期间，中国总人口的世界占比从19.4%下降到15.9%的同时，15—59岁劳动年龄人口的占比以更大的幅度从21.8%下降到15.4%，同时60岁及以上老年人口的占比则从21.7%提高到25.9%。这些人口因素都会在一定程度上转化为经济增长新特征，从中国外溢到国际宏观经济领域。

其次，与小型经济体不同的是，大国经济发生的任何变化，都会对其他国家和世界经济产生或大或小的影响。当今世

---

[1] 例如，可参见 Charles Goodhart and Manoj Pradhan, *The Great Demographic Reversal: Ageing Societies, Waning Inequality, and An Inflation Revival*, 1st ed., Cham, Switzerland: Palgrave Macmillan, 2020.

界百年未有之大变局的一个重要特征,就是新兴经济体和发展中国家在世界经济中的占比提高,以及在国际规则制定中的话语权提升,导致全球经济的多元化和多极化格局。加快推进现代化过程中的中国,在这个变化中发挥着举足轻重的作用。在1990—2019年这一轮全球化期间,发展中国家(即低收入国家和中等收入国家)在世界经济中的占比从16.1%提高到37.3%;同期中国在发展中国家全部GDP中的占比从9.9%提高到43.9%;这期间发展中国家GDP增量的48.1%为中国所贡献。

固然,一个国家或者一些经济体的更快发展,并不意味着另一个国家或者其他经济体发展机会的减少。但是,有两个因素会引起守成经济体对新兴经济体的不满和警惕。其一,从国民经济在世界经济中的比重来看,世界经济格局的变化的确产生两类经济体之间经济影响力的此消彼长,而这种影响力本来也的确是有利于增长的因素。其二,如美国这样的守成国家,未能在获得全球化收益的同时解决好国内分享问题,造成劳动力市场两极化、收入差距扩大和中产阶级萎缩等痼疾。这些成为国内民粹主义政策的温床,也必然在国际关系中表现为民族主义、保护主义和单边主义。

中国和发展中国家在世界经济中地位的提高,同时意味着美国等发达国家地位的下降。中国经济的崛起和科技实力的增强,已经引起美国等国家的遏制意图。"修昔底德陷阱"虽然是一个综合性、形象化的概括，其背后却隐含着地缘政治、经贸关系和技术交流诸多内容，也越来越成为现实存在的制约。[①]中国要突破种种牵制，必须加快构建国内大循环为主体、国内国际双循环相互促进的新发展格局，在更高水平上实现自立自强。

最后，这种大国效应也给中国的发展带来独特的优势。一方面，巨大的人口规模也同时意味着庞大的人力资本存量和劳动力数量，其蕴含的企业家精神、科技创新和制度创新动力，以及市场活力，都能够从供给侧产生推动经济增长的潜力。另一方面，巨大的人口规模也构成超大规模消费群体和市场体量，有助于挖掘需求侧潜力，为实现潜在增长率提供有力保障。

2018年，中国人口的世界占比为18.2%，而最终消费总额的世界占比仅为12.1%，说明中国在消费支出方面尚与一般规律和常态结构有所偏离。一旦消除这两个指标世界占比之间的差额，就意味着中国最终消费的增加幅度，可以达到世界最终消费总额的4%。在2019年，这个4%的规模大体等于南亚地区的全部最终消费额、中东和北非地区的全部最终消费额，或英国的最终消费总额。

---

① 参见［美］格雷厄姆·艾利森《注定一战：中美能避免修昔底德陷阱吗？》，上海人民出版社2018年版。

三 发展中的问题和成长中的烦恼

截止到2019年,按照世界银行分组标准,被归入低收入国家和地区的经济体,仍然占到全部有人均GDP数据的198个国家和地区的11.6%,另有24.2%被归入中等偏下收入经济体行列,以及30.3%被归入中等偏上收入经济体行列。也就是说,世界上66.1%的经济体处于不发达或发展中状态。根据联合国的不同分类标准,被定义为欠发达经济体的人口,占到全球人口的83.6%,其中被定义为最不发达经济体的人口,占全球人口的13.6%。

因此,尽管发展经济学如今被主流经济学置于边缘化的学科地位,经济研究不可回避的问题之一,仍然是如何摆脱贫困陷阱,实现经济增长起飞。然而,在发展中世界里,却是越来越多的国家和地区属于中等收入经济体,其中很多长期徘徊于中等收入阶段,这成为世界经济一个具有标志性的现象。因此,研究发展问题也不尽是以摆脱低收入陷阱为主题,"中等收入陷阱"也成为一个颇具吸引力的研究题目。

一个国家即便已经跨过某个人为设定的高收入门槛,例如,按照世界银行的分组标准跨过12535美元的门槛,在统计意义上被视为高收入国家,也并不意味着能够保持住在这个"俱乐部"的终身会员身份。跨过高收入门槛之后,经济增长出现明显减速、停滞不前乃至倒退现象的不乏先例，重演在中等收入阶段徘徊的国家也不在少数。所以，"门槛效应"应该是中等收入陷阱的一个组成部分或者一种特例。

中国正处于跨越高收入门槛的关键时刻，面临各种风险挑战并非一定是意外事件，更应该被看作是一种与发展阶段相伴的常态。其中，有些挑战属于在更高的发展阶段上对经济发展质量的新要求，或者是改革和发展逻辑的必然延伸；有些挑战折射出长期以来便存在的发展难点和堵点，甚至具有积重难返的性质；有些风险则十分严峻，如果应对不力，便会在这个特定的发展阶段上导致冲击性事件，及至延迟发展的进程。

各种类型的风险挑战之间，又有着由内在逻辑决定的相互关联性，产生后果的性质也会因时因地而发生转化。因此，合理确定轻重缓急的优先序，正确选择应对举措和实施的时间表、路线图，及时化解预见到的风险，解决发展中不断出现的新挑战，关乎中国在这个重要的战略机遇期经济发展的成败。本书就从这些发展中的问题和成长中的烦恼着眼，针对以下方面的风险挑战做出经济学分析，并尝试揭示政策含义。

首先，随着中国进入更高的发展阶段，经济增长速度下行固然是符合一般规律的现象。然而，这并不意味着，我们只需认同这个不断减慢的增长速度是一种新常态，保持经济增长在合理区间从而实现长期可持续发展的挑战就自然而然消失了。

经济理论和国际经验教训都表明，经济发展不进则退。在这个特定的发展阶段上，保持传统增长动能和挖掘新的增长引擎，特别是获得全要素生产率提高这个长期可持续的增长源泉，难度远远大于在高速增长时期。

其次，随着经济发展和人均收入水平的提高，为居民提供更多、更好和更均等公共服务的任务，与随着人口转变阶段的变化即老龄化的加深，从全生命周期投资于人的任务，越来越结合到一起。这种结合既是促进全体人民共同富裕，实现共享发展理念的题中应有之义，也是积极应对人口老龄化的必然要求。同时，这还有助于开启新的经济增长点，既保持合理的潜在增长率，也防止经济增长受到总需求不足的制约。从发展中的问题和成长中的烦恼中发现相关挑战，用新发展理念予以回应，是新发展阶段的要求。

再次，区域经济发展差异、城乡差距以及居民之间收入分配不均等，是困扰中国经济社会的老大难问题。近些年虽然均有所改善，但是，按照共享发展理念的要求，相对于既定的目标来说，这些不平衡问题仍然存在，并且形成了一些新的特点。例如，从区域差异来看，长期以来的东部、中部和西部之间的不平衡问题，越来越表现为南方与北方之间的发展差异。居民收入差距问题在略有下降之后，出现收入分配改善效果递减的趋势。劳动力转移速度减慢后，社会流动性相比高速经济增长时期也趋于下降。

最后，中国的老龄化在经历2010年第一个人口转折点，即劳动年龄人口到达峰值并转向负增长之后，将于2025年迎来第二个人口转折点，总人口到达峰值并转向负增长。如果说第一个人口转折点带来供给侧冲击，导致潜在增长率下降以及实际增长率下行，是已经发生并且正在以供给侧结构性改革积极应对的现象的话，第二个人口转折点将带来需求侧冲击，有可能导致社会总需求对经济增长的持续性制约。一方面，潜在增长率仍在长期下行，另一方面，需求制约还可能导致实际增长率达不到增长潜力。一旦这种情况发生，预期的中国经济发展速度目标便难以实现。

四　结构与要点

限于作者的研究领域，本书并不寻求回答中国在走向现代化的新发展阶段上面临的所有挑战，而是着眼于讨论与人口转变相关的经济增长问题，以及由此派生并在政策逻辑上密切相关的民生问题。与此同时，本书的重点也不是在这些问题上提出具体的政策建议，而是旨在做出理论分析，提供必要的国际经验教训。在尝试揭示政策含义和提出政策建议时，也仅仅着眼于相对宏观的层面，主要讨论理念性和原则性的问题。下面，我们把本书的各章分别做一摘要和预览。

第一章《从中等收入陷阱到门槛效应》。从跨国数据观察世界经济增长特征，可以发现在中等收入阶段的前期和中期，GDP增长率在国家之间有趋同的趋势；在中等收入阶段较晚的时期，以及在临近甚至刚刚超过高收入门槛的阶段上，增长表现在国家之间往往产生分化。这提示我们，在中国的人均GDP越来越靠近高收入门槛之时，仍然存在着保持可持续增长动力的真实挑战。

为了让中等收入陷阱这个命题更为准确和明晰，同时也增强其对于中国现实的针对性，这里将此或多或少有些语焉不详的命题转换为一个更加直截了当的命题，并称之为"门槛效应"。本章简述了与该概念相关的理论渊源，提供了相应的经验证据，揭示出中国目前已经进入与此相关的发展阶段。在分析中国经济面临挑战的基础上，本章也指出了保持长期可持续增长的潜力所在。

第二章《如何置身全球"长期停滞"之外?》。发达国家人口增长缓慢和老龄化趋势造成相对于投资需求的储蓄过剩，不断恶化的收入分配状况和由此产生的宏观经济民粹主义政策，也使得消费增长不足以填补投资减少造成的需求缺口，因而导致并加剧了全球经济的长期停滞。国际金融危机后出现的逆全球化趋势，新冠肺炎疫情发生以来各国内顾发展倾向的明显增强，以美国为代表的一些国家推动的供应链和技术脱钩，都将加剧而不是暂缓这个长期停滞趋势。

随着从高速增长阶段转向高质量发展阶段，人口老龄化加速和人口总规模趋近于峰值，中国经济增长的国内需求因素也将发生不利的变化。因此，稳定和扩大内外需求，保障中国经济在潜在增长率水平上增长，是一项与提高潜在增长率具有同等重要性的挑战。

本章分析全球经济长期停滞的理论依据、深层原因和现实动态，从国际比较的视角揭示人口增长停滞对于经济增长的不利影响，以及这些因素对于中国经济增长的现实相关性。这部分提出的稳定和扩大需求的政策建议包括：第一，发挥比较优势与保持价值链优势相结合，稳定供应链地位和出口需求；第二，补齐制约经济社会发展的基础设施短板与寻找新的经济增长点相结合，挖掘投资需求潜力；第三，提高居民收入、改善收入分配和实施再分配政策相结合，发挥超大规模消费需求优势。

第三章《以拓展比较优势形成新发展格局》。在改革开放的很长一段时间里，中国经济享受到由人口红利支撑的比较优势，在经济全球化的大背景下，经济增长从劳动密集型制造业的发展和出口中获益。本章揭示中国人口红利的消失如何导致传统比较优势的消失，以及如何影响经济增长速度、产业结构以及贸易格局。在此基础上，我们进一步阐述中国作为一个规模和区域差异都巨大的经济体所具有的独特性质，分析这种大国经济特有的比较优势拓展模式。这部分还讨论如何通过国内国际双循环及其相互促进形成新发展格局，进而在分析的基础上并借鉴国际经验提出政策建议。

遵循全球化的一般规律并利用中国特殊优势，中国产业特别是制造业可以从三个方面拓展自身比较优势，打造比较优势发展战略的更高版本。第一，利用全球贸易类型从产品到价值链的演变，使中国产业紧紧镶嵌在全球价值链中，避免于我不利的供应链和技术脱钩。第二，创造条件推动"雁阵模型"从国际版到国内版的转换，并同时发挥成本优势和规模效应，使制造业在国内区域间的双向转移中实现升级换代。第三，利用国际贸易和投资关注点从供给侧到需求侧的转向，发挥中国超大规模市场的优势、吸引力和谈判地位，通过国内国际双循环相互促进，实现更高水平的对外开放。

第四章《区域经济发展的动态平衡》。与解释国家间的赶超现象不同，一国之内落后地区对发达地区的赶超，所依据的理论和经验并不是比较优势，而是后发优势和趋同。自21世纪之初中国实施各种区域均衡发展战略以来，就解决最紧迫的发展问题而言，相关地区在一定程度上分别达到了应有的效果。然而，地区经济社会发展不平衡的问题仍然存在，并且表现出一系列新的特点，为区域均衡发展战略提出新的课题。

在分析东北经济的基础上，我们应该重新认识区域均衡战略的效果，即不仅是静态地观察某个时点上的差距，更是在动态中审视长期趋势。特别是，我们可以通过把中西部地区的赶超效果与显现出的东北现象进行比较，揭示区域经济动态均衡的内在规律，尝试提出若干具有针对性的政策建议。在过去实施了几轮东北振兴战略之后，东北地区应抓住制造业升级优化的新机遇提升价值链位置。我们认为，东北地区与中西部地区有所不同，其优势不在于低成本劳动力而在于规模经济。通过切实改善营商环境和市场配置资源机制，任何地区都可以发挥自身的比较优势，实现自身的赶超目标，成为中国经济高质量发展的新增长点。

第五章《生产率、新动能与制造业》。与经济增长减速相伴，中国经济也发生了一些结构性的变化，在显现出一些积极方面特点的同时，也带来在这个发展阶段上特有的挑战。这包括制造业比较优势的弱化，以及所导致的制造业比重下降；低效企业不甘心退出经营而寻求政策保护，导致资源配置的僵化；劳动力从高生产率部门（制造业）向低生产率部门（低端服务业）逆向转移，造成资源配置的退化；等等。

本章在揭示上述现象的同时，通过对特定发展阶段生产率源泉的理论和经验分析，指出中国经济仍然存在着巨大的资源重新配置空间。正是由于未能充分挖掘生产率提高的既有潜力，造成中国制造业的减速来得过早、过快，进而导致制造业占GDP比重早熟型下降。针对中国经济发展面对的这些挑战，本章提出稳定制造业在国民经济中占比的充分理由，即有利于创新发展、挖掘资源配置效率潜力、激励人力资本积累和扩大中等收入群体，以及促进双循环新发展格局。最后，我们建议从构建竞争政策、产业政策和社会政策三足鼎立格局入手，实现提高生产率和获得新动能等目标。

第六章《诸城记：城市发展的基本要素》。城市发展折射一个国家的经济发展状况。在发达经济体，正是由于许多城市经历了产业空心化、制造业岗位流失、劳动力市场两极化、中产阶级萎缩以及人口大规模流失，因此造成严重的社会问题并催生了国家层面的民族主义和民粹主义政策倾向。大量城市发展的惨痛教训和个别城市的逆袭经验均表明，对于当代世界的城市发展来说，得人口者得天下。

城市政府通过更多、更好地提供地方公共品以吸引潜在的迁移者，可以增加劳动力供给、降低投资成本，从而从要素禀赋方面整体改善投资环境，保持城市经济的发展活力。从本章总结的经验教训中，我们可以概括若干城市和区域发展的特征化事实：首先，制造业是培育中等收入群体的温床；其次，经济主体的无障碍进入和退出是竞争性市场的核心；再次，维持和扩大人口规模是任何区域和城市发展的命脉；最后，创造"近者悦，远者来"的政策环境是政府职责。这些经验对于中国在人口红利消失的条件下，保持制造业稳定和优化升级、增强区域经济发展活力，以及发挥地方政府职能促进基本公共服务均等化具有借鉴意义。

第七章《以人为中心的宏观经济政策》。一些发达国家和中等收入国家在宏观经济领域长期实行民粹主义政策，产生的经济后果相应导致社会分化和政治分裂。与此形成鲜明的对照，中国坚持以人民为中心的发展思想，在宏观经济政策上的最主要体现，是确立了就业优先发展战略，进而与社会领域的基本公共服务均等化政策相衔接，坚持尽力而为与量力而行有机结合，在发展中保障和改善民生。

鉴于中国宏观经济未来将面临更多的风险挑战，本章对中外应对危机的宏观经济政策进行回顾，概括若干特征化事实：第一，在遭遇突发冲击事件时，没有政策反应过度这回事；第二，根据冲击特征选择宏观政策工具；第三，冲击面前并非人人平等；第四，货币政策与财政政策须协同配合；第五，危机诱因发展趋势决定经济复苏轨迹。在此基础上，提出相关的政策建议。

第八章《创造与保护：为什么需要更多再分配?》。中国迄今为止在改革开放发展分享方面的经验，以及全球性收入分配恶化带来的社会不稳定和政治分化现象，都证明经济学的传统观念，即坚信经济增长可以自动解决收入分配问题，或者把效率与公平视为非此即彼且不可兼得的取舍关系的失灵。同时，中国在迈向高收入的过程中，继续保持经济发展的充分分享性，需要应对一系列崭新的挑战。进入高质量发展阶段后，提高生产率必然要求创造性破坏机制发挥更大的作用，与此同时，劳动力市场的初次分配效应呈现递减趋势，创新和创业成果的分享面临着诸多难点。这都要求政府以更大的力度实施再分配政策，包括完善社会保障体系、劳动力市场制度、收入分配政策，以及其他旨在改善民生的基本公共服务。

第九章《人往高处走：新阶段的社会流动》。本章从经济社会的维度讨论人口变化即社会性流动。得益于经济增长、产业变化和教育发展，改革开放时期社会流动性明显增强。在中国人口转变和经济发展进入新阶段后，社会性流动类型发生变化。应对面临的新挑战，需要破解新阶段下社会性流动潜在具有的零和博弈性质，保持社会流动渠道畅通。这关系着能否在中等偏上收入阶段乃至跨过高收入门槛后，收入分配状况持续得到改善，改革开放发展成果继续充分分享，从而避免中等收入陷阱。基于对高质量发展与社会性流动之间关系的分析，立足于破解效率与公平"取舍"难题，保持保障民生尽力而为和量力而行的动态平衡，本章再次从加大再分配力度、推进教育深化和均等化以及推动体制机制改革等方面提出政策建议。

第十章《如何开启第二次人口红利？》。随着中国人口转变过程进入新阶段，第一次人口红利终将消失并且不可能再现，未来的经济发展必然与人口老龄化相伴而行。因此，从老龄化本身寻求崭新的经济增长源泉，才是开启第二次人口红利的题中应有之义。从保持经济增长可持续的需要，本章揭示中国特殊老龄化社会的现实制约，即伴随人口老龄化显现出人力资本递减、劳动参与率递减和消费力递减等现象。

在这一部分，作者提出若干政策建议，着眼于借助人口的回声效应，从人口各个年龄段入手改善人力资本，提高劳动者的就业能力和老年人的劳动参与率，进而增加老年群体的收入和社会保障水平，从而提升消费能力和消费倾向。这些举措预期分别从供给侧和需求侧对中国经济增长产生促进效果，从而开启第二次人口红利。

第一章 从中等收入陷阱到门槛效应

一 引言

2007年,世界银行在其关于东亚经济的主题报告中,具有针对性地首次提出了"中等收入陷阱"概念[①]。由于中国经济的两个标志性的发展阶段变化,中等收入陷阱这一概念成为经济学家关于中国经济讨论的热点。第一个阶段性标志是2009年中国跨入世界银行分类的中等偏上收入国家行列。当时,决策者和研究者都注意到中国经济在高速增长的同时,显现出"不平衡、不协调、不可持续"的特点[②]。第二个阶段性标志是

[①] 参见[美]印德尔米特·吉尔、霍米·卡拉斯等《东亚复兴:关于经济增长的观点》,中信出版社2008年版。

[②] 这是时任国务院总理温家宝的表述,得到了国内外经济学家热烈响应。如参见Stephen S. Roach, "Unstable, Unbalanced, Uncoordinated, and Unsustainable", in Stephen S. Roach, *Stephen Roach on the Next Asia: Opportunities and Challenges for a New Globalization*, John Wiley & Sons, Inc., 2009, pp. 229 – 233.

2012年中国经济增长开始减速，当年首次从以前的两位数增长率降到8%以下，并且随后逐年有所下滑。虽然当时多数观点认为这个经济增速下行是周期性现象，但是也有人意识到减速是某种中等收入阶段固有的因素在发挥作用，以致担心这种减速成为趋势性的常态。

2019年，中国人均GDP达到10262美元，比世界银行定义的中等偏上收入国家的平均水平高出13.5%，已经十分接近进入高收入国家行列的门槛水平（12535美元）。也就是说，按照现行增长速度推算，几年内中国就可以跨入高收入国家的行列，而且看不出有任何因素能够持续中断这个预期的增长速度。那么，一个问题必然会出现，即中等收入陷阱这个经济学概念是否对于中国仍然具有针对性。

早在2014年，针对一段时间以来人们关注的这个经济学概念和发展现象，习近平总书记就指出："对中国而言，'中等收入陷阱'过是肯定要过去的，关键是什么时候迈过去、迈过去以后如何更好向前发展。"[①] 说到中国取得的伟大成就和仍需付出的努力时，他还多次引用一句中国谚语：行百里者半九十，旨在提醒前面的道路更加曲折艰难。可见，习近平总书记把中等收入陷阱这个命题的意义拓展了，将其与更高发展阶段

---

① 中共中央文献研究室编：《习近平关于社会主义经济建设论述摘编》，中央文献出版社2017年版，第7页。

上中国经济发展需要迎接什么挑战、需要跨越哪些沟坎联系到了一起。

从世界经济发展经验来看，中等收入陷阱这个经济学命题，并不仅只对于统计意义上处在中等收入国家行列的情形有意义，而是有着超出这个范围的一般发展意义，其中凝结着诸多具有规律性的经验和教训。

首先，发展中国家在走向现代化的过程中，通常会遭遇各种各样的障碍，其中一些就是与阶段性跨越相关的门槛效应。从经济史的观察看，不仅存在长期徘徊于中等收入阶段困境的情形，更有着大量未能摆脱低收入均衡陷阱，堆积在中等收入门槛前的情形。从一些国家困于超稳定均衡与国家之间产生分化这两种现象并存的现实来讲，中等收入陷阱概念所关注的，归根结底就是一个国家如何打破超稳定均衡状态，进入持续增长良性循环的问题，因此，这个命题应该具有更普遍适用价值或一般性。

其次，人们在更为深入的观察中发现，在落入所谓中等收入陷阱而难以摆脱的案例中，更为典型的实际上是那些处于中等偏上收入阶段的国家，特别是接近乃至刚刚跨过高收入国家门槛的国家，遭遇到难以逆转的经济增长减速，从而导致人均收入水平停滞不前，不再能够向更高的分组地位攀升。可见，在利用这一命题或框架研究经济发展现象时，与其拘泥于"中等收入阶段"这个过于宽泛和冗长的时段，不如把关注点更加集中在中等收入到高收入的分界线或高收入门槛上面。在这个意义上，我们不妨把中等收入陷阱这个概念转化为高收入门槛效应。

最后，跨入高收入门槛，从而在统计意义上获得高收入国家的地位，既不意味着一个国家就能够成为名副其实的高收入国家，也不能保证该国便进入一个经济增长良性循环、不会发生停滞甚至倒退的现象。例如，按照世界银行数据，2011年有21个国家人均GDP在10000—20000美元（2010年不变价）之间，到2018年，其中有8个国家经历了人均收入的负增长。这其中还不包括一些小型经济体和委内瑞拉这些遭遇严重经济衰退的情形。如果我们把人均收入刚刚超过10000美元的国家称为"新晋"高收入国家，其随后出现频率高达38%的倒退现象，无疑证明存在着一种门槛效应。

与此同时，中等收入陷阱是一个更具一般意义的针对特定发展阶段的命题。针对中国当前所处的经济发展阶段，本章着眼于把中等收入陷阱进一步聚焦在高收入门槛效应上面。本章的第二节主要揭示世界经济发展中的趋同与分化并存现象。在第三节，我们回顾世界银行根据人均收入对国家进行分组的历史和依据，考察这个分组对于认识一国经济所具有的内在意义，同时讨论人口转变与经济增长的关系。本章的第四节从理论渊源和经验实证的角度讨论门槛效应。在第五节，我们尝试揭示门槛效应对中国经济增长的含义。第六节把本章涉及问题的政策阐释为实施建议。

二 走向高收入：从趋同到分化

虽然中等收入陷阱这个概念是世界银行经济学家在亚洲金融危机10年后，主要针对亚洲地区发展提出的一个新命题，但是，与此相关的问题很久以来在发展经济学中就有讨论。许多人们关注过的经济发展现象，放在这个框架中都能找到对应的意义。无论从理论还是现实，我们都可以看到中等收入陷阱所具有的双重性质，并且可以分别用两种经济学范式来表达。

首先，在发展经济学的语境中，这个"陷阱"描述的既是一种超稳定均衡状态，又是一种分化现象。对于落入陷阱的经济体来说，意味着陷在低速经济增长及其相关的诸多困境之中无力自拔。这是经济学中关于"陷阱"的本来意义。从宏观的、比较的和统计的视角来看，陷阱具有一定的众数特征，即数量不在少数的经济体遇到减速现象，甚至陷入增长停滞状态，虽然总会有另外一些经济体打破了这种均衡状态，实现了跨越性的经济增长。这也就意味着国家之间会出现一个明显的增长分化现象。

其次，这里的"陷阱"表现为一种不确定性。克鲁格曼在谈到不确定性时，认为它是平均值的降低而不是方差的扩大。[1]而对于我们这里讨论的问题来说，所涉及的不确定性既表现为平均值的降低，同时也表现为方差的扩大，具体表现则是更多经济体在特定的发展阶段上倾向于减速，与此同时，经济体之间在增长表现上产生巨大的分化。

我们可以通过观察世界经济趋同过程中各国的表现，增进对于这个中等收入陷阱现象的认识。[2] 在图1-1中，我们描述1990年人均GDP与1990—2017年间年均实际增长率之间的关系。从不那么显著的负斜率关系可以认为这期间世界经济整体上具有趋同的趋势。虽然第一张图把有数据的国家都包含在内了，但是，其中高收入国家在人均收入水平上的分布范围极大，因而在图中的显示也比较分散，妨碍我们对国家在中等收入阶段表现的观察，特别是妨碍对于门槛效应的观察。

例如，世界银行目前（2020年）的高收入国家门槛标准是12535美元，2018年属于高收入行列的国家仅48个，为全部有数据的国家总数的22.4%。高收入国家按现价计算的人均GDP平均为44706美元，按照2010年不变价计算则为43512美元。人均收入最高的国家是摩纳哥，为门槛标准的

---

[1] 参见 Paul Krugman, "Tariff Tantrums and Recession Risks: Why Trade War Scares the Market So Much", *The New York Times*, Aug. 7, 2019。这里转其意而用之。

[2] 之前的研究表明，20世纪90年代以来的世界经济增长呈现出趋同的趋势。参见蔡昉《全球化、趋同与中国经济发展》，《世界经济与政治》2019年第3期。

10倍以上。这种具有如此大的离散程度的国家分布，以及收入如此之高的异常值，与本章所关心的现象并无密切的联系，反而因其跨度太大而妨碍聚焦所关心的问题。因此，我们有必要从第二张更局部的图中观察一个与中等收入陷阱更为相关的"门槛效应"。

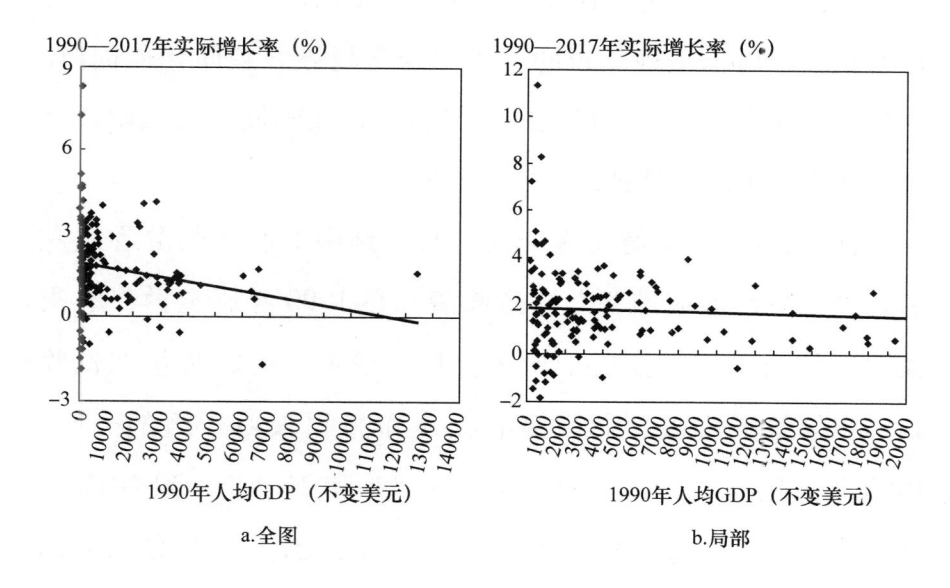

图 1-1 初始人均收入与增长率的关系

资料来源：World Bank, "World Development Indicators", 世界银行官方网站, https://data.worldbank.org/。

在图 1-1 的第二张图中，我们描述了从人均收入最低的低收入国家到人均收入达到 20000 美元的情形。之所以设定这个 20000 美元的上限，主要是为了使本图更加聚焦"门槛"，即观察从低收入到中等收入以及从中等收入到高收入跨越前后，国家会发生什么样的情形，国家之间会有怎样的分化。同时，由于达到该水平之上的国家可以被认为总体进入了良性循环，或者说可以稳定自身作为高收入国家的地位，也便不必列入本章的考虑范围了。

这样，当我们观察图1-1的第二张图局部图的时候，可以看到在整体上呈现一定的有规律变化趋势（趋同）的同时，不仅国家在个体上具有很大的变异特点，在不同的发展阶段上也显现出某种组群特征。

首先，在1000美元这个从低收入到中等收入的分界线左右，国家数目形成堆积。这意味着，在1990年，全世界有很大比例的国家尚未摆脱低收入陷阱。例如，国家数量在低收入、中等偏下收入、中等偏上收入和高收入四个组的分布，1990年分别为22.2%、33.3%、19.3%和25.1%。到2017年这个分布有了很明显的改善，上述几个收入组的比例依次分别为13.6%、27.8%、27.2%和32.0%。

这种分布变化与我们观察到的世界经济趋同现象无疑是一致的。仍需注意的是，由于一方面低收入和中等收入国家仍然是世界的主体，另一方面这类国家的人口占全球比重无疑远远大于其国家数量的全球占比，因此，摆脱低收入陷阱和中等收入陷阱仍然是广大发展中国家面临的头号挑战。

其次，在人均GDP为12000美元这个中等偏上收入国家与高收入国家分界线左右,虽然观察值略显稀少,但是呈现出增长速度整体向下并分化的趋势。这就是我们所预期的不确定性增强的现象,并以平均值降低和方差扩大两个特征同时表现出来。在这里,平均值降低的含义是说这是一个减速的区间。从图1-1可见,在中等偏上收入组靠近分界线以及略微超越分界线的人均收入阶段上,经济增长减速的出现频率明显扩大。在这里,方差扩大的含义则是说这是一个分化的区间。在中等偏下收入阶段后期和中等偏上收入阶段前期,增长速度在国家之间有一定的"趋中"趋势,而到了临近高收入门槛时,增长速度的离差再次扩大。

三 收入、人口与增长的关系特征

为了能够进一步从理论上和经验上讨论在经济发展过程中,国家之间表现不尽相同,特别是临近高收入门槛时出现减速和分化的现象,我们可以做一个抽象的概括,即把前述统计中表现出来的先趋同、在跨越门槛前后再次产生分化的趋势形象地表述为一个X型曲线。如图1-2所示,曲线a表现为在发展早期有较快增长率的中等收入国家,随着人均收入水平提高而速度有所下降。这实际是本意上的趋同现象。曲线b表示在人均收入较低时未能实现较高增长速度的国家,逐渐有机会提升增长速度,融入趋同大势之中。这也是趋同假说的题中应有之义。曲线 d 和曲线 c 并不一定分别为曲线 a 和曲线 b 的延续，而是表示在临近乃至跨越高收入门槛前后，倾向于产生国家之间再次分化的趋势。

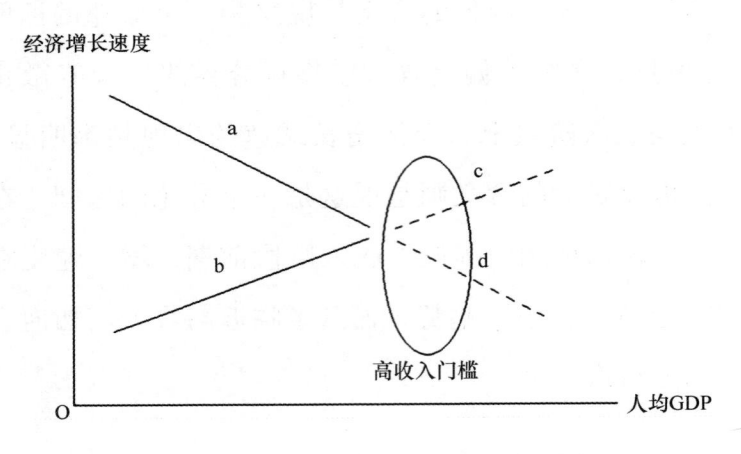

图 1-2　统计上的 X 型曲线和经验上的门槛效应

这种在迈向高收入然而尚远离门槛的阶段上显示出趋同倾向，而在临近或跨越门槛的阶段上趋于分化的统计现象，与经济学家观察到并广为讨论的中等收入陷阱现象，所针对的对象、问题和表现是一致的。因此，针对中国已经临近高收入门槛的现实以及此时通常遇到的问题和挑战，我们不妨把对中等收入陷阱的讨论，转化为对门槛效应的讨论，以便更精准地找到问题所在，提出更有针对性的政策措施。

当人们谈到诸如"中等收入陷阱"这样的话题时，所指自然是那些处在中等收入阶段的国家，有更大的概率陷入经济增长的长期停滞或者极度缓慢状态，以致始终不能从该阶段"毕业"，进而升级到高收入国家行列的情形。这里，人们所说的中等收入国家也好，高收入国家也好，都是依据世界银行进行的分组。根据最近（2020年）的标准，按照人均国民总收入（GNI）水平划分，1005美元以下为低收入国家，1006—3955美元之间为中等偏下收入国家，3956—12535美元之间为中等偏上收入国家，超过12235美元则为高收入国家。[①] 由于GNI与GDP差别极小，我们通常用人均GDP来界定收入分组。

对世界上有数据的国家按人均收入做出这样的分组，与国家真实的贫困或富裕状况是否一致，特别是其中各组之间的分界线或"门槛"何以不是主观决定的，而是与我们研究的低收入、中等收入和高收入确有实质性关系呢？为了解答诸如此类有意义的疑问，我们先来考察世界银行按照人均收入对国家进行分组的历史依据，即看一看人均收入分组的来龙去脉。

根据世界银行工作人员的说明，该机构早在20世纪70年代后期的《世界发展报告》中就开始把国家按照人均收入分组。[②] 当然，在那之后进行过许多次调整。最初，世界银行把"发展

[①] 世界银行数据库中也包含一些非主权国家的样本，所以，这里做总体观察时，对象既包括国家也包括地区。为简洁起见，除非进行单个样本的分析，书中不再专门说明。

[②] 参见World Bank, "How Are the Income Group Thresholds Determined?", https://datahelpdesk.worldbank.org/knowledgebase。

中经济体"区分为低收入和中等收入两组,把经济发展与合作组织成员国家统一定义为"工业化国家",在这两类之外的其他经济体则分别归为"资本过剩石油出口国"和"中央计划经济体"。

现行的分组即把各国分别归入低收入、中等偏下收入、中等偏上收入和高收入四个组别,始于1989年。那一年,工作人员在提交给执行董事会的一份报告《人均收入:国际可比数据的估算》中,大体套用了世界银行贷款标准或项目执行标准,为低收入、中等偏下收入、中等偏上收入国家组别分别确定了分界线。高收入国家不是世界银行的借款方,因此没有可供确定分界线的工作依据。但是,当时把所有先前定义的"工业化"经济体一律归入高收入国家的行列,其中收入最低的国家人均GDP为6000美元,因此这个水平也就成为高收入国家的人均收入分界线。[1] 以此为基础,加上以后继续进行调整,就形成如今这四个分组及其分界线或门槛标准。

作为世界银行决定贷款和项目类别的标准,这种分组的初始依据与国家的实际发展状态应该说是紧密相关的。也就是说,世界银行决定其是否应该成为贷款对象、实施哪种类型的贷款项目、以什么样的条件贷款等有意义的初始分组依据,使

---

[1] World Bank, "Per Capita Income: Estimating Internationally Comparable Numbers", Washington D.C.: World Bank, 1989.

得如今的这种人均收入分组内在地具有了意义。随后的分析将表明，这为我们分析并解答为什么会出现发展中的门槛效应提供了重要的参照系。

进一步，我们来看人均收入分组与人口转变阶段的关系。在不同国家和地区的研究都表明，人口因素对经济增长具有正面或负面的影响，即在劳动年龄人口增长、人口抚养比下降的人口转变阶段变化上，一国经济可以因人口红利而实现较快的经济增长；而在劳动年龄人口零增长或者负增长、人口抚养比不再下降甚至反而上升的人口转变阶段上，与人口红利相关的增长源泉则式微甚至消失。

由此出发，世界银行和国际货币基金组织把国家按照人口转变阶段分为四组：（1）2015年总和生育率不小于4，预计2015—2030年期间劳动年龄人口继续增长的国家或地区，被定义为处在前人口红利阶段；（2）2015年总和生育率小于4，预计2015—2030年期间劳动年龄人口仍然增长的国家或地区，被定义为处在早期人口红利阶段；（3）1985年总和生育率不小于2.1的更替水平，预计2015—2030年期间劳动年龄人口零增长或负增长的国家或地区，被定义为处在晚期人口红利阶段；（4）1985年总和生育率小于2.1的更替水平，预计2015—2030年期间进入零增长或负增长的国家或地区，被定义为处在后人口红利阶段。[①]

在图1-3中,我们把按照人均GDP进行分组的情况,与按照人口转变阶段分组的情况进行对比。从比较中可以发现,属于前人口红利阶段、早期人口红利阶段、晚期人口红利阶段和后人口红利阶段国家的平均收入水平,分别与低收入国家、中等偏下收入国家、中等偏上收入国家和高收入国家的平均收入水平几近完美地一一对应。这就是说,经济发展阶段与人口转变阶段具有紧密的对应关系,因而具有相互影响的关系。

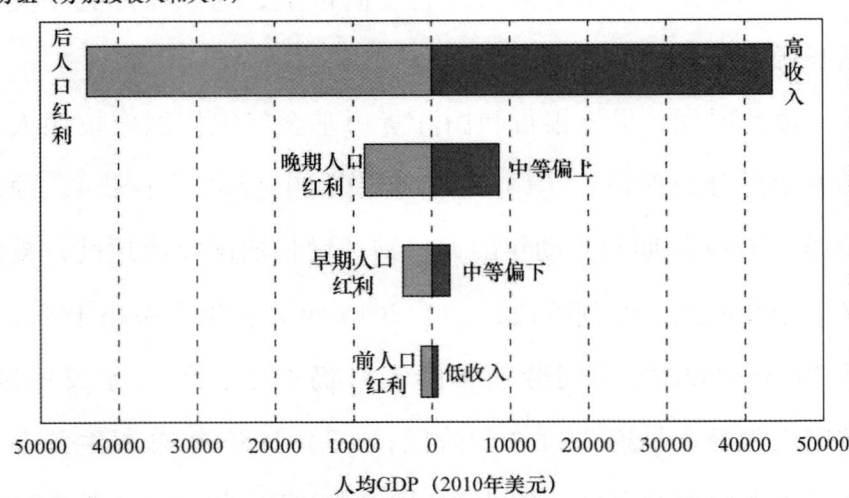

图1-3 国家分组:按人均GDP与按人口转变阶段

资料来源:World Bank,"World Development Indicators",世界银行官方网站,https://data.worldbank.org/。

[①] The World Bank and The International Monetary Fund, "Development Goals in an Era of Demographic Change: Global Monitoring Report 2015/2016", Washington, D. C.: International Bank for Reconstruction and Development / The World Bank, 2016, pp. 268–273.

四 门槛效应的理论和经验

在低收入跨入中等收入的人均收入分界线之前，国家数量堆积的现象，或大量国家未能摆脱低收入陷阱状态的事实及其成因，是发展经济学诞生的动机和旷日持久的话题，在不同时期都产生过大量文献，通常以马尔萨斯理论作为出发点，以不同版本对贫困恶性循环的原因做出深入的讨论。

例如，讷克斯（Ragnar Nurkse）从生产不足导致的消费不足出发，认为欠发达国家的贫困是一个因果循环，其中资本不足既是这一因果链条的起点，也是其终点。低生产率导致低收入，进而导致储蓄意愿不强和积累能力不足；资本形成不足反过来维系着这个产出不足的循环。讷克斯把这种恶性循环看作是一种稳定均衡状态，称之为"欠发达均衡"。

实际上，这一解释与其他早期发展经济学家所称的"贫困陷阱"十分类似，而且得出的政策含义也相同，即打破恶性循环需要一个临界最小规模的储蓄水平和全面的大规模投资，或所谓"大推动"（big push）。[①]

[①] 参见 Hans H. Bass, "Ragnar Nurkse's Development Theory: Influences and Perceptions", in Rainer Kattel, Jan A. Kregel and Erik S. Reinert (eds.), *Ragnar Nurkse (1907 – 2007): Classical Development Economics and Its Relevance for Today*, London · New York · Delhi: Anthem Press, 2009, pp. 183 – 202.

虽然讷克斯的代表性著作出版于1953年，但是，这一理论所刻画的欠发达状况及其特征，对于当今世界经济格局仍然具有针对性。以资本积累为例，我们可以看到低收入国家仍然具有储蓄率低的特征。

从世界银行"国家总储蓄率"（国民总收入减去国民总消费再加上净转移收入占GDP的比重）这个指标看，2017年，联合国定义的"最不发达国家"平均为25.4%，显著低于世界银行定义的中等偏下收入国家（平均为27.5%）和中等偏上收入国家（平均为31.7%）。虽然高收入国家平均为23.1%，甚至还低于最不发达国家；但是，按照沃尔特·罗斯托（W. W. Rostow）的发展阶段划分，前者无疑已经进入"大众高消费阶段"甚至追求生活质量阶段，不再需要追求高储蓄率了。①

关于是否存在所谓中等收入陷阱，自该概念由世界银行专家提出以来，在发展经济学家中引起广泛的讨论，并形成了见仁见智、莫衷一是的局面。至于在中等偏上收入阶段，或者临近或者刚刚跨入高收入门槛，较多的国家遭遇经济增长的减速，并且出现国家之间分化的现象，即一种典型的门槛效应，则可以被当作中等收入陷阱这个命题的一个特殊焦点。虽然对于这种现象产生原因的经济学解释众说纷纭，迄今为止却没有

---

① 参见［美］W. W. 罗斯托《经济增长的阶段：非共产党宣言》，中国社会科学出版社2001年版。

形成具有主流地位的理论模型或研究范式。

经济现实需要经济理论予以解答，普遍存在的经济现象迫切地呼唤着具有说服力的经济理论。2017年，世界上被归入中等收入组的国家占全部有数据可依的国家的54.7%，其中又有37.6%被定义为中等偏上收入国家。可见，研究中等收入陷阱问题乃至聚焦于门槛效应，是发展经济学不容回避的课题。

国家一旦摆脱低收入陷阱进入中等收入阶段，通常会经历一个较快的经济增长过程。不过，一般来说这个较快的增长既不是天然注定的，也不可能永远持续下去。为了把研究的重点集中在纯粹的门槛效应以及对中国的针对性上面，我们先来排除两类国家的情形。一类是那些过度依赖自身得天独厚资源禀赋的国家，由于没有在发展过程中形成长期可持续的发展能力，因而遭遇"资源诅咒"，过早触及增长天花板的情形；另一类是实施违背比较优势的"赶超战略"的国家，由于受到体制弊端、经济结构不平衡等制约，因而过早遭遇增长减速的情形。

从本章的目的出发，我们主要关注那些总体上顺利完成了中等收入阶段发展任务的国家，研究其随后遭遇增长减速以及面临如何跨越高收入门槛挑战的情形。

在中等收入阶段实现正常经济增长的国家，通常经历一个二元经济发展过程。在典型的中等收入国家，当人口转变到达特定的阶段，人口特征通过影响生产要素积累和生产率提高而有利于经济增长，便形成人口红利。一旦具备了这个发展条件，随着开放程度的逐渐提高以及妨碍资源有效配置的体制障碍得到清除，农业和其他传统部门中的剩余劳动力，便随着工业化积累的扩大转移出来并获得重新配置，成为经济增长的源泉。

虽然事实上各国都经历过这样一个剩余劳动力得到转移和吸纳，并转化为经济增长源泉的过程，由于早期工业化国家发展所延续的时间很长、增长速度较慢，以致结构变化表现得并不像当代发展中国家那么显著。所以，在新古典增长理论中并没有二元经济发展的地位，许多主流经济学家对于中等收入国家的经济增长源泉也不甚了解。[①]

之所以许多中等收入国家得以实现较快的增长速度，超出主流经济学的理论预期，以致因难以在新古典增长理论框架内做出合理的解释，许多经济学家对其可持续性予以坚决的否定，是因为二元经济发展过程把早期发展经验中缓慢加以利用的增长源泉，在一个更快的结构变化过程中集中释放出来。形象地说，早期工业化国家盯着每一颗果子的成熟过程，每熟透了一颗便随时摘取；而经历二元经济发展的国家，在其起步之

[①] 参见 Paul Krugman, "The Myth of Asia's Miracle", *Foreign Affairs*, Vol. 73, issue 6, 1994, pp. 62–78; Alwyn Young, "Lessons from the NICs: A Contrarian View", *European Economic Review*, Vol. 38, issue 3/4, 1994, pp. 964–973.

前便经历了较长时间的内卷化或剩余劳动力积累过程①，已经形成了大片的成熟且"低垂的果子"，一旦解除束缚增长的体制障碍，诸多增长源泉都唾手可得。

从生产要素供给的角度看，除了在当代世界经济中的中等收入国家常常可以观察到的劳动力供给充足的优势外，由于教育发展使得新成长劳动力具有更高的人力资本禀赋，充足劳动力供给同时也成为人力资本改善的优势。年轻的人口年龄结构即较低的人口抚养比有助于提高储蓄率，以及劳动力无限供给延缓资本报酬递减现象的发生，也使资本积累对经济增长的贡献率既高且持久。从生产率提高的角度看，一方面，劳动力从农业向非农产业转移产生提高劳动生产率的资源重新配置效应；另一方面，在技术、管理和市场运作等方面与高收入国家的差距，都可以使后起国家节约大量的学习成本并避免诸多试错代价，尽享后发优势。

随着人均收入向中等偏上阶段水平提升，以及越来越接近于高收入门槛，一个国家的人口转变也进入更高的阶段，表现为劳动年龄人口增长减速及至转入负增长，人口抚养比由下降转而提高，劳动力无限供给特征减弱，人力资本改善速度放慢，资本报酬递减现象开始呈现。这意味着生产要素投入驱动的增长模式不再能够维持以往的增长速度。与此同时，劳动生

---

① 蔡昉：《二元经济作为一个发展阶段的形成过程》，《经济研究》20.5年第7期。

产率提高的源泉也发生变化，劳动力在产业间重新配置的空间收窄，技术和体制创新中的后发优势也变弱。

归纳起来，在这个发展阶段上，国家潜在增长率的降低是符合发展规律的。首先，在劳动力不再具有无限供给特征的情况下，继续投入资本会遇到报酬递减现象。其次，在许多发展中国家，阻碍生产要素流动的体制障碍仍然存在，造成资源误配的结果。最后，长期依靠低成本要素和帕累托改进空间，造成许多国家缺乏以创造性破坏驱动创新的能力和承受度，难以及时获得新的增长动能。面对发展阶段决定的自然减速以及条件约束，不同的国家在应对上有差别，在发掘与发展阶段相适应的新增长源泉上面表现不一，因而国家之间产生分化便是难以避免的。

艾辰格林（John Eichengreen）及其合作者从中等收入陷阱这个命题出发，专门研究了在中等偏上收入阶段的国家经济增长减速现象，为前述关于门槛效应的假说提供了经验证据。他们在 2011 年的一篇文章中发现，按 2005 年不变价购买力平价计算，人均 GDP 达到 15000—16000 美元的时候许多国家倾向于减速。[①] 随后在 2013 年文章中，他们进一步发现，统计意义上的国家增长减速，实际上会发生两次：第一次

---

① Barry Eichengreen, Donghyun Park, and Kwanho Shin, "When Fast Growing Economies Slow Down: International Evidence and Implications for China", NBER Working Paper, No. 16919, 2011.

在人均 GDP 处于 10000—11000 美元之间，第二次在 15000—16000 美元期间。①

为了与我们关心的发展阶段对应起来，可以对上述作者使用的按 2005 年不变价购买力平价计算的人均 GDP 进行换算。结果表明，无论是一次性减速还是两次减速，他们所发现的增长减速时的人均收入，恰好是被世界银行定义为中等偏上收入国家在 2010 年（按 2011 年不变价购买力平价计算的人均 GDP 为 10382 美元）到 2018 年（14192 美元）期间的水平。

同一时期中等偏上收入国家对应的按 2010 年不变价汇率法计算的人均 GDP，则是从 6344 美元到 8538 美元之间，而对应的现价人均 GDP 则为 6344 美元到 9200 美元之间。很显然，艾辰格林等讨论的减速时点人均收入水平，有可能延伸到高收入门槛后的一段时间里。可见，他们研究的减速对象与本章所讨论的门槛效应完全对应。不仅如此，他们所观察到的减速或分化原因，实际上与本章提出的解释也是一致的。

在 2013 年的文章中艾辰格林及其合作者发现，中等和高等教育水平以及高科技产品在出口产品中比重较高，都有助于降低国家减速的概率。而在 2011 年的文章中，艾辰格林及其合作者则更概括性地指出全要素生产率下降，可以解释经济增

---

① Barry Eichengreen, Donghyun Park, and Kwanho Shin, "Growth Slowdowns Redux: New Evidence on the Middle-income Trap", NBER Working Paper, No. 18673, 2013.

长减速原因的85%。这些经验证据恰好印证了本章提出的门槛效应假说。接近高收入门槛的经济体既是中等偏上收入国家，同时也处于晚期人口红利甚至后人口红利阶段，意味着它们刚刚丧失了驱动增长的人口红利，必须转向依靠全要素生产率驱动的增长模式。能否实现这个增长模式的转变，决定了一国经济增长减速的幅度，而在这上面的差异则导致经济增长表现的迥异。

五　发展阶段转变中的中国经济

改革开放以来，中国经历了典型的二元经济发展，高速增长也主要依靠人口红利支撑。在这整个过程中，有利于经济高速增长的人口因素主要产生于两个源泉。第一是人口转变因素。在1978—2010年期间，15—59岁劳动年龄人口以年均1.8%的速度增长，而在此范围之外的非劳动年龄人口则以年均-0.2%的速度徘徊，形成一个有利的人口机会窗口。第二是劳动力重新配置因素，即劳动力大规模从农业转移到非农产业。在1978—2018年期间，农业劳动力比重从70.5%下降到26.1%，非农产业成为吸纳转移劳动力的主要就业领域。

这两种因素所产生的效果基本相同，即通过充足的劳动力供给、人力资本的迅速改善、高储蓄率和高资本回报率，以及劳动力重新配置带来的全要素生产率改进，把特定阶段的人口转变过程转化为有利于高速经济增长的人口红利收获过程。[1]

中国的总和生育率于 20 世纪 90 年代初降低到更替水平之下，而劳动年龄人口自 2011 年以后便进入负增长。按照前述世界银行和国际货币基金组织的定义，中国已经处于晚期人口红利和后人口红利两个发展阶段之间。实际上，以 2010 年劳动年龄人口达到峰值、人口抚养比降到谷底为标志，中国经济赖以实现高速增长的人口转变因素发生了逆转性的变化。由于劳动力无限供给这个二元经济发展阶段特征的式微，劳动力供给短缺、人力资本改善渐缓、资本报酬递减和资源重新配置效率改善空间缩小等因素，不可避免地导致中国经济潜在增长率下降。并且，随着人口红利加速消失这一减速趋势将继续下去。[2]

中国经济增长减速固然具有一些与常态模式不尽相同的特点，却并未表现出大趋势上的明显异常。例如，中国在 2012 年开始减速时人均 GDP 为 5336 美元，与艾辰格林等常态减速时点的低限（2010 年不变价人均 GDP 约为 6344 美元）相比似

---

[1] 这方面的文献包括把人口抚养比作为人口红利代理变量的经验研究，如 Feng Wang and Andrew Mason, "The Demographic Factor in China's Transition", in Loren Brandt and Thomas G. Rawski (eds.), China's Great Economic Transformation, Cambridge·New York: Cambridge University Press, 2008; 也包括从促进增长各种变量来看的计量研究，如 Fang Cai and Wen Zhao, "When Demographic Dividend Disappears: Growth Sustainability of China", in Aoki, Masahiko and Jinglian Wu (eds.), The Chinese Economy: A New Transition, Basingstoke: Palgrave Macmillan, 2012.

[2] 关于中国潜在增长率的估计和预测，可参见 Fang Cai and Yang Lu, "The End of China's Demographic Dividend: The Perspective of Potential GDP Growth", in Ross Garnaut, Fang Cai and Ligang Song (eds.), China: A New Model for Growth and Development, Canberra: ANU E Press, 2013, pp. 55–74.

乎来得更早。但是，减速前中国经济增长率比常态模式中的任何经济体都更高，甚至减速后的增长率也仍然高于大多数其他经济体，这个减速可谓保持了自身一贯的特性。

也可以说，中国经济增长减速的表现，在从根本上并无异于一般模式的同时，的确打上了一些中国人口转变特征的烙印。观察中国人口转变的一些异于其他国家的特殊性，既可以解释为什么中国能够在长达40余年的时间实现如此高速的增长，也可以解释为什么中国经济的减速来得偏早，同时还能说明何以减速后的增长速度仍然高于大多数其他经济体，并且帮助我们探讨中国经济未来的增长潜力所在。

与许多其他国家相比，既作为迅速的经济社会变化结果，也由于特殊的人口政策作用，中国的人口转变是在很短的时间里完成的。总和生育率从5降到更替水平2左右，在中国只用了20年的时间，用时仅为欧洲发达国家的1/4。相应地，有利于经济增长的人口红利也是在十分集中、更为浓缩的时间里被释放出来的。

例如，表现为劳动年龄人口快速增长和非劳动年龄人口稳定不变的人口机会窗口，实际上仅仅维持了30年的时间（1980—2010年）。在相对低的人均收入水平上就进入较高的老龄化阶段，以及较早开始了经济增长减速，虽然可以用"未富先老"进行特征描述，却并不意味着中国经济增长的既有潜力已经消失，也不注定中国经济不能获得新的增长动力。

在前述影响中国经济增长的两种人口因素中，人口转变因素总体而言是不可逆转的。然而，劳动力重新配置因素的潜力却尚未挖掘殆尽。2018年农业劳动力占全部劳动力的比重，虽然已经大幅度下降到26.1%，但是，按照经济发展的一般规律，即随着人均收入水平提高，农业产值和劳动力比重都持续下降，中国农业劳动力向非农产业转移的空间尚存，并且潜力是巨大的。

在下页图1-4中，我们按照四个人均收入分组刻画农业劳动力比重的下降过程。从中可见，国家从低收入到高收入的发展阶段转变中，农业劳动力比重的下降过程是持续不断的，而且下降幅度和下降潜力几乎是无限的，可以从高达80%以上的水平下降到只有1%左右的水平。

2018年，中国作为中等偏上收入国家中人均收入水平较高的国家，农业劳动力比重却明显高于同一组别的大多数国家。因此，推动农业劳动力继续转移，可以开启一个新的机会窗口，通过改善劳动力供给、延缓资本报酬递减现象和获得资源重新配置效率等途径，使符合经济发展阶段变化的减速幅度更小一些、节奏更缓一些。

然而，纯粹与人口红利相关的经济增长源泉终究会枯竭，保持合理增长速度必然要依靠全要素生产率的提高。与此同时，提高全要素生产率的传统源泉也会逐渐消失。与二元经济发展阶段相关的全要素生产率源泉，是劳动力从低生产率产业向高生产率产业（农业向非农产业）转移创造的资源重新配置效率。这个生产率提高既如"低垂的果子"般唾手可得，也具有不涉及既得利益群体的帕累托改进性质。相应地，当经济发展转向更高阶段时，新的增长动能产生于不尽相同的源泉和机制，需要围绕建立创造性破坏竞争环境，进一步推进改革开放，并形成新的社会政策框架。

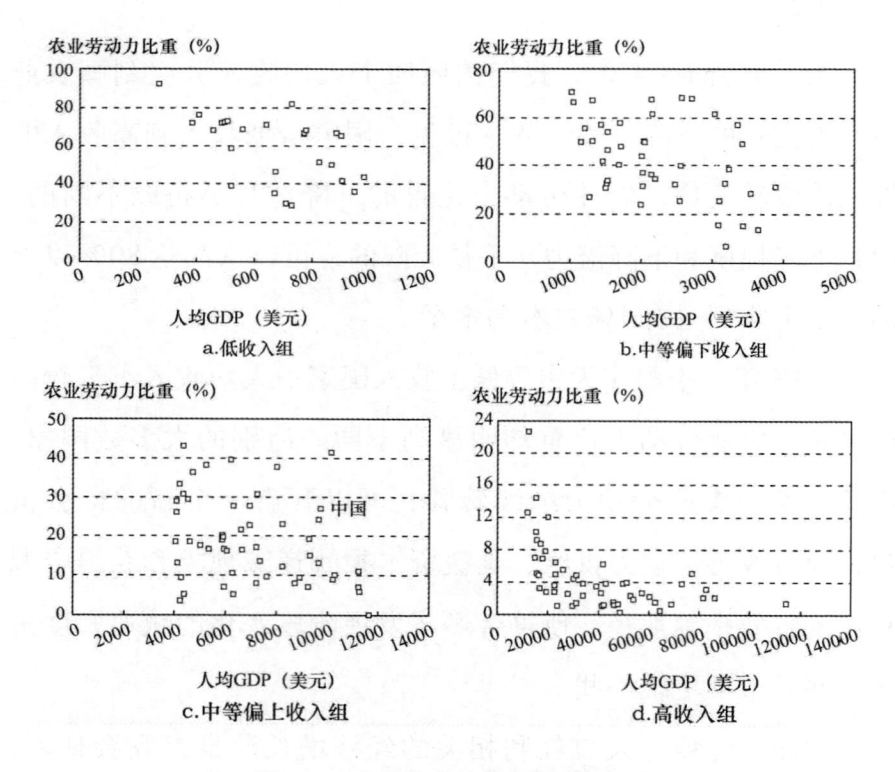

图1-4 人均收入与农业劳动力比重

资料来源：World Bank, "World Development Indicators", 世界银行官方网站, https://data.worldbank.org/。

六 结语和政策建议

把国家在中等收入阶段通常会遇到的增长瓶颈问题,进一步聚焦于临近高收入门槛时的特殊挑战,对于认识中国经济增长可持续性问题具有更为现实的意义。在这个特别的发展阶段,长期形成的发展经济学理论与新古典增长理论也恰好形成交汇。围绕着本章讨论的门槛效应,特别是中国面临的可持续增长挑战,我们需要在看似对立的经济学文献及其政策含义之间建立一座桥梁。虽然这并不是说需要做出经济学范式的转变,但是,经济增长源泉的变化要求政策关注点有所转变。在此基础上,对中国改革开放发展的政策建议才更有针对性。

无论是否明言,早期关注经济发展问题的研究通常从二元经济发展理论出发,结合结构变革理论和人口红利假说,因而更有说服力地解释了中等收入阶段的经济增长源泉。[①] 除了前述关于人口红利的实证研究外,还有经济学家专门以亚洲国家为对象,研究了产业间资源重新配置对经济增长的贡献,通常

[①] 具有代表性的文献如 [美] 西蒙·库兹涅茨:《各国的经济增长:总产值和生产结构》,商务印书馆1985年版;Masahiko Aoki, "The Five Phases of Economic Development and Institutional Evolution in China, Japan, and Korea", in Aoki Masahiko, Timur Kuran, and Gérard Roland (eds.), *Institutions and Comparative Economic Development*, Basingstoke: Palgrave Macmillan, 2012, pp. 13 – 47; Jeffrey Williamson, Growth, "Distribution and Demography: Some Lessons from History", NBER Working Paper, No. 6244, 1997.

得出劳动力和其他要素在第一产业、第二产业和第三产业之间的流动与重新配置,是二元经济发展阶段生产率提高的主要源泉。[①] 此外,研究企业间规模变化和要素重新配置的文献,通常得出制造业和服务业企业的成长与萎缩以及进入与退出,是超越中等收入阶段之后生产率提高的主要源泉。[②]

这两类研究其实是内在关联的。也就是说,按照经济发展规律,伴随着人口红利的消失从而二元经济发展阶段趋于结束,一个经济体要保持全要素生产率的持续提高,必然要回归到熊彼特式的"创造性破坏"模式上。

微观组织有消有长、有进有退、有生有死,是一个经济体健康成长不可或缺的生物机制。在增长源泉"低垂的果子"所剩无多、效率改善不再具有帕累托改进特征的情况下,这种创造性破坏机制尤其不能回避。因此,针对中国所处的经济发展阶段和面临的挑战,应该按照"发挥市场在资源配置中的决定性作用,更好发挥政府作用"的要求,以各种经营主体公平而充分竞争、易进能出、优胜劣汰为机制建设的目标,以改革红

[①] 参见 Margaret S. McMillan and Dani Rodrik, "Globalization, Structural Change and Productivity Growth", NBER Working Paper, No. 17143, 2011; Barry Bosworth and Susan Collins, "Accounting for Growth: Comparing China and India", NBER Working Paper, 12943, 2007.

[②] 如参见 Lucia Foster, John Haltiwanger, and Chad Syverson, "Reallocation, Firm Turnover, and Efficiency: Selection on Productivity or Profitability?" *American Economic Review*, Vol. 98, 2008, pp. 394–425; Lucia Foster, John Haltiwanger and C. J. Krizan, "Aggregate Productivity Growth: Lessons from Microeconomic Evidence", in *New Developments in Productivity Analysis*, NBER/University of Chicago Press, 2001.

利显著性为优先序的确定原则,在以下方向上深化改革开放和加强社会政策建设。

首先,探索市场机制"无形的手"与政府作用"有效的手"内在有机的协同作用,需要把竞争理念嵌入产业政策内核之中,化有形于无形。为此,经济体制机制改革当前最紧迫的任务是建立创造性破坏环境,改革的总体设计要不同于强化相关部门工作的部署,真正确立市场配置资源的决定性地位。为了把创新发展理念转化为激励创新的体制机制,最重要的是在竞争领域让所有经营主体平等进入、公平竞争,同时让生产率低于平均水平、没有生命力和可持续发展潜力的经营主体容易退出,从整体经济层面上提高全要素生产率,以新动能支撑中国经济增长。

其次,进一步对外开放的一个重点,是把中国的投资者和企业推到国际竞争环境之中。国际经验和教训表明,保护可以使企业暂时避免竞争,为培育幼稚产业赢得时间,因此在一定的发展阶段,实施得当有其必要性。但是,这种政策持续下去却不利于形成创新激励,还会造成缺乏自生能力的"企业巨婴"。因此,在新的发展阶段上,通过提高生产率形成经济增长新动能,必须依靠充分竞争形成创新的激励和可持续动力,越是在更广阔的舞台上平等竞争,创新成果才会更充分涌流。

为此,要扩大自由贸易试验区政策的适用范围,按照全面开放原则逐渐形成自贸试验区政策的全覆盖。要在所有竞争性领域对国内外企业和投资者实施市场准入负面清单制度，依法清除所有妨碍公平竞争的局部政策和做法，维护对外开放和国内市场统一。

再次，那些已经取得共识，能够创造立竿见影、真金白银红利的改革措施，应该按照合理的红利分享和成本分担原则，着力突破既得利益的阻挠和拖延，以缓解潜在增长率下降的压力，同时推动改革向更加深入的领域拓展。改革与增长不是非此即彼或者此消彼长的关系，相反，改革红利即通过改革提高生产要素供给能力和配置效率，从而提高潜在增长率，既有利于稳定增长速度，还能以卡尔多改进的方式支撑进一步的改革，形成改革与增长相互促进的良性循环。

最后，加大政府再分配政策力度，织密社会政策托底的安全网。增长动能越来越依靠创造性破坏带来的创新、推进改革中帕累托改进性质减弱、国际竞争中与发达国家的互补性减少和竞争性增强，以及经济全球化逆风、新冠肺炎疫情对世界经济的冲击和国际宏观经济不稳定，都给中国经济发展带来更多的风险。

与此同时，为了确保发展方式转变和增长动能转换，我们不应该寻求避风港，而要坚定不移地推进改革开放，在提高竞争力的基础上适应在更高发展阶段上的新角色。在创造性破坏中，僵尸企业必须处置，传统产能需要淘汰，甚至传统产业的就业岗位也应该更新,但是,劳动者必须始终受到保护。因此,旨在保障和改善民生的再分配政策力度需进一步加强,社会政策托底是创造性破坏环境的题中应有之义。我们在以后的章节将进一步讨论这个问题。

第二章 如何置身全球"长期停滞"之外？

一 引言

在以前的研究中，笔者反复论述和检验了2010年之前中国经济高速增长得益于人口红利这一事实；相应地，从2010年之后中国劳动年龄人口转为负增长这个新变化，自然可以推论人口红利的消失，进而可以预测到潜在增长率的下降和实际增长的减速。在此类研究中，我们根据生产要素供给和生产率提高的趋势，对潜在增长率进行了估计和预测。[①] 上述判断和预测的准确性也为2012年以来的实际增长速度变化所验证。也就是说，潜在增长率的预测值与实际增长率的水平和趋势大

[①] 参见 Fang Cai and Yang Lu, "The End of China's Demographic Dividend: The Perspective of Potential GDP Growth", in Ross Garnaut, Fang Cai and Ligang Song (eds.), *China: A New Model for Growth and Development*, Canberra: ANU E Press, 2013, pp. 55–74。

体表现一致（图 2-1）。

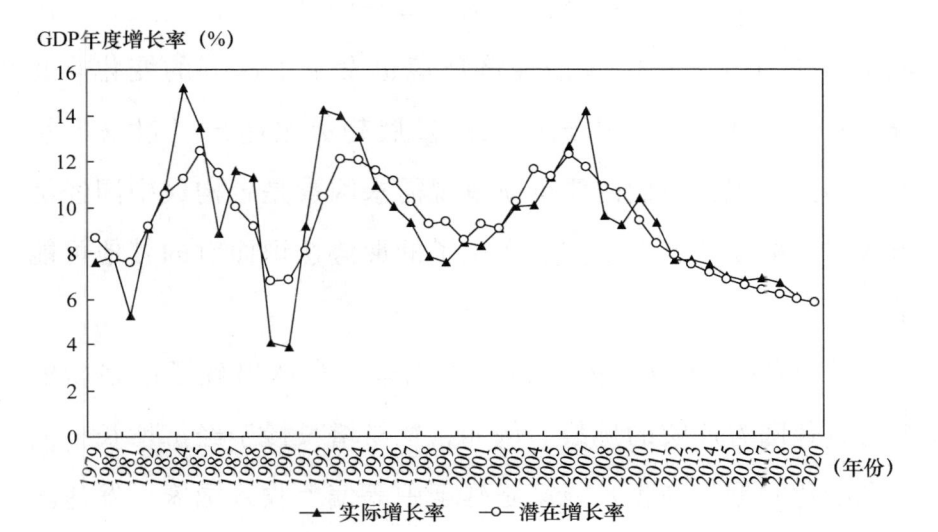

图 2-1　中国经济的潜在增长率和实际增长率

资料来源：Fang Cai and Yang Lu, "The End of China's Demographic Dividend: The Perspective of Potential GDP Growth, in Ross Garnaut", Fang Cai and Ligang Song（eds.）, *China: A New Model for Growth and Development*, Canberra: ANU E Press, 2013, pp. 55–74.

图 2-1 中显示 GDP 实际增长率与潜在增长率在 2010 年之后具有较高吻合度，主要由于在此期间经济增长的稳定程度较高。直到 2020 年遭遇前所未有的新冠肺炎疫情冲击，中国经济虽然缓慢下行，却始终保持比较平稳的增长。正是由于并没有预见到需求因素的结构性或趋势性变化，因此，我一直认为中国经济将按照潜在增长率的变化轨迹增长。相应地，以往研究的关注点也集中于从供给侧探讨提高潜在增长率的途径和

效果。

然而，世界经济本身正在发生着一些趋势性的转变，中国经济增长所处的国际政治经济环境也发生了深刻的变化。此外，在一定程度上，中国的人口发展趋势也超出了过去的预期。因此，现在我们需要重新审视需求因素是否构成中国经济未来增长的制约，以便按照变化了的形势认识面对的其他可能情形。

从2008年国际金融危机发生以来，全球出现了诸多新的趋势，伴随着严峻的挑战。例如，贸易增长慢于经济增长，人口老龄化问题从高收入国家蔓延至中等偏上收入国家，发达国家（及至全球经济）增长动力羸弱，新兴经济体遭遇各种困境，新冠肺炎疫情大流行助长了许多国家的内顾倾向，全球供应链断裂和脱钩，等等。这些现象既助长逆全球化的倾向，也使经济学家警示的"长期停滞"（secular stagnation）愈益成为不可避免的世界经济长期态势。

同时，一系列新的情况也使得长期停滞这个世界经济特征，对于中国经济具有了越来越直接的针对性。首先，中国作为最大的开放经济体，必然从需求侧受到全球经济增长状况的影响。其次，中国作为全球价值链的重要参与者，会因供应链断裂和脱钩遭遇巨大的困难。再次，中国正在经历人口老龄化的加速过程，也日益接近人口总量的峰值，既面临着与发达国家类似的挑战，也面临着独特的未富先老挑战。最后，在经济增长减速的条件下,提高居民收入水平和改善分配状况,决定着超大规模消费潜力能否得到挖掘,成为现实需求拉动力。

本章着重于探讨中国经济如何排除全球长期停滞的干扰,创造稳定和扩大需求的必要条件,确保经济增长符合潜在增长率。第二节从理论渊源和现实状况两个方面阐释世界经济长期停滞的原因。在第三节,我们从早在国际金融危机之后就形成的逆全球化趋势、新冠肺炎疫情大流行后在各国产生的内顾发展倾向,以及与民粹主义、保护主义等政策取向相关的供应链脱钩趋势,观察疫情后世界经济的复苏态势以及中国经济面临的外部环境。第四节从国际比较的角度讨论人口增长停滞可能导致的经济冲击。第五节探讨中国如何打破面对的结构性需求不足制约。第六节在全章分析的基础上提出政策建议。

二 以长期停滞定义的世界经济

劳伦斯·萨默斯(Laurence H. Summers)观察到,美国经济(也适用于其他主要发达国家乃至世界经济)早在2008—2009年国际金融危机之前,就不再能够以金融可持续的方式实现强劲的经济增长,金融危机之后的复苏明显孱弱无力,通货膨胀率难以达到中央银行预期目标,真实利率更是经历长期的下降。鉴于这些现象,他借助阿尔文·汉森(Alvin Hansen)在近80年前回应类似的经济持续疲软现象时提出的概念,认为美国经济、发达国家乃至世界经济经历着长期停滞状态，主要表现为储蓄倾向提高与投资意愿下降造成的不平衡，进而，过度储蓄抑制了消费需求，降低了经济增长率和通货膨胀率。①

对于长期停滞这种现象，萨默斯提出一些有意思的论点，或许有助于我们认识该经济现象的性质以及对于中国的针对性。其一，他在较早的文章中曾明确地做过判断，认为美国和发达国家面临的（长期停滞）问题，在于需求因素而非供给因素。其二，他抱怨道，几乎所有的宏观经济模型所能供给的政策，都只是熨平宏观经济的波动而已，而不是提高增长的水平。这实际上提出了一个带有根本性的宏观经济学认识问题。

宏观经济学包括周期理论和增长理论。一般认为，周期理论主要研究相对短期、主要由需求侧的冲击因素造成的周期现象。换句话说，由于需求侧冲击导致实际增长率低于潜在增长率，形成增长缺口，因此，宏观经济调控者所要做的就是运用政策工具消除增长缺口。增长理论则研究相对长期、供给侧的增长能力问题，可以说所有与生产要素供给和生产率提高相关的问题，都可以包含在这个领域之中。长期停滞这个问题既是长期的，又是需求侧的，因此与传统的宏观经济学观察视角和思维方式相抵触。在宏观经济学的演进能够给出更令人信服的

---

① Lawrence H. Summers, "The Age of Secular Stagnation: What It Is and What to Do About It", *Foreign Affaires*, Vol. 95, No. 2, 2016, pp. 2 – 9; Lawrence H. Summers, "Secular Stagnation and Macroeconomic Policy", *IMF Economic Review*, No. 66, 2018, pp. 226 – 250.

第二章　如何置身全球"长期停滞"之外？

理论框架之前，我们姑且把长期停滞看作由结构性需求因素引致的一种长周期现象。

结构性需求因素中最重要的一种便是人口因素。过去20—30年中比较流行的人口红利研究，主要是从供给的角度，把人口转变导致的年龄结构作为影响潜在增长率的因素。长期停滞假说的不同之处，则是从需求角度观察人口因素对长期增长的影响。其实，萨默斯论述长期停滞时所采用的分析框架，在经济学说史上是有出处的，已故经济学家汉森是其直接的理论渊源。

在介绍汉森的长期停滞假说之前，我们先简要地回顾一下凯恩斯关于停滞的人口增长对经济增长产生负面影响的论述，因为正是该论断直接启发了汉森假说。凯恩斯这方面的论述主要体现在一次演讲中，其针对性在于，当时社会的主流认识仍然是促进经济增长需要控制人口增长，然而现实中人口增长减速已经对经济增长产生负面影响。凯恩斯认为，在人口增长减慢的条件下，需求会低于预期水平，从而导致供给过剩。除非通过改善收入分配从而扩大消费，否则在人口增长速度从递增转变为递减的条件下，经济增长会遭遇巨大的灾难性后果。[①]

汉森把短期的周期性问题排除在长期停滞的定义之外，认

---

① John Maynard Keynes, "Some Economic Consequences of a Declining Population", *Population and Development Review*, Vol. 4, No. 3, 1978, pp. 517–523.

为一般周期造成的失业现象,在经济周期处于上升期的时候自然会消失;只有当生产性资源在长期中不能充分得到利用,存在着导致经济复苏孱弱乏力,并且使得衰退的过程长期延续并加深的种种因素时,长期停滞现象才成为需要认真对待的问题。他认为,技术创新、新领域的发现和人口增长是经济发展的根本原因。同时,一旦这些因素发生变化,也必然成为持续存在的就业不足问题的根源。[1]

然而,汉森并没有像人口红利理论那样,从供给侧视角解释人口年龄结构变化以后潜在增长率如何下降,而是强调总人口增长停滞对总需求的不利影响,并且他的分析超越了短期周期现象的维度。值得注意的是,汉森的分析几乎全部围绕在人口增长放缓条件下资本需求必然减弱进行的。不过,这个关注点所揭示的逻辑联系却是十分清晰的。由于产出或收入需要在消费与储蓄之间进行配置,投资需求不足就意味着需要对储蓄率进行调整,即把收入中更大的部分转向用于最终消费,以便填补投资下降带来的需求缺口。

汉森本人也提到了可能的政策选项,包括改善收入分配、实施再分配、扩大公共支出以及增加社会福利项目等。但是,他也十分明白在自由市场经济下,此类政策在经济上和政治上

---

[1] Alvin Hansen, "On Economic Progress and Declining Population Growth", *Population and Development Review*, Vol. 30, No. 2, 2004, pp. 329-342.

的可行性绝不是毋庸置疑的。换句话说，如果存在着什么系统性、持续性的因素，使得消费无法得到足够的提高，结构性需求不足就会成为长期的现象，进而导致长期停滞。不幸的是，这正是美国和一些发达国家带给自身和世界经济的后果。

三 逆全球化趋势、内顾倾向及脱钩

20世纪90年代以来的经济全球化，具有不同于以往全球化的特点，产生了前所未有的效果，同时也使世界经济发生了一些革命性的变化。这些特点可以分别概括为"回归李嘉图"和"超越李嘉图"两个阶段或两种形态。

在李嘉图比较优势原则基础上构建的国际贸易理论认为，由于生产要素禀赋在国家之间存在差异，通过把相对丰裕的生产要素凝结在某些产品中，用以交换那些凝结了相对稀缺生产要素的产品，各国得以分别实现自身的比较优势，因而从国际贸易（以及对应的外商直接投资）中获益。在此立论之下，国际贸易的核心有两点，一是国家之间交换可贸易产品，二是交换的产品中分别凝结各自相对丰富的生产要素。

但是，在20世纪90年代之前，由于世界经济按照东西两大阵营和南北两个世界划分而处于割裂状态，典型和主流的国际贸易并没有在具有不同要素禀赋的国家之间展开。具有不同要素禀赋的发达国家与发展中国家之间贸易，并没有构成当时世界贸易的主体，而居于主体地位的却是具有相同或相近要素禀赋的西方国家之间，主要依据规模经济的差异进行的产业内贸易。因此，那个时期的世界贸易并不反映典型的李嘉图式比较优势分工。

直到20世纪90年代之后，随着前计划经济国家和更多发展中国家开始参与全球分工体系，处在不同发展阶段上的国家具有不同的生产要素禀赋，因而国际贸易回归李嘉图模式，依据比较优势在国家间进行。最典型的案例是，中国以劳动密集型制造业产品交换发达国家资本密集型和技术密集型产品，在成为全球制造业中心的同时，扩大了城乡居民的就业，逐步提升了产业结构的高度。[①]

这一轮经济全球化同时伴随着以计算机技术和互联网通信等为代表的新科技革命兴起，因而创造出一个全球分工的新特征，即价值链分工，从而再次超越了李嘉图式的贸易模式。也就是说，每个国家不再是仅仅基于自身生产要素禀赋，生产某种或某些具有比较优势的产品，以交换其他国家拥有比较优势的产品，而是每一种产品的生产都要依靠其他（国家）生产者提供的部件和成分。

美国经济学家迈克尔·斯宾塞（Michael Spence）对这个现象做出了生动并准确的概括，即指出没有哪个国家拥有生产苹

[①] 参见蔡昉《全球化、趋同与中国经济发展》，《世界经济与政治》2019年第3期。

果手机的比较优势，有的只是在苹果手机的全球价值链中生产某些部件的比较优势。① 于是，贸易模式超越了以劳动力成本差异为基础的比较优势版本，在某种程度上再次具有了产业内贸易的特点。与此同时，有一些处于较低收入阶段的国家，仍然需要依靠廉价劳动力发挥"比较优势"。②

全球分工体系和国际贸易模式的两次转换，给传统工业化国家和新兴经济体带来的发展机会是相同的，然而，最终的实际结果却大异其趣，以致两类国家对于全球化的态度，与历史上的情形相比发生了一百八十度的大转向。最典型的是，与美国的主张及行为大相径庭，中国代表新兴经济体以及广大发展中国家，成为自由贸易、全球化和多边主义国际规则体系的坚定捍卫者。同时，这种不同的结果以及不同的主张，也在国际政治舞台和世界经济领域激发出巨大冲突，为全球化前景布满了阴云和迷雾。

在全球分工体系回归比较优势，即在国际贸易中劳动要素与资本要素进行交换的条件下，在发展中国家劳动收益得到提高，并通过就业的扩大实现了大规模的减贫，进而形成日益成

---

① World Bank et al., "Global Value Chain Development Report 2017: Measuring and Analyzing the Impact of GVCs on Economic Development", Foreword by Michael Spence, Washington D. C: International Bank for Reconstruction and Development/The World Bank, pp. iii – iv.

② World Trade Organization et al., "Global Value Chain Development Report 2019: Technological Innovation, Supply Chain Trade, and Workers in a Globalized World", Foreword by Michael Spence, Geneva, Switzerland: World Trade Organization, p. v.

长的中等收入群体。全球价值链的发展,增强了包括中国在内的中等收入国家的产业穿透力,使其得以在失去劳动密集性产业比较优势以后,仍然依靠在诸多技术环节中保持的比较优势,紧密地镶嵌在全球供应链之中。

与此形成鲜明对照的是,虽然在发达国家资本收益得到提高,大资本所有者和跨国公司赚得盆满钵满,却并不能够为普通劳动者分享,加上教育发展的停滞和制造业岗位的流失造成中产阶级群体的萎缩,劳动力市场和收入分配两极化日益严重。为了缓解中产阶级的焦虑和低收入群体的不满,发达国家政府求助于宏观经济民粹主义,出台了一系列以造成金融体系风险和不可持续性为代价的刺激政策。[1]

其中一个最具破坏性的政策,就是鼓励和刺激以房贷为代表的借贷消费。阿蒂夫·迈恩(Atif R. Mian)等人研究指出,收入分配不均,一方面导致美国乃至全球富人的过度储蓄,另一方面却使普通家庭无力消费。于是,在政府的鼓励政策和金融机构的逐利行为共同作用下,大规模消费贷款,特别是房贷被发放给很多无力偿还的居民。[2] 然而,这并没有解决收入分配不均等的问题,借贷刺激的消费也不可持续,同时带来巨大

---

[1] 更多讨论请参见第八章。
[2] 参见 Atif R. Mian, Ludwig Straub, and Amir Sufi, "The Saving Glut of the Rich and the Rise in Household Debt", NBER Working Paper, No. 26941, April 2020;[美] 阿蒂夫·迈恩、阿米尔·苏非:《房债:为什么会出现大衰退,如何避免重蹈覆辙》,中信出版社2015年版。

的金融风险和金融灾难。

奥斯卡·乔达（Òscar Jordà）等研究者收集和处理了丰富的历史数据，并得出一些富有启发的结论。20世纪下半叶以来，在全球发达国家范围内，金融的发展主要依靠家庭抵押贷款的增长，其中主要是住房抵押贷款；抵押贷款繁荣导致金融体系的脆弱性，日益演变为危机风险点；第二次世界大战后，每逢抵押贷款繁荣遭到破产，都伴随着经济增长的羸弱，当代经济史上发生的金融危机和各种衰退，无一不与抵押贷款危机特别是房债危机紧密相关。[①] 而当每一次这样的危机或衰退发生时，受冲击最大的终究还是普通劳动者、低收入家庭，甚至中产阶级。

那些采取宏观经济民粹主义政策的国家，在不能解决国内矛盾的情况下，民粹主义、民族主义和保护主义反而进一步抬头，不仅国内政治进一步分裂，国际政治也愈显极端化。美国特朗普当选总统、英国最终脱欧，以及许多国家民粹主义政府执政，都是同一个趋势的不同表现。早在应对2003—2009年国际金融危机的时候，许多国家经济的内顾倾向就开始滋长，为经济全球化釜底抽薪，形成逆全球化潮流。

从全球贸易增长明显减缓这一事实，可以清楚地看到这个

[①] Òscar Jordà, Moritz Schularick, and Alan M. Taylow, "The Great Mortgaging: Housing Finance, Crises and Business Cycles", *Economic Policy*, Vol. 31, No. 85, pp. 107–152.

趋势。从20世纪80年代后期直到2007年，全球出口总额的增长速度都是显著高于世界经济增长速度的。受到金融危机的冲击，2009年全球出口以大得多的幅度跌为负增长（-11.8%，同期GDP为-1.7%）之后，2010年以同样大得多的幅度回升到正值（11.8%，同期GDP为4.3%）以后，迄今为止，出口增长率总体而言就未能再高于GDP增长率。

可见，经济全球化的式微，或者说金融危机后呈现出的逆全球化表现，即便没有发生新冠肺炎疫情，也已经是注定的趋势且逐步显现。特别是美国特朗普政府实行一系列单边主义政策，严重威胁到第二次世界大战后建立的多边主义机构和机制，更加剧了这个趋势。然而，从新冠肺炎疫情演变为全球大流行之日起，越来越多的现象表明，诸多以往被普遍认同的全球化理念、机制和实践正在受到更为严峻的挑战。

无论是根据历史经验还是迄今为止出现的种种现象进行判断，疫情之后的世界经济不可避免地笼罩在更为浓重的逆全球化阴影之中。这种逆全球化雾霾的构成元素和具体表现固然是多种多样的，甚至可谓不胜枚举，不过，如果着眼于它对过去30年经济全球化最重要支柱的潜在破坏性，我们可以把观察重点放在这样几个方面，即在发展理念上贸易保护主义对自由贸易的挑战，在全球治理上单边主义对多边主义的取代，以及在现实经济层面上全球供应链的被动断裂和主动脱钩。

从新冠肺炎疫情传播的早期开始，研究者们就常常不约而同地表达一个看法，即新冠病毒在经济社会意义上的传染性，丝毫不亚于公共卫生和医学意义上的传染性。各国媒体也披露了诸多印证这个说法的事例。把这些表现归结起来，不难看到全球化面临的与大流行病相关的崭新考验。

很多国家对于大流行病的反应，在认识上从掉以轻心到过度恐慌，在行动上从贻误时机到急不择路，几乎是在一夜之间发生的。在慌乱应对中，"各扫门前雪"的心态甚至以邻为壑的自利表现暴露无遗。譬如，在意大利受疫情冲击处于最暗黑的时刻，有血脉之亲的欧盟国家一时竟无一伸出援手。更有甚者，在运输途中拦截他国购买的医用防护装备，比如口罩、呼吸机、药品等救命物品的"海盗"行为也时有发生。

类似地，因疫情引起的保护主义意识和付诸实施的保护手段，也不出意料地以国家安全为借口大行其道。一项调查显示，自2020年以来至同年5月1日期间，全世界共有22个国家和地区对农产品和食品出口实施了总计31项限制措施，有82个国家和地区对医疗用品和药品出口实施了总计132项控制措施。[①]

如果说上述表现是由于疫情暴发后国内感染率和死亡率迅速攀升，政府出于恐慌而急不择路，似乎只是偶发性事件或者

---

① The Global Trade Alert, "The GTA Reports", May 2020, https://www.globaltradealert.org/reports.

临时性措施的话，应对疫情冲击的宏观经济政策缺乏联动性和协同性，则是许多全球化制度和机制从设计之初便固有的缺陷。以欧元区为例，如果说，以往对欧元机制的作用以及存在可持续性的怀疑，是认为统一货币下的金融制度安排存在缺陷，牺牲了成员国家宏观经济政策的相机决策灵活性和主动性，那么，这次新冠肺炎疫情则暴露出共同货币区域内协调机制的不健全和运转不力。当诸多国家认识到在危急时刻，盟友、全球化机制和区域机制都靠不住的时候，民族主义、保护主义和单边主义等倾向，就更容易在政策制定和实施中占据上风。

新冠肺炎疫情演变为全球大流行并日益严重之后，一些国家在社会保障体制上的诸多弊端得以暴露，长期存在的贫富差距也表现在抵御病毒侵害能力的差别上面，不同的社会阶层对疫情带来经济冲击的承受力大相径庭。这些问题由来已久、积重难返，民粹主义和民族主义政策似乎成为政治家的唯一选项，这对一些不明就里的民众也不啻一种安慰剂。

疾病大流行本身以及不得已而为之的严格防控措施，在从供给侧和需求侧阻碍国内经济正常运转的同时，也必然抑制国际贸易和对外投资活动，各国经济的内顾倾向和保护主义倾向愈加明显。像美国这样长期掌控全球治理话语权，而近年来奉行单边主义的国家，也就难免更加变本加厉地向现存的自由贸易理念和多边主义体系"开战"。

第二章 如何置身全球"长期停滞"之外？

随着疫情在世界范围的蔓延以及各国经济遭受重大打击，许多国家对战略性产业的保护意识和措施力度明显增强。出于重要企业被外资收购的担心，各个国家和地区纷纷做出旨在遏制跨国投资活动的更严格规定。例如，欧盟、澳大利亚、印度、意大利、加拿大、德国、西班牙、法国等分别通过制定和修订相关法规等措施，加强对外国企业在特定行业投资和收购的限制。大多数这类政策法规的出台，不乏浓厚的歧视性质和把中国等国家作为假想敌的意图。并且，以美国为代表，更是直接针对中国，在关键技术领域加大了对出口、投资和收购的审查、限制和制裁。

全球供应链受损是伴随疫情危机的一个突出现象，并且有着客观和主观两方面的原因。无论是在大隔离期间各种经济活动被动停止以致部分供应链断裂，还是在经济重启的时候受到需求不足的冲击造成供应链受损，以及无论是出于自身供应链安全的考虑，还是出于遏制竞争对手的用意，或者两个因素同时存在，抑或仅仅出于回天乏力的无奈，许多国家主动实施脱钩策略，包括减少"即时生产"和扩大"战略供给"范围。

这些措施无疑将加速供应链的断裂和脱钩，20世纪90年代以来这一轮经济全球化的最重要成果——全球价值链或供应链，或多或少都要遭受到持久性的损害。事实上，仅从这一个方面，就不啻已经提出疫情大流行之后，经济全球化是前进、停滞还是终结这样生与死的大命题。

经济史表明，各类大危机常常会进一步催化进而加剧已经发生的趋势。逆全球化、各国逐渐增强的内顾倾向，以及美国等国家借疫情污名中国，进而采取恶意脱钩的举措，都会破坏现有的供应链格局，伤害中国制造业乃至整体经济的发展。[1] 由于造成这种趋势的各种举措并未触及解决种种痼疾的根源，因而对于解决各国乃至世界经济的问题必然是南辕北辙。萨默斯认为，新冠肺炎疫情必然启动家庭（更多预防性储蓄）和企业（更少的投资）的结构性响应，进一步推动美国经济的长期停滞。[2]

在人们纷纷猜想新冠肺炎疫情之后经济增长将以何种轨迹复苏时，一位《金融时报》记者借用英文速记中表达"银行"（bank）的符号，表达她本人对美国经济复苏轨迹的看法。[3] 如图2-2所示，这个复苏轨迹相当于两个图形的组合。我们先来设想一个常见的"U"字形复苏。受疫情及防范措施的影响，经济活动骤减和经济衰退剧烈，不太可能形成比较及时的"V"字形复苏，所以经济增长在谷底滞留的时间更长一些，所以预期中是一个"U"字形复苏。然而，在经济复苏经历后

---

[1] 罗奇把美国等国家推动供应链脱钩的目的归纳为三点，分别是在新冠肺炎疫情问题上归罪和惩罚中国、消除自身在关键设备生产线的潜在脆弱性、把海外生产能力回迁以解决国内产业空心化问题。参见 Stephen Roach, "Don't Blame Supply Chains", *Yale Global Online*, May 7, 2020, https://yaleglobal.yale.edu/content/dont-blame-supply-chains。2020年6月7日浏览。

[2] Gavyn Davies, "The Effects of Covid-19 Risk Deepening Secular Stagnation", *Financial Times*, 1 June 2020.

[3] Gillian Tett, "Expect a Bank-shaped Recovery", *Financial Times*, 16 July 2020.

第二章 如何置身全球"长期停滞"之外? 71

半段的时候,并不会恢复到疫情之前的原点上,而是在中途便转向一个更为平坦的曲线。

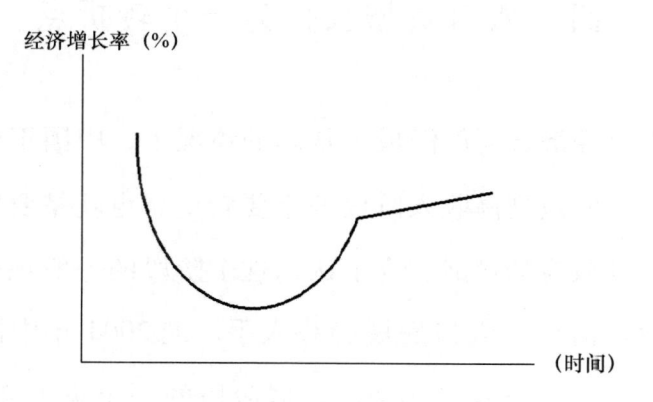

图 2-2 疫情后经济复苏的一种可能轨迹

资料来源:Gillian Tett, "Expect a Bank-shaped Recovery", *Financial Times*, 16 July 2020。

虽然该作者的原意并非与长期停滞有什么关系,但是,我们借用这个复苏形状,可以表达疫情后全球经济究竟会回归到什么样的水平上。无论具体的复苏轨迹究竟是什么样子,这里预想的状态却可以揭示一些世界经济未来增长特点。也就是说,全球经济很可能复苏到长期停滞的一个新的、更低的稳态增长率水平上面。可见,世界经济的长期停滞趋势不仅仍将延续,而且还会进一步加深。

相应地,中国在疫情之后将面临一个不容回避的严峻挑战,同时也是新的发展阶段上将遭遇的成长中的烦恼,需要做出恰当的政策选择,采取积极有效的应对措施,使自身的经济发展免受全球长期停滞这一外部环境的干扰。

四　人口负增长作为一个转折点

在世界经济长期停滞成为常态的情况下，中国正处于从中等偏上收入阶段到高收入阶段的重要转变，也就是要应对第一章所述门槛效应的挑战。为了认识这个阶段的一般规律和中国特点，我们需要从人口发展趋势入手。继 2004 年中国迎来刘易斯转折点，标志着二元经济发展阶段的一个重大变化之后，2010 年中国经历了人口转变的另一个重要转折点，表现为劳动年龄人口达到峰值，随后进入负增长。在以往的研究中，我曾经尝试以两种方式把观察到的这两个转折点纳入一个理论框架，并揭示其对中国经济的政策含义。[1]

第一，在论述中国经济迎来刘易斯转折点时，我也承认这个转折点在时间上不一定仅仅表现为一个点（某一特定年份），完成这个转折更可能需要一个时间区间，亦可称之为刘易斯转折区间。当时所定义的这个区间，预计就是从 2004 年出现劳动力短缺现象开始，到 2010 年劳动年龄人口达到峰值为止。

第二，既然以往的研究已经反复表明，中国的人口红利主

---

[1] 参见 Fang Cai, *China's Economic Growth Prospects: From Demographic Dividend to Reform Dividend*, chapters 3 and 4, Cheltenham, UK · Northampton, M.A., USA: Edward Elgar Publishing。

第二章 如何置身全球"长期停滞"之外？

要来自于劳动年龄人口的迅速增长和人口抚养比的下降，因此，一旦人口转变进入到新的阶段，上述特征消失，就意味着人口红利消失转折点的到来。这个判断的经济增长含义必然是，中国经济一经跨过 2010 年这个转折点，便开始显著地减速。

根据中国人口的增长趋势，总人口峰值预期将很快到来。根据最近几年的人口增长率动态，有的研究者预测中国人口总量峰值为 14.12 亿人，大约出现在 2025—2027 年之间。[1] 即便按照较早进行的较为保守的预测，2030 年之后中国人口也将进入负增长。迄今为止，世界上按照人口转变规律进入人口负增长的国家数量并不多，因此，研究者做出关于人口负增长带来显著的经济社会影响的警示，大多还只是逻辑判断，或者是基于单个国家案例得出的结论。下面，我们进行一些国家间的比较，以便增进对中国即将经历的这个转折点的认识。

我们剔除人口规模小于 100 万人的较小国家后，发现在 2018 年有 20 个国家已经处于人口负增长状态。其中有 9 个国家尚处于世界银行按照人口转变阶段划分的晚期人口红利阶段，11 个国家处于后人口红利阶段。[2] 为了观察这些已经出现

---

[1] 参见都阳、郑真真、王广州、林宝《人口发展与老龄化中长期问题研究》，载谢伏瞻主编，蔡昉、李雪松副主编《迈上新征程的中国经济社会发展》，中国社会科学出版社 2020 年版。

[2] 参见第一章对这种分组依据和经济含义的说明。

人口负增长的国家，在经济发展方面究竟有什么特别之处，我们将这些国家的人均GDP和近年来的经济增长率，分别与三个参照组进行比较。其中，第一个参照组是23个处在后人口红利阶段，但是尚未进入人口负增长的国家平均水平；第二个参照组是处于晚期人口红利阶段国家的平均水平；第三个参照组是处于后人口红利阶段国家的平均水平（表2-1）。通过比较，我们可以看到以下几个特点。

表2-1 按人口动态分组比较

国家类型	人均GDP（美元，算术平均）	年均增长率（2000—2018）（%）
晚期红利—人口负增长	13602	3.30
后红利—人口负增长	17417	0.73
后红利—人口正增长	51847	1.90
晚期人口红利组平均	9684	5.86
后人口红利组平均	45066	1.67

资料来源：World Bank, "World Development Indicators"，世界银行官方网站，https：//data.worldbank.org/；United Nations, Department of Economic and Social Affairs, "Population Division (2019)", *World Population Prospects* 2019, Online Edition, Rev. 1.

第一，处于人口转变的晚期人口红利阶段并且人口进入负增长的国家中，除了黎巴嫩和波多黎各之外，全部为原苏联加盟共和国和东欧转型国家（分别为拉脱维亚、塞尔维亚、摩尔多瓦、爱沙尼亚、波兰、格鲁吉亚和俄罗斯），其中很多国家在1990年前后发生剧变期间就经历过非正常的人口负增长，这种冲击因素既会影响随后的经济表现，也会以某种方式影响人口发展趋势。

总体来看，这些国家与晚期人口红利阶段的国家相比，人均GDP的平均水平高40.5%，意味着这些国家处于该组别的较高发展阶段；同时，2000—2018年期间的年平均GDP增长率却低43.7%，这个增长表现上的差异，可以由其所处发展阶段的特点来解释，无疑也同人口进入负增长这个因素有关。

第二，在处于人口转变的后人口红利阶段并且进入人口负增长的国家中，除了日本、葡萄牙、希腊和意大利这些在高收入国家中以经济增长速度缓慢著称的国家外，其他也都是原苏联加盟共和国和东欧转型国家（包括乌克兰、克罗地亚、保加利亚、立陶宛、匈牙利、白俄罗斯和波黑），同样，其中很多在转型初期曾经经历人口负增长。总体来看，这些国家的人均GDP比后人口转变组的平均水平低61.4%，2000—2018年期间的GDP年均增长率低56.2%。

第三，处于人口转变的后人口红利阶段并且尚未出现人口负增长的国家（因缺乏比较数据，剔除了古巴），人均GDP比该人口分组的平均水平高15.0%，2000—2018年期间的GDP年均增长率高14.0%。高收入水平和相对高的经济增长率，无疑是其吸引移民人口的有利条件，反过来，移民也对其较好的经济增长表现做出贡献。所以，虽然有些国家如德国的人口自然增长率已经为负，但是总人口仍然增长。相反，前述已经出现人口负增长的很多欧洲国家（主要是中东欧国家），在这一地区处于较低的收入水平，因而人口负增长的一个重要原因无疑是净流出，而不尽然是人口转变的结果。

第四，真正既属于高收入国家行列，也处于人口转变的后人口红利阶段，并分别在2010年前后进入人口负增长的国家是葡萄牙、日本、希腊和意大利，这些国家的总和生育率分别为1.42、1.42、1.35和1.29。观察这些国家可以看到，其一，长期以来都经历了人口增长率减速与经济增长减速，并且两者总体上是同步的；其二，在人口增长停滞及至进入负增长之际，都分别遭遇过经济增长的大幅波动；其三，多年以来的经济增长表现，与其他高收入国家相比可谓乏善可陈（图2-3）。

日本是一个先后完整经历过二元经济发展、刘易斯转折点、人口红利消失转折点以及人口负增长等发展过程的典型案例，其中的教训也不啻一座学术研究的富矿。一般认为，日本在1960年左右跨过刘易斯转折点。[①] 在出现劳动力短缺并导致工资上涨的条件下，日本加快推动重化工业化，利用消费、投资和出口的需求拉动，GDP增长速度仍然保持不低于潜在增长率水平。与此同时，也由于过度刺激经济，逐渐积累起房地产

---

① Ryoshin Minami, "The Turning Point in the Japanese Economy", *Quarterly Journal of Economics*, Vol. 82, No. 3, 1968, pp. 380–402.

和股市泡沫，及至20世纪80年代末泡沫破灭。随后在90年代初，日本经历了劳动年龄人口从增长到萎缩的转折，标志着人口红利的消失。

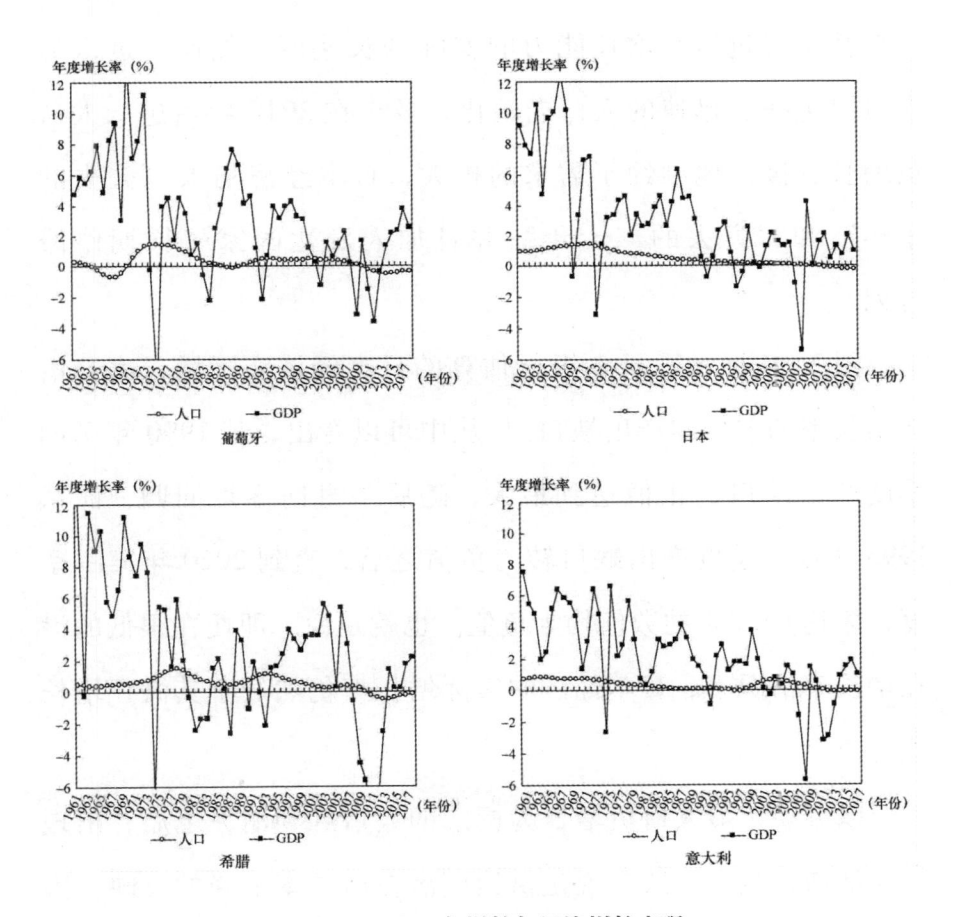

图2-3 人口负增长与经济增长表现

资料来源：United Nations, Department of Economic and Social Affairs, "Population Division", *World Population Prospects 2019*, Online Edition. Rev. 1, 2019；World Bank, "World Development Indicators",世界银行官方网站，https://data.worldbank.org/。

从此以后，日本固然也在提高潜在增长率方面进行了努力，然而更典型的是一直采取宽松的货币政策和扩张性的财政政策，以及补贴性的区域和产业政策刺激需求，试图达到符合甚至超过潜在增长能力的实际增长速度。然而，过低的人口出生率、迅速的人口老龄化，及至在2010年后进入人口负增长，极大地制约了需求的扩大，日本经济陷入"失去的十年"和"失去的二十年"并且加入发达国家的长期停滞行列。

图2-4展示了日本银行估算的日本经济实际增长率与潜在增长率的差额即产出缺口。① 从中可以看出，从1990年第四季度产出缺口的正值达到最大，随后一直向零点回归，而从1993年第一季度产出缺口转为负值之后，直到2020年第一季度，多达64.2%的数值均为负值。也就是说，即便在很低的潜在增长率情况下，日本经济的实际增长率仍然低于其潜在增长能力。②

以劳动年龄人口负增长为标志的人口红利消失之后，出现的经济增长减速一般来说是供给侧潜在增长率下降的反映，因

---

① 关于计算说明请参见 Naoko Hara et al., "The New Estimates of Output Gap and Potential Growth Rate", *Bank of Japan Review*, 2006-E-3, May 2006, 日本银行官方网站, https://www.boj.or.jp/en/research/wps_rev/rev_2006/data/rev06e03.pdf, 2020年8月3日下载。

② 我们的一项估计也得出日本较低的潜在增长率以及产出缺口经常为负值的结论。参见陆旸、蔡昉《人口结构变化对潜在增长率的影响：中国和日本的比较》，《世界经济》2014年第1期。

此这种减速通常是缓慢发生的,并不意味着发展的终结。然而,在人口进入负增长这个巨大转折点之后,由此导致的增长减速通常是结构性需求不足的反映,可能发生得更为剧烈和急迫,处理不好的话却有可能导致发展的终结。对于具有未富先老特点的国家而言,情形可能更是如此。应有的启示则是,中国未来的经济增长,不仅需要从供给侧着眼提高潜在增长率,也需要关注各种需求因素,实现在潜在增长能力上的实际经济增长。

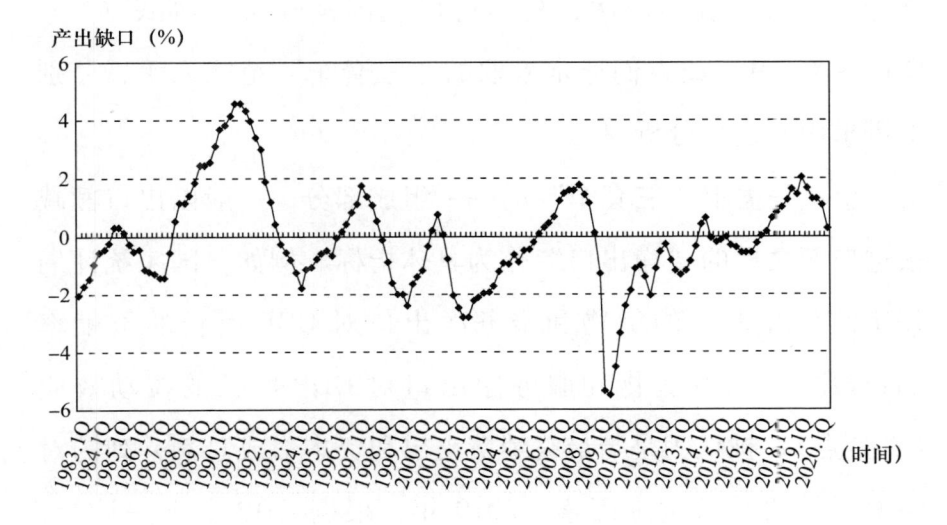

图2-4 日本经济的产出缺口

资料来源:日本银行官方网站,https://www.boj.or.jp/en/research/research_data/gap/index.htm/,2020年8月3日下载。

五　打破结构性需求不足的制约

一般来说，宏观经济理论和政策面对的课题，多为周期性、短期的需求不足问题。也就是要通过刺激需求使经济增长速度回归潜在增长率，解决如萨默斯所说的"波动"问题。然而，面对世界经济长期停滞这一现象，中国经济也会受到需求不足的制约，因此，我们更需要关注的是解决需求的"水平"问题。按照一般的做法，我们可以从国民经济恒等式（Y＝C＋I＋X－M）或人们通常采取的"三套车"范式入手，分别对需求因素进行分析。①

出口是需求"三套车"的一个组成部分，一般以出口额减去进口额之后的"净出口"作为具体指标。例如，国家统计局每年计算并发布的货物和服务净出口对 GDP 增长的贡献率（百分比），以及货物和服务净出口对 GDP 增长的拉动效应（百分点），被认为是与最终消费支出和资本形成总额并列的对 GDP 增长的需求贡献因素。2019 年，根据 GDP 支出法计算，最终消费、资本形成和净出口在 6.1% 的 GDP 实际增长率中，贡献份额分别为 57.8%、31.2% 和 11.0%。不过，如果从较

---

① 这里采用"三套车"而不是"三驾马车"的用语，是为了避免读者理解上的混淆。三套车（troika）是指一种标准的马车配置，指的是由一匹马驾辕、两匹马拉套的一驾马车。而使用"三驾马车"的说法，容易被人误以为讲的是三驾马车。

第二章 如何置身全球"长期停滞"之外？

长时间譬如从过去十年来看，净出口对 GDP 增长的贡献率则为负数。

然而，这个统计指标体现的经济学含义有些含混不清。根据类似的计算，不仅近年来外需对经济增长的贡献已经为零或者负数，似乎改革开放以来，甚至中国加入 WTO 以来，外需对于经济增长的贡献从来就无关紧要。

例如，从净出口增量占 GDP 增量的比重来看，1978—2019 年为 1.49%，2000—2019 年为 1.39%，2010—2019 年则为 -0.04%。这与人们对改革开放取得成就的认知并不一致。此外，按照这个指标的计算逻辑，似乎减少进口便可以增加净出口，因而从统计意义上即可提高外需对中国经济增长的贡献份额。这在经济学意义上也难以讲得通：为什么不是总出口而是净出口，对中国经济构成外部需求？

有的研究者尝试破解这个净出口贡献上存在的"悖论"。吴珍倩等把传统的国内最终消费（C）、国内资本形成（I）和净出口（X－M）"三套车"重新诠释为国内消费对本国生产的需求、国内投资对本国生产的需求和国外对本国生产的需求三个因素，并主张按照国内最终消费、国内资本形成和国外最终需求（国外最终消费和国外资本形成之和）等需求因素对中国经济的拉动作用进行测度。使用世界投入产出表的数据，这些研究者估算出，在 1995—2011 年期间，国内最终消费、国内资本形成和国外最终需求对中国经济增长的贡献率，分别为

39.6%、38.6%和21.8%[①]。

显而易见，这些数字与发布的指标数字相去甚远。如果按照国家统计局对支出法GDP的分解，计算出1995—2011年期间的国内最终消费贡献率为49.3%，国内资本形成贡献率为48.2%，而净出口贡献率仅为2.5%。但如果我们哪怕部分地接受上述研究者的估计结果，认同出口仍然发挥着拉动需求的重要贡献的话，自然就会增强对于逆全球化、各国出现内顾倾向以及供应链脱钩等潜在及现实威胁的警惕性。

投资或资本形成对GDP增长的显著贡献，是长期以来中国经济增长模式的一个重要特征。改革开放以来，资本形成率即资本形成总额占GDP的比重虽有波动，但是总体呈现长期向上攀升的态势，最高时达到2011年的47%，最低时也远高于世界上其他国家或地区的水平（图2-5）。

2011年之后，这个指标就逐步趋于下行，并且预期将继续降低。通过国际比较，我们可以直觉地看到，中国资本形成率或投资需求的贡献率趋于下降，主要有以下原因。第一，长期以来经济增长过度依靠投资的发展方式，终究是不可持续的，因此会产生一个自然的调整过程。第二，中国经济增长迅速放缓，是一个长期"回归均值"的过程，相应地，投资增长与其

[①] 吴珍倩、贾怀勤、杨贵中：《拉动经济的第三匹马：经济学视角与统计学视角》，《国际经济评论》2017年第2期。

资本形成率（%）

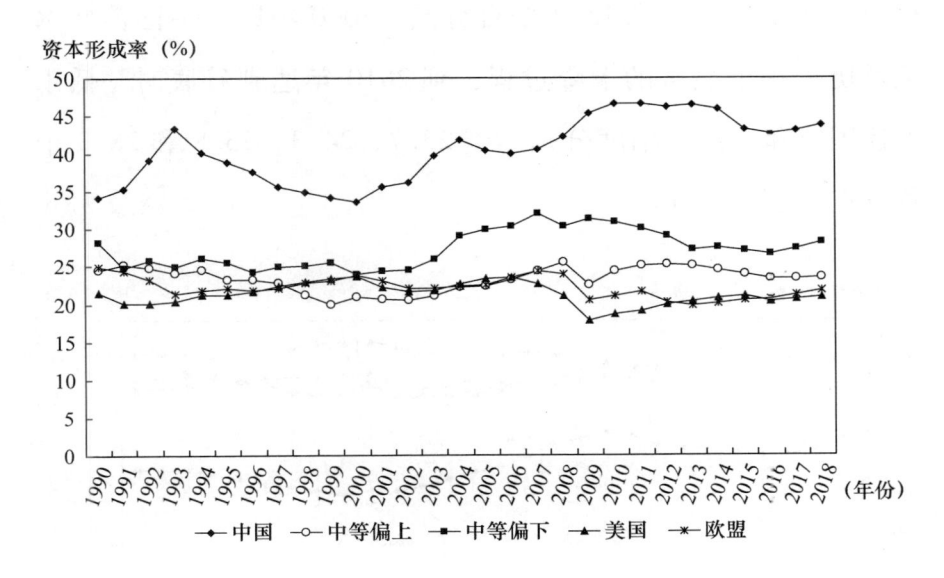

图2-5 资本形成率的国际比较

资料来源：World Bank，"World Development Indicators"，世界银行官方网站，https://data.worldbank.org/。

他国家形成趋同，也必然是这个过程的一部分。第三，从中等偏下收入国家、不含中国数据的中等偏上收入国家以及美国和欧盟来看，资本形成率都呈现下降趋势，是世界经济长期停滞的一种表现，无疑也会对中国的资本形成产生影响。

至于最终消费需求，无疑应该在更大的程度上成为拉动中国经济增长的需求因素。从国际比较来看，中国的消费率（最终消费占GDP比重）长期以来都偏低。在20世纪90年代，中国的消费率比中等偏下收入国家平均水平、不含中国数据的中等偏上收入国家平均水平、美国以及欧盟平均水平，分别低

17.4、16.2、19.1 和 15.7 个百分点。2000 年以后中国消费率又经历了一个显著的下降过程，到 2010 年达到谷底时，低于上述国家和地区的幅度分别达到 23.7、24.3、35.8 和 28.3 个百分点（图 2-6）。

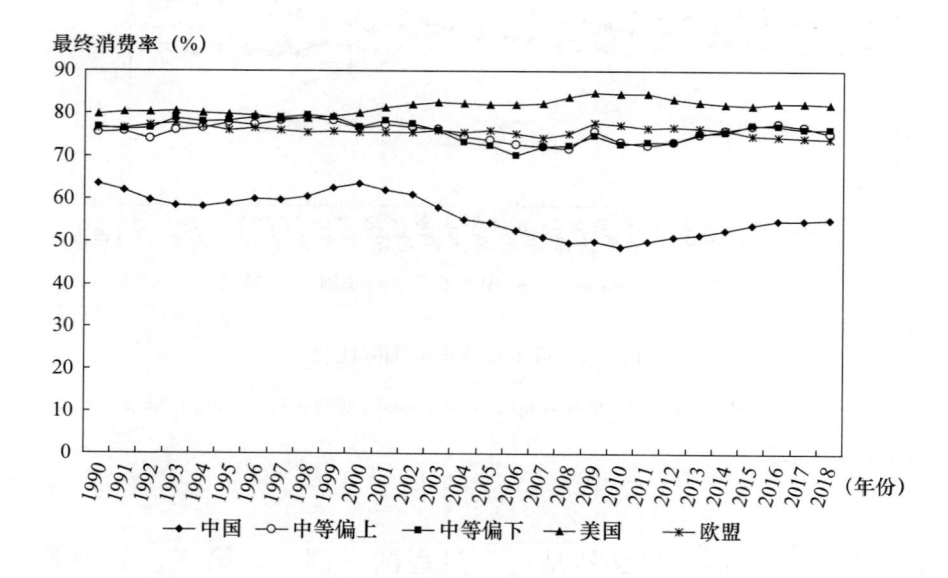

图 2-6　最终消费率的国际比较

资料来源：World Bank, "World Development Indicators"，世界银行官方网站，https://data.worldbank.org/。

总体来说，最终消费对中国经济增长的贡献，无论是从幅度还是从比重来看都比较稳定，近年来随着经济增长速度下降，最终消费拉动经济的百分点也降低，但是，在 GDP 增长中的贡献份额却稳步提高。从最终消费的构成来看，2018 年在 50.6 万亿元的最终消费总额中，政府消费占比 30.0%，居民消费占比70.0%，城镇居民和农村居民又分别占到全部居民消费总额的78.2%和21.8%。

虽然从理论上来讲，人口（规模和结构）是影响消费的重要因素。但是，这个因素通常是无法改变的。从现实来看，决定消费的可变因素是居民的收入水平和分配状况。在人口转变和经济发展的新阶段上，经济增长速度下行是必然的趋势，相应地，居民收入增长也会相应减速。因此，改善收入分配的紧迫性日益提高。如果说创造足够的需求，以使经济增长速度稳定在潜在增长率的水平上，对于中国经济置身全球长期停滞趋势之外具有至关重要意义的话，则改善收入分配状况的意义如何强调都不为过。

六　结语和政策建议

无论是否冠以"长期停滞"的名称，世界经济陷入以低利率、低通胀和低增长为特征的新平庸状态，似乎是一个不容否认、不可避免的长期趋势。在本章阐述的有关长期停滞的诸种因素中，有些具有不可逆的性质，如人口老龄化和人口增长缓慢及至停滞；另一些看似具有可替代的选择，如民粹主义、单边主义和贸易保护主义政策，以及供应链脱钩策略。但是，由于许多国家的国内矛盾不能得到根本的解决，政治经济学的逻辑就注定了，潜在的替代选择很难成为现实的实际抉择。

中国经济保持长期可持续增长，既要从供给侧入手提高潜在增长率，也要从需求侧着眼使需求因素符合潜在增长率的要求。因此，全球和发达经济体所处的长期停滞状态，也构成对中国经济发展的关键挑战。然而，对于中国来说，不仅有利的选项是存在的，做出正确选择的可能性也足够大，并且也将创造出进一步改革开放的红利。关键的政策抉择，应该立足于诸种需求因素长期可持续以及相互之间的平衡。

首先，稳定和扩大出口、保持外部需求可持续性的关键，在近期看，是充分利用中国经济率先复苏的先机，以及应对巨大冲击中表现出的韧性，发挥中国经济增长对疫情后世界经济复苏的贡献作用；从长期看，需要把比较优势与价值链地位有机结合起来，紧密嵌入到全球分工体系，在稳定全球供应链的同时，保持和增强自身的价值链地位。同时，顺应世界经济多极化的趋势，依托"一带一路"建设，在形成更加多元化对外开放格局的同时，也能够获得更加安全可靠的外部需求。

其次，扩大投资需求的着力点在于企业自主投资和基础设施建设两个方面。推动企业投资的重点是营造更好的营商环境，促进创新和创业。推动基础设施建设投资的关键，一方面是补足制约经济社会发展的基础设施短板，另一方面是抓住新的经济增长点。在这个新的发展阶段上，中国经济新的增长点所在，同时也是发展的短板所在。因此，实现两者的有机统一可以大力挖掘投资需求潜力。

例如，推进新型城镇化强调的是人的城市化，着眼于大批农民工在务工城市落户，可以预期产生对城市基础设施和保障性住房的巨大需求；新一轮区域均衡发展战略的实施，也将产生对交通、运输、能源和城市建设的新需求；迎接下一轮科技革命以及在产业升级换代的过程中，部分传统基础设施难以发挥支撑作用，因而产生诸多对新基础设施的建设需求；实施积极应对人口老龄化的战略，可以激发养老相关产业以及老年人有特殊需要的生产领域的巨大投资需求。

最后，提升消费需求的核心是保持居民收入水平的持续增长和改善收入分配。2020年，中国以高于世界银行绝对贫困线的脱贫标准，实现了农村贫困人口的全部脱贫，转向依靠长效机制解决相对贫困问题，是新的发展阶段上增加收入和改善分配的良好起点。按照一般规律确定相对贫困标准，保持绝对贫困人口不复产生，持续解决相对贫困问题，就可以不断扩大中等收入群体。一个以收入水平不断提高的中等收入群体为主体的橄榄型社会结构，有利于最大化挖掘居民消费潜力。

与此同时，在即将迈入高收入国家行列的发展阶段上，政府实施更积极的再分配政策，是大幅度降低收入不均等程度的根本出路。美联储前主席艾伦·格林斯潘（Alan Greenspan）似乎认同关于美国经济长期停滞的判断，却开出了一个并不对症的药方。他指出，很大比例的美国家庭都能够从这样那样的联邦福利项目中获益，正是这些福利支出挤占国内储蓄从而抑制投资，导致生产率提高缓慢，使美国经济负重前行。而且，这种趋势将随着人口老龄化而愈演愈烈。①

我们本来不必评判格林斯潘关于美国经济问题根源的解说，然而，既然他把结论推及中国问题，暗示中国同样面临着社会福利支出挤占储蓄的危险②，则需要给予特别的澄清，防止在政策抉择中被其误导。长期停滞的理论依据是储蓄过度因而消费不足，因此，收入差距持续扩大，导致低收入家庭无力消费，是美国面临困境的根源，也是我们应该汲取的教训。中国经济未来能够充分实现自身的潜在增长率，终究要依靠居民收入得以持续增长，并且能够毫无后顾之忧地进行消费。

---

① 参见［美］艾伦·格林斯潘、阿德里安·伍尔德里奇《繁荣与衰退———一部美国经济发展史》，中信出版集团2019年版，第374—378页。
② 参见龚奕洁《朱民对话格林斯潘：全球经济衰退的秘密》，《财经》2019年第27期。

第三章 以拓展比较优势形成新发展格局

一 引言

2020年7月21日,习近平总书记在主持召开企业家座谈会时指出,"要充分发挥国内超大规模市场优势,逐步形成以国内大循环为主体、国内国际双循环相互促进的新发展格局"。[1] 中央做出这个新发展格局的部署,并不意味着放弃中国改革开放以来实施的国际大循环战略,也不会在参与全球分工格局上有丝毫后退,而是根据世界经济和全球化新形势,以及中国进入新的发展阶段,旨在通过以国内大循环为主体的双循环,拓展比较优势战略,形成参与国际经济循环的新版本和发展新格局。

---

[1] 习近平:《在企业家座谈会上的讲话》,人民出版社2020年版,第13—14页。

40余年前,中国的改革与开放是同时启动的。1979年4月,邓小平同志首次提出建立"出口特区",同年7月中共中央、国务院决定在广东省的深圳、珠海和汕头以及福建省的厦门建立出口特区(后来称作"经济特区"),标志着对外开放的开始。随后在20世纪80年代先后确定了14个沿海开放城市,按照开放体制的要求建立了海南省,进而又开放了长江沿线城市和沿边以及内陆城市。从21世纪初开始实施的"西部大开发"战略等区域均衡发展战略,也意味着全方位对外开放格局的逐步形成。中国于1986年提出恢复关贸总协定(GATT)缔约国地位的申请,20世纪90年代,为加入世界贸易组织(WTO)做出努力,2001年加入世界贸易组织。

通过梯度式推进区域开放、发展外向型经济、扩大对外贸易和吸引外商直接投资等一系列举措,中国深度介入到世界分工体系中,成为全球制造业中心。可见,中国的经济改革是开放条件下的改革,对外开放也通过改革的不断深化得以推进,国内经济发展与融入全球经济始终是相互交织在一起的。

也正是在中国加快扩大对外开放的同时,即20世纪90年代以来,受到包括中国、原苏联加盟共和国和东欧转型国家以及其他发展中国家扩大开放的影响,国际贸易从此前依据规模经济进行的产业内贸易模式,重归依据比较优势进行的产业间贸易模式。因此,中国在这个时期形成的国际大循环格局,依据的是比较优势原则,即在这一轮经济全球化的大背景下,以

第三章 以拓展比较优势形成新发展格局

劳动密集型产品交换资本和技术要素密集型产品，从国际贸易以及外商直接投资中获益，及至开始全方位地拥抱经济全球化。

诸种因素都会影响一个国家参与国际循环，既包括国家所实施的对外开放政策方向，也包括通过双边和多边协议及待遇安排所形成的贸易环境、受全球经济周期影响的世界经济和贸易发展状况、与宏观经济波动相关的国内经济形势，以及该国经济发展阶段的变化等。由于全球化和世界贸易并不是一往无前地向前发展，而是有起有伏，因此，一个国家参与世界经济分工的具体方式和格局也不会是一成不变的。中国参与国际大循环的实践始终与国内经济循环密切结合，也与整个世界经济相互影响，随着各种影响因素的变化，经济循环的重点和方式也将与时俱进，这就需要进行战略调整和格局转换。

利用世界银行数据，我们可以把中国的货物贸易依存度与世界整体水平进行比较（图3-1）。从中可以观察到，中国参与国际大循环经历过几个发展阶段。1978—1986年期间是对外开放的起步阶段。从货物出口占国内生产总值（GDP）的比重来看，这个时期中国从仅相当于全球货物贸易依存度不到一半的水平，实现了对世界整体水平的赶超。1987—2001年外向型经济得到进一步发展，中国的货物贸易依存度已经稳定超过世界整体水平。2002—2008年期间，中国在加入WTO后形成了一个参与世界经济分工的高潮，其间2006年中国的货物贸易依存度高达64%，比世界整体水平高出16.3个百分点。

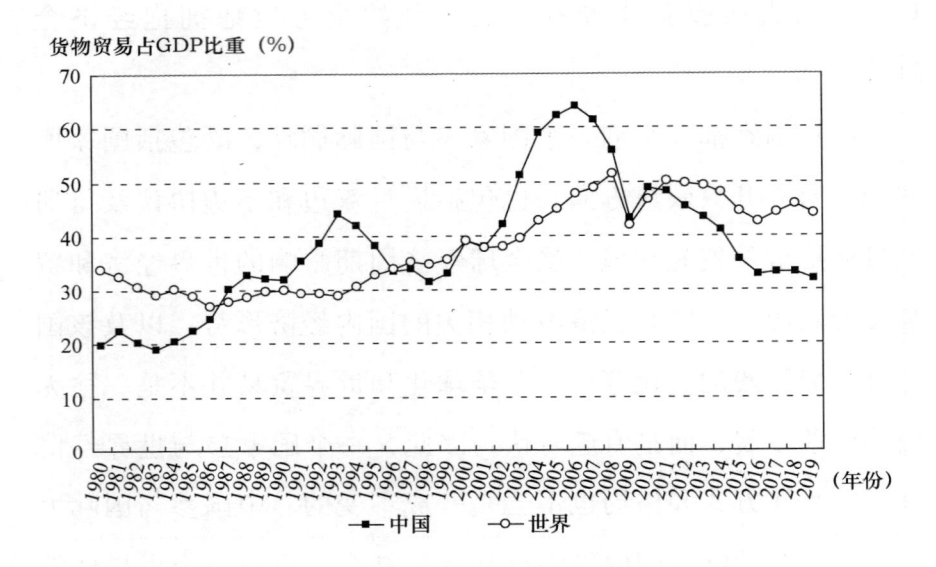

图3-1 中国与世界的货物贸易依存度

资料来源：World Bank，"World Development Indicators"，世界银行官方网站，https://data.worldbank.org/。

2009年以后，由于受到国际金融危机的影响，经济全球化遭遇逆流，同时自身的制造业比较优势也发生了逆转性的变化，因此，中国进出口贸易下降的幅度和节奏都快于世界整体，近年来货物贸易依存度已经低于世界水平。不过，以后的分析表明，中国对外贸易依存度的降低，并不意味着对外开放程度的降低，也不意味着中国与全球分工体系脱钩。

可以说，中国在整个改革开放期间取得的高速经济增长，是发挥劳动力丰富比较优势的结果。这样说并不意味着中国经济完全依靠国际市场,而是说遵循和发挥比较优势的发展战略,使国内循环与参加国际循环形成有机的整体,促进了资源配置机制的改革,有助于实现更有效率的资源配置,并因此使这个时期的高速增长成果得到充分分享。

在过去40余年的时间里,以建立社会主义市场经济体制为取向的经济改革,促进了资本、劳动、土地等各种生产要素的流动,激发了要素供给的活力,提高了资源配置效率,释放了人口红利,中国经济因此而创造了全球所有经济体中增长速度最快、世界经济史上高速增长延续时间最长的发展奇迹。同一时期的对外开放,既引进了国外的资金、技术和管理等稀缺要素,也使自身劳动力丰富的资源比较优势得以发挥,为中国的制造业产品赢得了国际市场,为经济增长创造了重要的外需拉动力。与此同时,劳动密集型产业的发展创造了大量就业岗位,促进了农业剩余劳动力转移,增加了城乡居民收入。

在改革开放时期支撑中国高速经济增长的人口红利,以及赢得国际竞争力所依托的资源比较优势,是特定人口转变阶段和经济发展阶段的产物。人口转变和经济发展都会发生阶段性转变,相应地,比较优势和经济增长速度也必然发生变化。过去十年间中国外贸依存度的下降,与比较优势的变化相关,随着人口转变进入新的阶段,低成本劳动力不再能够支撑原有的产业结构,劳动密集型产业比较优势逐渐消失。与此同时,按照人均GDP衡量,中国已经超过中等偏上收入国家的平均水平，按照一般规律，经济增长减速也成为必然现象。

比较优势就其含义来说，从来就是动态的，变化是必然要发生的。而且，一个国家经济发展成效越显著，生产要素相对稀缺程度从而比较优势的变化也就来得越早。一种要素相对稀缺性提高和相对价格上升，终究会诱致出其他要素密集型的产业发展。这在中国的具体表现便是产业结构的不断优化升级，出口产品的资本密集度和技术密集度显著提高。与此同时，依据比较优势原则的发展模式既没有失去有效性，也需要根据发展阶段变化不断拓展。实际上，形成双循环的新发展格局，相当大程度上取决于能否塑造比较优势发展模式的新版本。

本章将探讨如何拓展比较优势，形成更加可持续的比较优势发展战略，从而形成新发展格局。第二节揭示中国人口红利的消失如何导致传统比较优势的消失，如何影响经济增长速度和结构以及贸易格局。第三节阐述中国作为一个规模和区域差异都巨大的经济体所具有的独特性质，分析这种大国经济特有的比较优势拓展模式。第四节讨论如何通过国内国际双循环及其相互促进形成新发展格局。第五节在分析的基础上并借鉴国际经验提出政策建议。

二　基于人口转变的比较优势变化

把人口转变阶段变化与经济发展阶段变化结合在一起，我们可以识别出 2004 年和 2010 年是两个具有重要转折意义的年份。在以往的研究中,我把 2004 年经历的转折称作刘易斯转折点,把 2010 年经历的转折称作人口红利消失转折点。[①] 考虑到中国作为一个具有显著异质性的庞大经济体,劳动力短缺和工资提高等现象的发生在区域间会形成时间差,澳大利亚经济学家郜若素(Ross Garnaut)建议使用"刘易斯转折时期"这样的表述[②]。如果确实有这样一个转折时期的话,便应该是以刘易斯转折点为起点、以人口红利消失转折点为终点这样一个时间区间。

与刘易斯转折点或作为转折时期的起始时点相关的变化,主要是显示性的,以劳动力短缺及其导致普通劳动者工资上涨为标志,并且这种趋势持续至今,成为劳动力市场常态。例如,在此前的 1997—2003 年期间,外出农民工人数年均增长 16.9%,农民工实际工资年均增长 2.1%,而在此后的 2004—2019 年期间,外出农民工人数年均增长 2.6%,农民工实际工资年均增长则高达 9.6%。

与人口红利消失转折点或作为刘易斯转折时期的截止时点相关的变化,则是更为根本的,主要表现是劳动年龄人口转为

[①] Fang Cai, *China's Economic Growth Prospects*: *From Demographic Dividend to Reform Dividend*, Cheltenham, UK: Edward Elgar, 2016, chapters 3 and 4.

[②] Ross Garnaut, "Macro-economic Implications of the Turning Point", in Huang Yiping and Fang Cai (eds.), *Debating the Lewis Turning Point in China*, London and New York: Routledge, 2014, pp. 88 – 97.

负增长，标志着劳动力数量的绝对减少。根据联合国的预测，在2010—2020年期间，中国总人口中15—59岁劳动年龄人口的比重，降低5.2个百分点。

刘易斯转折时期的完成，劳动年龄人口进入负增长，劳动力短缺和工资上涨导致劳动力成本的明显提高，对于中国经济增长前景和比较优势动态有着重要的影响。因此，人口红利的消失根源在于人口转变阶段的变化，同时也意味着中国经济发展阶段发生重要变化。

这首先标志着中国经济超常态增长时代的结束。随着劳动年龄人口的减少，劳动力供给、人力资本、投资回报率和资源重新配置效率等因素，都发生了不利于高速增长的变化，降低了中国经济的潜在增长能力，因而也就使实际增长率形成向下的趋势。

例如，以2010年为基准，此前十年（1999—2009年）GDP的实际年均增长率为10.3%，之后十年（2009—2019年）GDP的年均实际增长率降低到7.7%，而且这个下行的趋势仍将继续。由于这个经济增长减速是符合发展阶段性规律的趋势，并且事实证明，在减速之后实际增长率与潜在增长能力也是相符的，因而这个较低的增长速度是中国经济发展的新常态，也是健康、可持续的。

这同时也意味着低成本劳动力整体而言不再是中国参与国际大循环的比较优势依托。在劳动年龄人口增长停滞前后的一段时间里,在产业和贸易领域开始发生一系列变化,都与比较优势的改变有关。由于人口结构变化,2004年在沿海地区第一次出现民工荒现象,随后各地和各行业便普遍劳动力短缺。这预示着中国劳动力丰富的比较优势开始丧失,依托这一比较优势的制造业增长相应减慢。2006年制造业增加值占GDP比重达到峰值,随后该比重便开始下降,从32.5%降低到2019年的27.2%。

此外,还可以从以下两个角度观察中国比较优势的变化。一是贸易对象的变化。根据比较优势理论,在国际贸易中,国家之间交换的产品通常凝结着自身具有比较优势的生产要素。以丰富的劳动要素与稀缺的资本要素进行比较优势互补,是劳动力丰富这一资源禀赋条件下中国参与国际贸易的特点,因此,过去中国的贸易对象主要是高收入国家。一旦比较优势发生变化,以高收入国家为对象的出口比重就会下降。实际表现为,中国的这一比重从2006年的81.4%降低到2018年的69.6%。

二是制造业比重下降对贸易下降的影响。中国长期在劳动密集性制造业上具有比较优势,在贸易结构中的体现便是制造业产品出口比重大,例如,进入21世纪以来,中国制造业产品在全部货物出口中的比重就稳定在高于90%的水平。因此,一旦制造业的比较优势下降,便表现为制造业贸易增长的相对减速,进而则会减慢整个贸易的增长速度。

例如，以中国制造业出口在全部货物出口中的比重与全球同一比重相比，可以得出"制造业显示性比较优势指数"。该指数的增长从2006年开始有所减缓，2008年国际金融危机后下降之后一度有所回升，而在2012年达到最高点1.51后便总体处于下降的过程中，并于2018年降低到1.38。作为这个趋势的综合结果，中国货物出口占GDP的比重，从2006年的64.0%降低到2019年的31.9%。

三 规模效应与比较优势拓展版

改革开放以来中国参与国际经济循环，依托的是劳动力丰富的比较优势，理论依据是由李嘉图最早提出并经许多现代经济学家完善的比较优势理论。在经过第一个人口转折点之后，中国出现普遍性的劳动力短缺现象，工资成本持续大幅度提高。与此同时，改革开放以来农业劳动力大规模向非农产业、城市和沿海地区转移，也对于消除劳动力过剩状况发挥了重要的作用，劳动力充裕的资源禀赋特征必然会相应改变。

然而，这既不意味着比较优势理论从一开始就错了，也不意味着到了可以放弃这一原则的时候。按照一般的理论预期，按照动态比较优势的逻辑，中国产业结构和技术结构将不断优化升级，出口产品包含更高发展阶段上具有比较优势的生产要素。不仅如此，中国作为一个整体规模和差异性都巨大的经济体，具有较之许多其他经济体更有利的条件，能够在全球化和科技革命背景下拓展比较优势。

我们至少可以指出三个已经存在的比较优势拓展版本，既可以用现有的经济学理论予以解释，也具有足够的经验证据加以验证，并且对于中国经济具有直接的针对性，因而需要在形成双循环格局的实践中给予充分关注。

贸易类型从产品到价值链

以计算机和互联网技术广泛应用为特征的新科技革命、交通和通信的快速发展、世界经济多元化和多极化，以及贸易、投资和技术合作等环境的改善，都大大提高了全球经济的相互连接和融合的便利程度。结果是，每一种产品的生产都要依靠其他（国家）生产者提供的部件和成分，任何国家都不再能够宣称拥有独立生产某种产品的比较优势，传统的产品贸易相应变成了价值链贸易。处在不同发展阶段上的国家虽然具有不同的技术和要素禀赋及其他发展条件，不同规模的企业各具相异的特点，如今都可以在更大的程度上被转化为参与全球分工的比较优势。准确地说，国家之间交换的依旧是产品，但不再是传统意义上的最终产品。国际研究显示，目前世界上 2/3 以上的贸易是通过全球价值链进行的。①

因此,中国作为世界最大的制造业产品生产国和出口国,实际上是在全球价值链和供应链中相应地位的表现。麦肯锡全球研究院的一份报告显示,从贸易、技术和资本三个重要维度计算的世界其他地区对中国的依赖度(explosure index)显著提高,从2000年的0.4提高到2017年的1.2,表明中国作为消费市场、产品供应者和投资者的重要性显著上升。② 由于价值链贸易体现在产品比较优势、资本投资和技术渗透等方面,这个依赖度的变化无疑也可以显示中国在全球价值链中地位的提升。

全球价值链的发展以及贸易模式的相应转变,拓展了比较优势的内涵。特别是,通过把生产模块化并且使每种模块互不关联,大大降低了发展中国家和中小企业进入资本密集型价值链的门槛。③ 价值链拥有的这些特征无疑增强了中国的生产要素和技术从而产业的穿透力,即便在失去劳动力丰富的这一要素比较优势以后,中国仍可借助在诸多生产过程和技术环节中的价值链比较优势,紧密镶嵌在全球供应链之中,避免不必要

---

① World Trade Organization et al., "Global Value Chain Development Report 2019: Technological Innovation, Supply Chain Trade, and Workers in a Globalized World", Executive Summary by David Dollar, Geneva, Switzerland: World Trade Organization, p. 1.

② McKinsey Global Institute, "China and the World: Inside a Changing Economic Relationship", December 21, 2018, McKinsey & Company official website: https://www.mckinsey.com/featured-insights/asia-pacific/china-and-the-world-inside-a-changing-economic-relationship.

③ World Trade Organization et al., "Global Value Chain Development Report 2019: Technological Innovation, Supply Chain Trade, and Workers in a Globalized World", Executive Summary by David Dollar, Geneva, Switzerland: World Trade Organization, p. 4.

的从而有害的脱钩。

"雁阵模型"从国际版到国内版

以往的国际和区域经验是，当一个经济体丧失劳动力丰富这一资源比较优势之后，劳动密集性产业相应转移到具有更丰富劳动力的其他经济体。这在亚洲特别是东亚地区的表现，就是劳动密集型制造业依次从日本转移到"亚洲四小龙"，再转移到一些东南亚国家，随后又转移到中国内地的沿海省份。这样一种产业转移模式，因劳动密集型产业在不同经济体之间的接续性，类似于大雁列阵飞行的型态，被经济学家命名为"雁阵模型"①。

中国作为一个庞大的经济体，具有典型的大国效应，其调整变化会对世界其他经济体产生影响。这就意味着，那些具有丰富且低成本劳动力的国家，短期内不可能完全接续中国的制造能力。同时，中国也是一个在资源禀赋和发展水平上具有极大区域性差异的经济体，传统产业在向其他国家转移之前，也有充分的余地在不同地区重新配置。这种实践也可称为"国内版雁阵模型"。

自进入21世纪以来，通过实施西部大开发战略等区域均

---

① Kiyoshi Kojima, "The 'Flying Geese' Model of Asian Economic Development: Origin, Theoretical Extensions, and Regional Policy Implications", *Journal of Asian Economics*, Vol. 11, 2000, pp. 375–401.

衡发展战略，中西部地区的基础设施和营商环境明显改善，很多在沿海和大城市务工的中西部农民工获得了就业技能，中西部地区具备了更好的条件承接来自沿海地区的制造业转移，经济增长速度后来居上，工业化进程加快，产业结构得到优化，在一定程度上延续了中国的人口红利和制造业比较优势。可以说，中西部地区不仅在稳定全国整体经济增长速度上发挥了重要作用，也帮助稳定了贸易的增长。例如，在国家统计局按照经营单位所在地统计的进出口总额中，中西部省份所占比重在2006—2019年期间提高了1.25倍。

如果把比较优势理论与所谓新贸易理论结合起来看，决定中国劳动密集型制造业区域布局的因素，首先是劳动力丰富这一要素禀赋，可以称之为成本效应；其次是基础设施、交通条件和配套能力等因素，可以称之为聚集效应。[1] 前者是一般意义上的比较优势表征，后者则是与规模经济相关的一种拓展的比较优势。我们的一项研究表明，在发展的早期，中国整体的资源禀赋特征和沿海地区的聚集效应优势，使沿海地区发展成为制造业中心。随着劳动力等要素成本的提高，成本效应的作用超过了聚集效应，因此发生了产业向中西部地区的转移。[2]

---

[1] 关于新贸易理论请参见 Paul Krugman, "Increasing Returns and Economic Geography", *Journal of Political Economy*, Vol. 99, No. 3, 1991, pp. 483 – 499。

[2] Yue Qu, Fang Cai, and Xiaobo Zhang, "Has the 'Flying Geese' Phenomenon in Industrial Transformation Occurred in China?", in Huw McKay and Ligang Song (eds.), *Rebalancing and Sustaining Growth in China*, Canberra: Australian National University Press, 2012, pp. 93 – 109.

根据相同的原理，我们可以预期产业重心的转移并不会是一次性的。成本效应与聚集效应的相对重要性，将会在地区之间不断地交替变化，因而，产业在区域间的转移本身也会继续。一方面，每一次产业转移都会使产业发生一次显著的提升，产业结构优化升级正是在这种动态变化中发生。另一方面，产业转移以及派生的具有补短板性质的地区基础设施建设，都可以显著地提升投资需求。补齐发展短板与开启新增长点，两者既是一致的，也同样可以产生巨大的投资需求。

国际合作的关注点从供给侧到需求侧

传统比较优势理论关注的是国家之间在生产要素相对稀缺性上的差异，国际贸易和外商直接投资依托的都是资源比较优势带来的生产端低成本。然而，对于投资者和合作者来说，潜在的消费者群体和销售市场，从来都在决策中占有足够大的权重。特别是在各国和世界经济越来越面临着需求因素而不是供给因素制约的环境下，市场的因素对于贸易和投资至关重要。

面对拥有世界最多人口和数量庞大且日益增长的中等收入群体的中国，贸易伙伴和投资者在进行这样的决策时，需求侧的考量必然具有格外大的权重。2018年，中国人口占世界比重为18.3%，GDP总量占世界比重为16.1%，而最终消费占世界比重仅为12.1%。如果把中国的最终消费占比提高到与GDP占比相同的水平，即提高4个百分点，中国由此增加的最终消费规模，就分别相当于英国、中东和北非以及南亚这样经济体的水平。而且，多年来中国最终消费的增长速度，不仅远远快于世界上其他经济体，而且也高于中国自身的GDP增长率。随着中国在不久后跨越高收入国家门槛，消费的大幅度提升是完全可以预期的。

很显然，超大规模市场及其可以预见到的潜力，成为中国长期难以替代的优势。即便是在新冠肺炎疫情全球肆虐的影响下，潜在的合作伙伴固然会在对供应链进行"安全性"考量与"盈利性"考量之间进行权衡，前者可能产生脱钩倾向，而后者则提供不脱钩的理由，中国的超大规模市场无疑会显著加大后一选择的砝码。同时，对中国经济来说，越是充分发挥这个超大规模市场的潜力，就越是能够稳定并提升自身在全球价值链和供应链中的地位。

四 "双循环"的新发展格局

除了那些可以被定义为封闭型经济的国家之外，实际上，任何国家的经济循环都属于国内循环和国际循环并存的"双循环"。根据适当的统计指标，也可以识别一个经济体相对来说更偏重于国内循环，还是更偏重于国际循环，或者在两个循环之间比较平衡。一般来说，较大的经济体更加偏重于立足国内循环的双循环。正如第二章已经讨论的那样，国家统计局计算

第三章 以拓展比较优势形成新发展格局 105

的三大需求因素对经济增长的贡献率,并不能恰如其分地反映中国经济循环的特点。因此,这里不妨借助贸易依存度这一最常用指标,同时辅之以其他相关指标,来观察中国经济循环的特点及变化。

从图3-1显示的货物贸易依存度的国际比较,以及图3-2中显示的中国总储蓄率、最终消费率和投资率变化趋势,都可以看出,在2010年中国完成刘易斯转折以来,中国经济的循环特征已经发生了显著的变化。从统计的角度看,一是贸易依存度已经下降到世界平均水平之下;二是消费率已经在到达谷

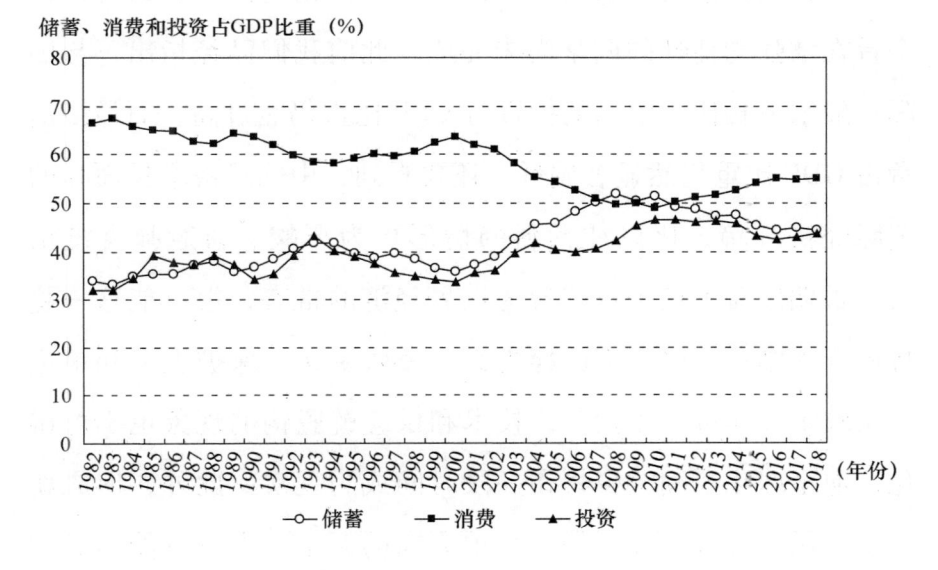

图 3-2 中国储蓄率、消费率和资本形成率变化

资料来源:World Bank,"World Development Indicators",世界银行官方网站,https://data.worldbank.org/。

底后转而逐步提高；三是储蓄率相应从高点上降下来并稳定地进入下行轨道；四是储蓄率从多年来大幅度高于投资率的状态，转而逐渐向投资率水平靠近。

这种变化表明，通过与发展阶段变化相适应的必要调整，中国的经济循环已经呈现以国内大循环为主体的国内国际双循环特征，无论是对于增强中国经济的可持续性，还是对于促进世界经济的均衡性，这种变化都是有益的。那么，如今进一步强调以国内大循环为主体的双循环，其针对性究竟何在？新发展格局究竟"新"在哪里呢？

从新发展格局要求的针对性来看，首先应该看到的是，这个旨在增强均衡性的调整尚未完成。此前我们已经指出，与国际一般水平相比，中国的投资占GDP比重仍然过高，而最终消费占GDP比重仍然显著偏低。还要看到，中国经济增长面临的国际经济环境，比以往预料的情形更为严峻。新冠肺炎疫情后，长期停滞不仅仍然表现为世界经济的常态，很可能这一趋势还会加剧；一些国家民粹主义、民族主义、保护主义和单边主义政策倾向进一步抬头，技术和供应链脱钩的现象也不可避免，逆全球化浪潮至少将在一段时间成为现实。此外，形成新发展格局的过程，并不是一个单方向的调整，也不可能毕其功于一役，而是不断走向均衡的过程。

新发展格局的崭新含义在于，在目标更加清晰的情况下，利用"均衡"这个概念的本义，即与时俱进地促进经济循环的均衡性和协调性，动态地、持续不断地加强经济循环中潜力尚未充分释放的环节，以保持经济增长的长期可持续性。

首先，提高经济增长的供给驱动力与需求拉动力之间的均衡水平。经济增长需要生产要素的投入和配置，表现为生产要素供给的保障和生产率的提高。中国在经历人口红利消失转折点之后，由要素供给和生产率潜力决定的潜在增长率趋于下降。应对这个挑战需要深化关键领域的改革，通过提高全要素生产率对经济增长的贡献率，达到提高潜在增长率的目标。与此同时，经济增长也离不开需求因素的拉动，如果有效需求不足则不能实现潜在增长率。促进形成新发展格局，就是要既注重提高潜在增长率，又要注重稳定和扩大内外需求，使实际增长符合潜在增长能力。

其次，促进拉动经济增长的三大需求因素之间的均衡。国民经济恒等式中三大需求因素即出口、资本形成（投资）和消费被称为"三套车"。在以人口红利为主要增长源泉的二元经济发展时期，由于劳动力无限供给特征，工资上涨速度较慢，消费拉动作用尚不强劲，出口和资本形成在经济增长中发挥了更大的需求拉动作用。随着这个发展时期的结束，居民收入提高与经济增长的同步性明显增强，消费特别是居民消费必然成为拉动增长的主要需求因素。

再次，形成新发展格局的部署，与新发展理念和高质量发展的要求是一致的。从国民经济循环的角度定义高质量发展，具有可操作性更强的优点，有助于把新发展理念落在实处。从供给侧提高中国经济的潜在增长率，核心是通过创新发展保持增长动力；从需求侧保障经济增长速度符合潜在增长能力，需要通过共享发展提高居民收入水平，充分挖掘内需潜力；增强新发展格局所需的均衡水平则是协调发展的题中应有之义，需要通过区域均衡发展和新型城镇化予以推动；开放发展着眼于内外联动，针对的就是经济循环本身，表现为双循环互相促进；而绿色发展既着眼于经济发展可持续性，又着力于满足人民群众日益提高的美好生活需要。

最后，深化改革才能为形成新发展格局提供强大动力。新发展格局不能通过行政手段的干预形成，促进双循环并使之形成互相促进的关系，也不意味着出台更多的规制，压抑市场的作用和市场主体的活力。相反，推动这项战略部署的实施，需要依靠更深层次经济体制改革和更高水平对外开放，完善市场配置资源的机制和更好发挥政府作用，为企业、消费者和投资者等各类市场主体提供更有效的激励，完善和调整相关公共政策。

五 结语和政策建议

中国早期的对外开放是在以市场经济体制为导向的经济改革条件下，抓住了上一轮经济全球化的机遇，从而深度介入世界经济分工体系之中，充分发挥了资源比较优势，实现了高速经济增长，兑现了人口红利。在世界经济陷入长期停滞状态、全球化遭遇逆风、全球供应链断裂甚至产生脱钩趋势的国际经济环境下，保持中国经济的长期可持续发展，需要根据变化了的外部环境和自身发展阶段，更主动地形成新发展格局。

有理论依据并且在经验上也可以得到印证的比较优势拓展版，是全球化和技术革命过程中产生、符合一般发展规律的现象，也是经济发展中的机遇。对中国而言，创造条件抓住这些机遇，不仅具有现实针对性，也是十分紧迫的议程。然而，拓展比较优势、充分利用潜在的发展机会，既不会是自然而然的结果，也不会唾手可得，需要在以下几个方面着眼和发力。

首先，保持和提升中国经济在全球价值链的地位，需要稳定制造业在国民经济中的比重。产业结构升级应该遵循提高生产率的要求，因此，调整产业结构，固然不能维持既有的制造业发展格局不变，也不是简单地从第二产业转向第三产业。中国目前是以传统贸易和简单价值链的方式参与全球分工体系，参与复杂价值链贸易的程度还较低，这也意味着中国制造业仍然处于相对低端的位置。国际经验表明，价值链地位只有在提升中才能做到守成。拓展比较优势进而保持在价值链中地位的关键，应该是通过创新发展，提升中国制造业的技术含量从而促进其升级优化。

其次，价值链科技含量的提升对劳动者和创业者的人力资本提出更高的要求。从发达国家产业结构升级的经验看，制造业价值链的优化升级通常导致劳动力市场的两极化，即高技能岗位的增长速度最快，低技能岗位也有所增长，但是，中等技能的岗位则大幅度减少。[1] 如果人力资本不能满足要求，社会政策又未能对抛到技能低端的劳动者群体进行充分保护，便会造成国内政策上的民粹主义举措和国际政策上的单边主义做法。中国在经历同样的"创造性破坏"的过程中，需要着力解决与此相关的两个问题。一是按照价值链升级的"创造性"需要，通过超前发展教育和提供更有针对性的技能培训，显著且持续地改善劳动者的技能和创业者的创新力。二是应对价值链升级带来的潜在"破坏性"，加强对劳动者的社会保护和政策托底，保障居民的基本生活水平。

再次，实施一系列国家发展战略如新一轮区域均衡发展战略，有助于推动形成国内版雁阵模型。目前并驾齐驱推进的区域发展战略，既包括如新一轮西部大开发战略这样旨在促进区域均衡发展的新举措，也包括如粤港澳大湾区建设这样"强强联合"的举措，这二者都有助于促进经济发达地区与中西部地区的比较优势互补。迎接新一轮科技革命以及在产业升级换代的过程中，部分传统基础设施已不足以发挥所需的支撑作用，

---

[1] World Trade Organization et al., "Global Value Chain Development Report 2019: Technological Innovation, Supply Chain Trade, and Workers in a Globalized World", Executive Summary by David Dollar, Geneva, Switzerland: World Trade Organization, p. 2.

因而产生诸多对新基础设施的建设需求。在实施这一系列区域发展战略中加快构建要素市场化配置的体制机制,将从供给侧和需求侧同时促进双循环。

最后,在提高城乡居民收入水平和改善收入分配的基础上扩大居民消费,发挥超大规模消费市场优势。增加居民收入是创造和扩大消费需求的根本源泉,是从需求侧拉动经济增长不可或缺和最具有可持续性的手段。同时,形成双循环相互促进的新发展格局,居民消费需求具有最大的潜力,应该作为充分发挥国内超大规模市场优势的重要抓手。

扩大居民消费的根本是提高居民收入。改革开放以来,居民可支配收入增长与GDP增长的步伐总体上是一致的,但不同时期的同步性有所差异。20世纪80年代中期到90年代末,GDP增长领先于居民收入增长;进入21世纪以来,两者的同步性显著提高;党的十八大以来,居民收入增长速度明显超过了GDP的增长。中国经济的潜在增长率将在很长时间里高于世界平均水平,相应地,实际增长速度仍将保持在健康合理的区间,只要保持上述同步关系,居民收入就可以实现期望的增长。

第四章 区域经济发展的动态平衡

一 引言

各种区域不均衡现象的持续存在和不断走向均衡，是经济发展的重要特征之一，也是经济发展的内容本身。因此，探讨区域经济不均衡与均衡之间的动态平衡，是关注发展的经济学的一个永恒话题，也决定了经济学必须具有空间维度。中国幅员辽阔，各地区之间因自然、历史及与禀赋相关的多种因素，长期存在着经济社会发展方面的巨大差异性。

新中国成立以来以及改革开放以来，区域格局发生了较大的变化，既受到实施各种区域均衡发展战略预期的和未曾意料的影响，也体现了区域发展自身固有的客观规律作用。中国经济保持长期可持续发展，不可回避区域经济问题。需要吸取积累的经验和教训，实现认识升级和战略更新。

与国家间的赶超不同，国内地区之间赶超的理论和经验依据不是比较优势,而是后发优势和趋同。自 21 世纪之初中国实施各种区域均衡发展战略以来,就解决最紧迫问题而言,相关地区在一定程度上分别达到了应有的效果。然而,地区发展不平衡的问题仍然存在,并且表现出一系列新的特点,这为区域均衡发展战略提出新的挑战。

21 世纪初开始实施的西部大开发战略,是这一轮区域均衡发展战略的起点,旨在缩小中西部地区在改革开放步伐和经济发展水平上与沿海地区的巨大差距。虽然经济体制改革滥觞于遍布中西部各地的贫困农村,如探索家庭联产承包制的早期典型案例,就分别来自于安徽、四川和内蒙古等地,但是,对外开放则起步于东部地区,从建立 4 个经济特区到 14 个沿海开放城市和成立海南省,然后才逐步把开放政策延伸到沿江、沿边和内陆中心城市等。

20 世纪 80 年代初期实行的"财政分灶吃饭"等改革,既调动了先行先试地区各级政府的发展经济积极性,也显现出削弱中央政府转移支付能力的弊端,使得改革开放不能在区域间形成正面的溢出效应。1994 年实行的分税制改革,增强了中央政府财力和实施地区转移支付的能力,得以从 21 世纪初开始实施区域均衡发展战略,相继为西部大开发、中部崛起和东北等老工业基地振兴战略。

虽然在各类地区的省份之间、中部地区与西部地区之间,以及东北地区与其他各类地区之间,在实施这一系列区域均衡发展战略的过程中，分别呈现出不尽相同的经济发展表现，总体而言，中西部地区加快了改革开放步伐，改善了营商环境，特别是基础设施状况得到明显改善，经济增长也呈现赶超趋势。特别是在中国经济跨过刘易斯转折点之后，在沿海地区劳动密集型制造业比较优势弱化的情况下，很多中西部省份成功地承接了产业转移。

把中部地区和西部地区分别作为整体，观察这两类地区与东部地区在GDP年度增长率上的关系，可以看到，在西部大开发战略开始实施后的2000—2007年期间，中西部地区增长速度向东部地区迅速靠近，在2007年之后，中西部地区增长速度则一直保持显著高于东部地区的态势。

然而，在中西部地区呈现出对东部地区的"赶超"进而"趋同"的同时，东北地区却呈现出不一样的变化格局。在东中西三类地区的划分中，东北三省分别被归入东部地区（辽宁）和中部地区（吉林和黑龙江），然而，这个地区作为整体，既没有能够保持东部地区的优势地位，也没有表现出中西部地区那样的赶超势头。

辽宁、吉林和黑龙江东北三省曾经是中国工业化的先驱，在新中国成立以来为国民经济发展和工业化做出了巨大的贡献。1952年，东北三省地区生产总值占全国GDP的12.4%，第二产业增加值在全国占比高达23.0%。在整个计划经济时期（1952—1978年），东北地区对全国GDP增长的贡献率为

13.4%，对第二产业增长的贡献率为17.4%。

在改革开放后的一段时间里，东北的贡献率有所下降，如1978—2000年期间，该地区对全国GDP增长的贡献率为9.6%，第二产业增长贡献率为10.3%。21世纪初开始实施东北等老工业基地振兴战略以来，东北地区对全国的GDP增长和第二产业增长贡献率分别下降到5.9%和4.9%。

实施东北振兴战略，通常被认为是一种旨在提振该地区经济发展的赶超战略，而把该战略实施多年之后东北三省的经济发展现状——增长率低于其他许多地区，看作是战略成效不显著的表现。然而，东北的经济发展是比赶超发达地区远为复杂的问题，因为该地区随着时间的推移，既是赶超的对象也是赶超的主体，东北振兴战略的性质与在中西部地区实施的均衡发展战略应具有不尽相同的出发点和落脚点。

在几轮东北振兴战略过去之后，东北地区应抓住制造业升级优化、提升价值链位置的新机遇，利用自身规模经济优势，从改善营商环境和市场配置资源机制入手，实现自身的赶超目标，成为中国经济高质量发展的新增长点。本章拟从探讨几个经济发展理论问题入手，指出经济发展区域不平衡是一种普遍现象。

在此基础上，重新认识区域均衡战略的效果，即不仅是静态地看某个时点上的差距，更是在动态中看长期趋势。特别是，我们可以通过把中西部地区的赶超效果与显现出的东北现象进行比较，揭示区域经济动态均衡的内在规律，尝试提出若干具有针对性的政策建议。

二 作为普遍现象的区域不均衡

长期以来，人们有意无意地认为，区域发展差距是一个国家经济落后的表现，因而这种现象只存在于发展中国家。从某种程度上说，这个成见是从主流经济学理论和假设推论出来的。首先，假设存在着国内统一的产品市场，任何地区生产的产品在一国国境之内的流通是无摩擦的，且无远弗届。其次，假设存在着完善的生产要素市场，劳动力按照预期收入信号流往初始的发达地区，资本按照边际回报率原则投向初始的欠发达地区。再次，不存在不能通过市场机制解决的其他影响区域发展的因素。最后，作为产品和要素充分流动的结果，初始的要素报酬差异、发展水平差距从而人均收入不均等问题都得以消除。

然而，上述假设在理论上或多或少是存在缺陷的，因而在现实中也被证明并非总是成立。这里，我们从一个值得反思的理论问题入手。以比较优势理论为原点推论出的理论预期，即通过要素价格均等化，最终可以实现地区差距缩小的假设，存在着两个与现实不相符合的现象，一个与劳动要素流动的特殊性相关，另一个则与资本要素流动的决定因素相关。

传统经济理论相信，劳动力受工资水平的吸引，从人均收入低的地区流动到人均收入较高的地区，可以均衡两地的生产要素禀赋从而价格，缩小发展水平差异和收入差距。然而，劳动力的载体是人，体现为一个特定年龄的人口群体。当这个人口群体从低收入地区流入高收入地区时，不仅改变两地的劳动力相对稀缺性，还改变两地的人口年龄结构，即在增加高收入地区劳动力供给的同时，也带给这类地区一个更具有生产性的人口结构，而留给迁出地一个更高的人口抚养比。

许多经济学文献已经表明，以较低的人口抚养比为标志，那些劳动年龄人口丰富且占比高的国家或地区，可以形成有利于经济增长的人口红利。[1] 这个人口红利并不仅仅来自于劳动力供给丰富这一资源禀赋特征，还通过人力资本改善速度、储蓄率和资本回报率，以及资源重新配置效率等，为一个国家或地区的经济增长创造有利的条件[2]。反过来，正如在本章以及第五章可以看到的那些事例所表明的那样，因劳动年龄人口流失而形成与之相反人口结构的地区，则对应着一系列不利于经济增长的条件。

类似地，按照经济学原理，资本要素从投资回报率低的地

---

[1] Jefferey Williamson, "Growth, Distribution and Demography: Some Lessons from History", NBER Working Papers, No. 6244, 1997, Cambridge, MA: National Bureau of Economic Research.

[2] Fang Cai, *China's Economic Growth Prospects: From Demographic Dividend To Reform Dividend*, Cheltenham, UK: Edward Elgar, 2016.

区流向投资回报率更高的地区。由于一般认为，发达地区资本禀赋比较丰裕，因而在资本边际报酬递减规律的作用下，在这里投资回报率必然是低的。相应地，落后地区因具有资本不足的资源禀赋特征，因而这些地方具有更高的投资回报率。由此得出的传统结论则是，只要存在着良好运行的资本市场，地区间的资源禀赋差异就会缩小乃至消失。

然而，正如经济学家卢卡斯（Robert Lucas）在提出一个著名命题——"为何资本不从富国流向穷国"时所隐含的那样，其一，资本从发达地区流向落后地区只是假设而非现实；其二，回答诸如此类的问题，应该是经济增长理论或者关于"趋同"研究的课题，而不是比较优势理论所能胜任的。[1] 换句话说，经济增长理论的一个旷日持久的问题，就是探讨"卢卡斯疑问"所隐含的关于经济发展的必要条件。[2]

在现实中，我们可以看到，在发达国家也存在着大量的区域发展不均衡现象。如下列举的若干比较著名的例子，既各具特色，也一致表明传统经济学理论预期的失误。

第一，意大利南北差距的存在旷日持久，已经成为经济学的一个经典案例。意大利包括半岛南部以及撒丁岛和西西里岛

---

[1] 参见［美］小罗伯特·E. 卢卡斯《为何资本不从富国流向穷国》，江苏人民出版社2005年版。

[2] Hollis B. Chenery and Alan M. Strout, "Foreign Assistance and Economic Development", *The American Economic Review*, Vol. LVI, No. 4, Part 1, September 1966, pp. 679－733；蔡昉：《全球化、趋同与中国经济发展》，《世界经济与政治》2019年第3期。

在内的地区（在意大利语里，该地区被称为Mezzogiorno，意为"正午阳光"）长期以来发展水平落后于北部，政府实施各种援助和转移支付项目而不奏效。经济学家常常以其作为单纯依靠政府作用，而忽略市场机制和民间投资，从而导致缩小地区差距的努力始终不能奏效的代表性案例。我将其命名为"梅佐乔诺陷阱"（Mezzogiorno trap）[1]。

第二，英国的岛间和岛内发展差距，引发与国家主权相关的政治争议。无论是作为历史上的殖民主义国家，还是作为义无反顾脱欧的焦点，看似问题都集中在英国与其他国家的关系上，其实很多争议来自于国内区域间的不均衡发展。不仅在英格兰、苏格兰、威尔士以及北爱尔兰之间存在着"岛间"差距，英格兰内部也存在着巨大的南北差距，并且这种经济上的差距成为政治上分化日益严重的诱因。

第三，美国的传统"锈带"地区、"新锈带"地区和更多的中部"飞过州"（Flyover states），随着时间变化形成与其他地区的反差，以不同的对比特点出现并持续存在，地区差距在空间分布上锈迹斑斑，在时间延续上锈迹难除。

在历史上，中西部和大西洋中部因煤炭、钢铁产业而繁荣的各州，随着传统重工业的衰落而沦为锈带，在与其他地区的

---

[1] 参见蔡昉《谨防中西部陷入"梅佐乔诺陷阱"》，载蔡昉《"卑贱者"最聪明》，社会科学文献出版社2017年版。

对比中构成地区发展水平和收入水平的差距。过去 20—30 年的时间里，在很多地区发生的制造业外迁和自动化导致工人被机器（人）所替代，没有新的产业吸纳就业，被机器和全球化逐出工作的劳动者，很多再也未能回到原来那种工资水平的岗位上。这也使更多的地区加入区域经济衰落的行列，可以被视为一种"新锈带"现象。美国劳动力市场两极化、中产阶级萎缩和收入差距扩大，必然表现在区域经济差距的扩大上面。

第四，德国东西部地区间差距的缩小似是而非，东部地区可持续增长潜力堪忧。两德统一后，联邦政府（从西部）向东部提供了大量融资和补贴，推动了经济重组，也的确在一定程度上加快了东部地区的经济增长，由此降低了失业率，提高了居民收入。然而，长期形成的发展水平差异导致大规模人口迁移，特别是劳动力从东部流向西部，造成东部地区繁荣表象下面潜藏的凋敝，可持续增长前景堪忧。

例如，自 1989 年以来，超过 190 万人口从东部迁移出去，并且绝大多数一去不复返，加上出生率下降和人口老龄化加速，预计东部地区人口总量将比西部地区以更快的速度减少。由此导致的劳动力和人力资本短缺，形成对投资、创业和创新的严重制约，抑制该地区的经济可持续增长。东部居民的经济上相对被剥夺感和政治上被遗弃感，进一步弱化了国家身份认同，加剧政治分化。①

在发展中国家，特别是在贫穷的国家，地区发展差距更是普遍存在。撇开其他造成地区差距的因素，发展中国家的一个共同具有的且区别于发达国家的特征，使其显现出更为明显、更持久延续、程度更严重的地区差距。一般来说，发展中国家具有明显的二元经济结构特征，表现为更高的农业产值和就业比重、较低的城市化水平。这种反差明显的城乡差距，既是地区差距的一种独特表现，也成为整体地区差距的核心组成部分。广大贫困农村和贫穷农户的存在，也使发展中国家地区差距呈现出严重的贫困现象。

中国的经济发展是在一个多重转轨中进行的，既要完成从低收入和中等收入国家到高收入国家的转变，也要完成从二元经济结构到城乡和区域一体化格局的转变，还要完成建立和完善市场经济体制和机制的转变。因此，消除地区差距仍然是一个长期的过程，需要在平衡与不平衡的动态变化中逐步推进。

三 "胡焕庸线"与区域经济格局变化

早在1935年，为了说明中国人口区域分布的不平衡和梯

---

① 关于德国东部地区当前面临问题的一些讨论，可参见 Tobias Buck, "Eastern Germany in Grip of Population Collapse", *Financial Times*, 10 June 2019; Tobias Buck, "Germany's Lingering Divide", *Financial Times*, 30 August 2019。

度特征，著名地理学家胡焕庸颇为主观地在中国地图上画了一条线，以黑龙江瑷珲至云南腾冲的连接直线，把中国大陆版图划分为东南和西北两部分，发现中国96%的人口集中在这条线的东南部，只有4%的人口居住在西北部。[1] 这条连接线被人们称为"胡焕庸线"。数十年后，以胡焕庸命名的曲线及其结论并没有为人们所忘却。2009年，中国国家地理杂志社与中国地理学会，共同发起"中国地理百年大发现"评选，结果"胡焕庸线"赫然上榜。

胡焕庸的文章发表以来，其中揭示的人口分布区域特征变化甚微。进行一定必要的调整后，胡焕庸线的西北部分（约占全国国土面积的56.2%）与东南部分（约占全国国土面积的43.8%）的人口分布比例，1935年分别为3.21%和96.64%。从新中国成立以来历次人口普查结果看，这个人口分布比例只发生了缓慢和小幅的变化：1964年分别为5.79%和94.21%，1982年分别为5.87%和94.13%，1990年分别为5.92%和94.08%，2000年分别为6.16%和93.84%，2010年分别为6.35%和93.65%。[2]

如果说人口的地区分布在早期反映的主要是自然环境造成

---

[1] 参见胡焕庸著、胡崇庆编《中国人口之分布》，载《胡焕庸人口地理选集》，中国财政经济出版社1990年版。

[2] 参见徐东华、李闻榕、李加洪等《中国可持续发展遥感监测报告（2016）》，社会科学文献出版社2017年版，第479页。

的生存条件差异的话,在现代社会,更多的则是体现了经济社会区域发展的差异。实际上,从毛泽东论述沿海和内地关系,到改革开放以来特别是实施西部大开发战略而进行的东部、中部和西部地区的划分,及至近年来讨论南北发展差异等,都与胡焕庸线的地理划分不谋而合。

区域经济格局或各地区相对经济规模,是长期经济增长及其区域差异所决定的。因此,考察各地区在不同时期的增长情况,有助于理解区域经济的发展状况及现行格局。我们从中国区域发展中的主要矛盾点,如东部、中部和西部地区之间的差距、新东北现象、广义胡焕庸线等问题着眼,把全国省份划分为四类地区,即东部、中部、西部和东北,观察各地区在多个时期的增长情况。

图4-1中展示以1952年为基期的地区生产总值实际增长率。我们把所覆盖的1952年到2018年期间,分成具有各个时期代表性的七个区段。由此,我们可以观察到中国区域经济发展的若干特点,概述如下。

首先,各区域经济发展与全国经济发展具有相同的时期特点。中华人民共和国成立以后,国民经济得到迅速的恢复。特别是随着第一个五年计划期间重点建设项目的实施,不仅各地区经济增长都迅速起步,同时东北地区成为"一五"计划的投资重点地区,经济增长表现尤为突出。在"大跃进"运动和自然灾害的干扰下,经济增长从20世纪60年代开始大幅度减速，并进入"文化大革命"时期的徘徊状态，而东北地区减速更为显著。改革开放以来，各地区都不同程度地进入高速增长阶段。而在21世纪第二个十年开始以来，各地区经济增长也相继减速。

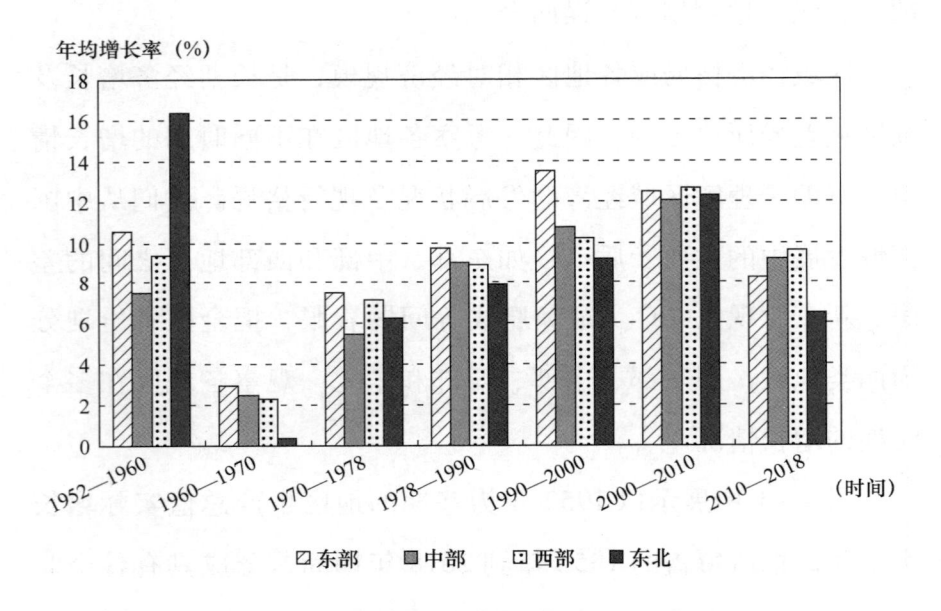

图 4-1　分地区分时期经济增长速度

资料来源：国家统计局国民经济综合统计司编：《新中国60年统计资料汇编》，中国统计出版社2010年版。

其次，地区经济增长表现的差异始终存在。稳定处于全国经济发展领先地位的无疑是东部地区，东北地区增长的波动幅度比较大。21世纪以来实施的西部大开发等区域均衡发展战略取得明显成效，特别是在2000—2010年期间，四类地区实现了比较均衡的高速增长。而在2012年开始全国经济增长减速的情况下，中西部地区保持了区域均衡发展战略的成果，保持高于全国平均增长速度，而东北地区则下滑较为严重。

最后，东北地区相对滞后的增长表现由来已久。除了1952—1960年期间，东北地区的经济增长异常高速，以及实施区域均衡发展战略的2000—2010年期间，东北地区保持与其他地区较为均衡的增长速度外，在其他时期，东北地区的增长总体落后于其他地区。

作为经济增长地区差异的结果，区域经济格局既不断发生变化，也呈现出有规律的趋势。东部地区在全国经济总量的比重稳步上升，自20世纪90年代以来一直超过全国经济总量的50%，稳居于决定中国经济总体趋势的主导地位。进入21世纪以来区域均衡发展战略的实施，遏制了中西部地区严重滞后的趋势，其在全国经济总量中的比重稳定下来。与此同时，东北地区占全国经济总量的比重自1976年以来便持续降低，从17.9%降到2018年的9.6%。

上述区域经济格局变化致使一些观察者认为，中国的区域经济已经从东西差异问题转化为南北差异问题。我们可以大体按照传统的中国南北方划分依据，即以秦岭和淮河为界，同时保持省级区域的完整，把北京、天津、河北、山西、内蒙古、辽宁、吉林、黑龙江、山东、河南、西藏、陕西、甘肃、青海、宁夏和新疆划定为北方省区市，把上海、江苏、浙江、安徽、福建、江西、湖北、湖南、广东、广西、海南、重庆、四川、贵州和云南作为南方省区市，观察两组省份的经济增长表现和变化（图4-2）。

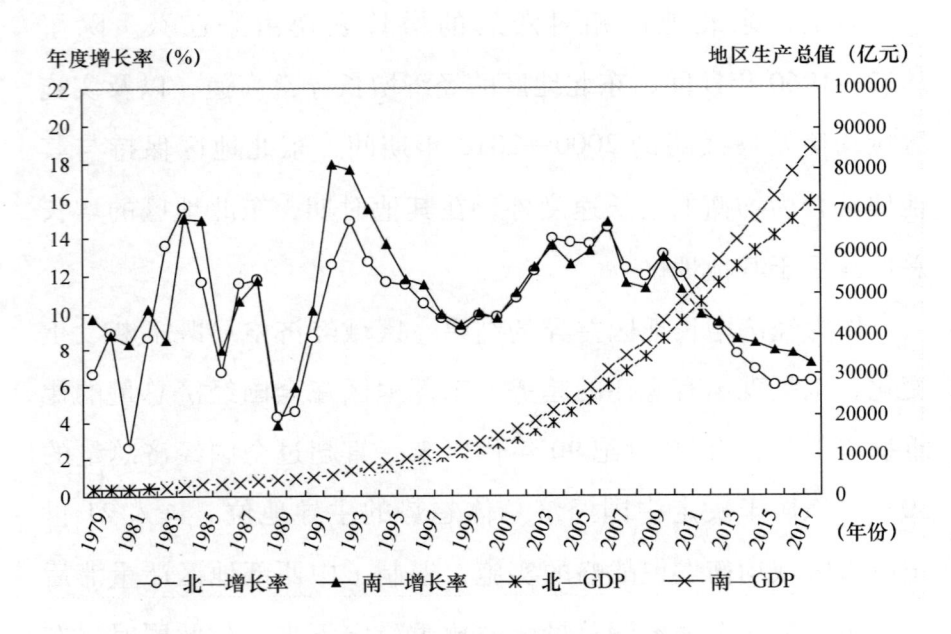

图4-2　南北部地区增长差异及结果

资料来源：国家统计局网站，http://www.stats.gov.cn/。

由于这个划分与东中西三类地区的划分，以及把东北地区单独划分出来的分类分别互有重合，因此，南北方的相对变化及其产生的差异，与以往的区域经济比较结果本质上也是一致的，同时反映了西部大开发战略、中部崛起战略、东北等老工业基地振兴战略等区域均衡发展战略的效果得失。

在21世纪初开始实施这些区域均衡战略的大约十年里，

北方地区平均GDP增长速度快于南方地区，实现了一定程度的对后者的赶超。但是，自21世纪第二个十年以来，北方地区再次落到后面，因而近年来两者之间的差距显著拉大。在不包括港澳台的情况下，中国内地南方省份在占国土面积约27%的空间上，居住着占全国约58%的人口，创造了占全国经济总量54%强的GDP。这个国土面积与人口及经济总量之间的不对称状况，与胡焕庸线的内涵也是相符的。

四 误导的地区赶超理论和经验依据

国家实施区域均衡发展战略的意图，是使相对落后的地区赶上发达地区的发展水平。所以，无论是就其本质而言还是就其出发点而言，区域均衡发展战略就是赶超战略。从另一个角度来看，一个经济发展相对滞后的地区，也有赶超发达地区的意图，无论是提出并且实施某种地区发展战略，还是制定并且实施某种特定政策，也都属于赶超战略的范畴。发展经济学的诞生和早期获得的关注，实际上大多是关于赶超战略的理论、方法和政策的讨论。[①]

赶超的理论依据是什么，或者说应该遵循什么样的基本理

---

① Gerald M. Meier, *Leading Issues in Economic Development* (*Revised*), Oxford University Press, Incorporated, 1995.

论和原则发展地区经济,才能实现对更发达地区的赶超呢?我们先从国家的赶超战略及其实施效果谈起。按照林毅夫等的概括,落后国家的赶超战略分别遵循两种大相径庭的原则,一个是违背比较优势的发展战略,通常导致赶超失败;另一个是遵循比较优势的发展战略,成功实现赶超的成功案例通常属于此类①。中国改革开放前后的发展成效,是对这两种赶超战略实施结果的最好诠释。②

中国从20世纪50年代开始实行的重工业优先发展战略,是同当时劳动力过剩、资本稀缺的资源禀赋相违背的。为了降低工业化成本,就要扭曲生产要素价格并形成工农业产品价格剪刀差;为了集中资源发展重工业,建立起高度集中的资源配置体制和没有经营自主权的国有企业体制;为了防止生产要素的自发流动,形成了农产品统购统销制度、人民公社体制和户籍制度"三驾马车"。

这种计划经济体制造成微观环节缺乏激励,宏观层面资源配置低效率、经济结构失调和区域发展不平衡等弊端。作为实施重工业优先发展战略的结果,这个时期虽然建立起比较完备的工业体系,但是同时也使经济发展付出了巨大的资源代价,

---

① Justin Yifu Lin and Yan Wang, "China's Integration with the World: Development as a Process of Learning and Industrial Upgrading", in Fang Cai (ed.), *Transforming the Chinese Economy*, Leiden · Boston: Brill, 2010, pp. 201–239.

② Justin Yifu Lin, Fang Cai and Zhou Li, *The China Miracle: Development Strategy and Economic Reform (Revised Edition)*, Hong Kong: The Chinese University Press, 2003.

未能实现对发达经济体的赶超。

1978年改革开放以来,从改善微观环节的激励机制开始,农户获得了自主配置生产要素特别是劳动力的权利,企业也获得了生产经营的自主权,随着阻碍生产要素流动的体制障碍不断得到清除,农业剩余劳动力转移到非农产业。随着产品市场和生产要素市场的逐步发育,特别是20世纪90年代以来,农业转移劳动力满足了沿海地区外向型制造业发展的需求,丰富的劳动力被转化为劳动密集型产品,在对外开放过程中实现了资源比较优势,在国际市场赢得了竞争力,创造了高速经济增长奇迹。

违背比较优势的重工业优先发展战略,理论和经验依据有两个渊源。第一个是德国经济学家霍夫曼根据若干工业化国家统计经验得出的结论:无论资源禀赋、影响布局因素以及制造业结构,任何国家的工业化必然遵循一个统一的模式:从生产消费品提升到生产资本品[①]。表现为一个系数关系就是,随着经济发展阶段的提升,消费品部门与资本品部门的净产值之比即霍夫曼系数趋于降低。既然生产资本品的重工业是工业化的高级形态和归宿,那么跨越生产消费品的阶段直接以重工业为优先序,岂不更符合赶超要求?

第二个理论渊源是苏联经济学家菲尔德曼的增长模型。在劳动力无限供给和资本不能从国外流入的假设下,他证明把投

---

① W. G. Hoffmann, *The Growth of Industrial Economies*, Manchester University Press, 1958.

资越多地配置在生产资本品的部门,长期经济增长速度越高,最终也能形成资本品生产部门与消费品生产部门之间的均衡发展。① 与此相关的经验基础似乎是,在以小农经济的汪洋大海为特征的工业化启动阶段,对消费品的有效需求不足,把发展的重点放在重工业这个生产资本品的领域,可以利用其自我循环和自我服务的特征,帮助打破市场瓶颈,提升经济增长速度,并希冀在未来带动产业结构的平衡发展。

比较优势发展战略的理论渊源应该来自由英国古典经济学家李嘉图开创,并由现代经济学家俄林、赫克歇尔和萨缪尔森等人发展完善的国际贸易理论。这个众所周知的理论的最终形态可以简单概括为:由于各国具有不同的生产要素禀赋,每个国家分别从事凝聚不同要素强度产品的生产则形成各自的比较优势,因而使国家之间进行产品贸易均能获益。

基于东亚一些经济体成功实现赶超的经验,林毅夫等把这个原理引申为一个国家根据自身资源禀赋特点形成相应的产业结构,可以最充分地利用丰富的生产要素,提高最稀缺生产要素的生产率,在开放的条件下把资源比较优势变为在国际市场上的竞争优势,故在国家层面可以称之为比较优势战略。②

---

① [英]海韦尔·G. 琼斯:《现代经济增长理论导引》,商务印书馆1984年版,第五章"两部门的经济增长模型",第120—150页。

② 参见林毅夫、蔡昉、李周《中国的奇迹:发展战略与经济改革》,格致出版社、上海三联书店、上海人民出版社2014年版。

一般来说，比较优势理论着重于揭示为什么国家之间需要进行贸易的原理，但却不是可以指导实践的发展手册，更不是万应灵药。比较优势理论的主要作者们，特别是俄林—赫克歇尔模型的经典分析框架是"两个国家、两种产品和两种要素"假设，如果说其中"两种产品"和"两种要素"的假设是有益抽象的话，"两个国家"则是不切合实际的，导致该理论对于发展中国家的战略制定不能提供应有的帮助，从而颠覆了它作为赶超战略理论依据的基础。

设想一个发展中国家，即便它具有劳动力丰富的资源禀赋特征，也不能确保可以在全球分工中获得应有的地位。这是因为，许许多多处在相同发展阶段、具有类似资源禀赋特征的其他国家，都潜在地具有以劳动密集型产品参与国际分工的条件。但是，要形成有一定规模的劳动密集型产业，进而使产品获得国际竞争力，则需要经济增长所必需的体制因素、市场环境和贸易框架，而这些必要条件的形成，则是经济增长理论特别是趋同研究关注的核心问题。

退一步说，即如果在一定程度上，比较优势原则可以借鉴过来作为形成国家发展战略参考的话，该原理却不是一个国家内部落后地区赶超发达地区的理论依据，因而也不应该以此原则为指导制定地区发展战略。这是因为国家之间经济互动与国家内部地区之间经济互动具有相当不同的性质。在国家之间，生产要素的流动性比较小，产品贸易却相对容易。因此，按照比较优势原则把生产要素禀赋特征转化为具有不同要素密集度的产品进行交换，各国相当于输出相对丰裕的生产要素，以此交换相对稀缺的生产要素。

然而，在一个国家的地区之间，生产要素的流动性很强，特别是在存在要素市场的条件下，资本和劳动可以无障碍地从一个地区转移到另一地区。如果依据一个地区的资源禀赋特点做出判断，以为该地区可以靠发挥与之相关的比较优势形成专业化生产，事后很可能出现这样的情形：早在与资源禀赋或要素相对稀缺性相适应的产业结构形成之前（甚至在国内统一的产品市场形成之前），最活跃的生产要素便已经转移到其他地区。

也就是说，资源禀赋或要素相对稀缺性特点，固然可以在事先认识到并且做出判断，比较优势却只能依一系列条件而实现。可见，比较优势原则并不是地区赶超的理论依据。

那么，地区赶超的理论依据是什么呢？这里我们将提出一个关于地区赶超的理论依据ABC。这里所说的ABC并不是通常意义上"初级知识"或"基本原理"的意思，而是对地区赶超两种理论依据的简称，即后发优势（英文为advantage of backwardness，简称AB）和趋同（convergence，即C）两个经济增长理论。前面我们指出了比较优势不是地区赶超的理论和经验依据，现在所要指出的是，从理论逻辑和经验证据看，经济增长理论中的后发优势和趋同假说，可以作为我们认识赶超现象的参照框架。

后发优势是美国经济学家格申克龙首先提出的一种假说，认为落后国家由于在诸多形态特征上与发达国家不尽相同，反而具有这种有助于赶超的"源自落后本身的优势"[①]。极简言之，这种优势来自于后起国家可以较少甚至在一定程度上免于支付"试错"的代价。

经济发展是在技术、制度、管理等诸多方面进行创新的结果，而这些创新的过程具有创造性破坏的性质，是在试错过程中实现的。后起国家恰恰可以引进先行国家的技术，甄别借鉴其已有的体制和机制，汲取前人付出代价获得的经验和教训，使发展过程相对快一些。这对于国家内部的落后地区来说，不仅道理是相同的，而且与国家之间的相互借鉴相比更具有可行性。[②]

增长经济学家（代表性人物是索洛）从资本报酬递减假设出发，认为起点上人均收入水平越低的国家，随后越倾向于实现更高的经济增长速度。一旦这个后起国家比先行国家增长更快的过程持续下去，前者就趋于实现对后者的赶超，形成所谓

[①] 参见［美］格申克龙《经济落后的历史透视》，商务印书馆2009年版。
[②] 增长经济学家发现，在一些同质性比较强的国家之间（如同为欧洲国家）或一个国家内的地区之间（如美国各州之间和日本各县之间），更容易发生赶超因而达到相互间的趋同。这被称为"俱乐部趋同"。参见 William J. Baumol, Productivity Growth, Convergence, and Welfare, "What the Long-Run Data Show", *The American Economic Review*, Vol. 76, No. 5, 1986, pp. 1072 – 1085。

的趋同现象。由于经济发展的赶超和趋同不仅仅产生于初始人均收入的高低，还需要有诸如资源禀赋、人力资本积累、投资率、基础设施、市场化水平、开放度、政府作用等条件的配合，因此，人们在讨论趋同问题的时候，通常是指"条件趋同"[①]。

后发优势与趋同两个理论假说之间也具有逻辑上的联系，可以互相印证。例如，趋同所依据的资本报酬递减假设的存在和各种条件的形成，都具有后发优势的特质。同时，我们也需要时刻区别两者在内在属性上的差别。例如，两个理论具有一个依据不尽相同却逻辑关系相互类似的共同假设，即在其他条件相同的情况下，初始人均收入水平与随后的经济增长速度成反比关系，即初始水平越低增长速度越高，初始水平越高增长速度越低。然而，这种关系只能理解为一般性的或趋势性的。

在本书第一章中我们讨论了世界经济表现出的趋同现象，也可以从中看出总体趋势中的差异性表现。同时，世界经济的一些特征，也可以帮助我们认识中国经济发展趋同的预期效应和多种可能结果。首先，大趋势中总是存在着变异，就单一国家或地区来说，呈现出异于众数规律的个性化结果也属必然。其次，总有一些国家或地区，初始人均收入与随后的增长表现无关，不仅不是后起国家的赶超对象，而且由于存在着诸如

[①] 如参见 Robert Barro and Xavier Sala-i-Martin, *Economic Growth*, New York: McGraw-Hill, 1995。

"资源诅咒"等特殊原因，反倒应该作为后起国家避免重蹈覆辙的反面教材。最后，许多按照人均收入水平属于低收入组，然而却尚未具备必要的发展条件的国家或地区，仍然挣扎于低收入均衡陷阱之中，因而也不能实现应有的增长速度。也就是说，趋同是一个对经济发展均衡化的事后统计描述，而不是一种发展手段，并不存在什么自然而然、唾手可得的后发优势。

实际上，现实中表现出的趋同现象都是"条件趋同"。在计量经济学的意义上，经济学家通常把一组理论上有利于经济增长的"条件"作为解释变量或控制变量，观察初始人均收入与随后经济增长绩效的关系。而这些"条件"则可以包括所有与经济增长有关的因素，换句话说，如果不能满足这些条件，特别是如果不能满足其中最为基本的条件，初始人均收入这单个因素则并不能保证随后的经济增长绩效。

五 区域均衡战略何以存在效果差异？

经济史表明，在国家层面推行重工业优先发展战略，无一成功案例。对此，苏联、中国和印度三个大国可以提供最典型的实践及结果证据。苏联从1928年第一个五年计划开始，中国从1953年第一个五年计划开始，印度从1956年第二个五年计划开始，分别正式实施重工业优先发展战略。至少在苏联和中国的情况下，该战略的实施虽然的确帮助国家建立起以重工业为主的工业体系，特别是加强了不可或缺的国防能力，但是，与之俱来的激励缺乏、资源误配和其他体制弊端，最终使长期经济发展付出了沉重的代价。在实施该战略的年代，这三个国家无一实现经济发展的赶超。

20世纪70年代以后，苏联经济的全要素生产率始终为负增长，国民经济增长停滞并最终陷入难以为继的境地，这也是其国家解体的重要经济原因。印度虽然采取了一系列改革和开放举措，近年来逐渐进入高速增长的轨道，然而，迄今为止制造业比重仍然很低，国家工业化的任务尚未完成。

中国在1978年开始改革开放以来，在对激励机制进行改革的前提下，按照禀赋特点进行了资源重新配置，实现了产业结构调整，取得了史无前例的经济增长成就。以事后的眼光来看，中国在这个时期的总量增长和结构变化，的确获益于遵循了比较优势原则。从这个意义上，将其概括为一个比较优势战略也无不可。

然而，必须强调的是，这个按照比较优势原则进行的资源重新配置，是通过改革开放形成有效的激励机制、赋予微观主体自主配置生产要素（特别是劳动力）权利、引进外商投资和扩大对外贸易的结果。既然生产要素跨越城乡、区域和产业的流动是这个过程的关键，就意味着在市场发育和运作过程中，各地区生产要素禀赋必然发生变化，比较优势战略也就不能应用来实现地区赶超。

美国经济学家艾尔文·扬认为一国内各地区应该发挥各自的比较优势，因而预期中国改革开放以后地区专业化水平应该得到提高，并以此作为整体效率的来源。因此，当他看到相反的情形，即各省争相发展相同的产业，甚至省与省（如浙江与上海）之间发生争夺原材料的贸易摩擦（如著名的"蚕茧大战"）时，只好做出所谓增量渐进式的改革诱导出地方政府"寻租"行为的解释。[1]他本人对这种说法并没有做出站得住脚的经验证明，因而这个结论并不能令人信服。

实际上，这个案例恰恰说明，一国地区之间初始禀赋差异并不能被等同于各地的比较优势。而且，即便出现由资源禀赋特点决定的地区专业化格局，也仅仅是短暂的现象，因为在现代市场经济条件下，地区间竞相发展同类行业与相同行业的企业之间竞争并无本质上的不同。这里，诸方面追逐的是盈利机会而非制度租金。[2]

我们不妨做个模拟性的推导：就争夺蚕茧原料来说，浙江省内两个地级区域绍兴与嘉兴之争，同浙江与上海之争，很难说有本质的差别；而嘉兴下面两个县级区域海盐与海宁之争，也与地级区域间的争夺别无二致。如此继续推论，所谓的地区

---

[1] 参见 Alwyn Young, "The Razor's Edge: Distortions and Incremental Reform in the People's Republic of China", NBER Working Paper, No. 7828, 2000。

[2] 即便在改革过程中因实施双轨制过渡的方式，而在一定时期产生和存在"制度租金"，无论是由于寻租本身的套利效应还是改革的推进，都使租金和寻租只能是短暂的现象。在这个特指的案例中，生产要素流动最终会抹平地区之间的禀赋差异。

原材料大战归根结底是企业竞争，只不过在改革的特定时期地方政府介入其中而已。随着生产要素流动越来越充分，产品市场的分割终究要消失，扬教授所臆想的那种依据要素禀赋差异而形成的地区专业化格局，即使一度的确形成的话，终究也会消失。

曲玥等研究发现，在中国劳动密集型制造业形成的过程中，从国家整体看固然是劳动力丰富这一要素禀赋因素起着决定性的作用，但是，从国内的地区布局角度看，基础设施、交通条件和配套能力等规模经济因素则发挥了更为重要的作用。[①] 实际上，资源配置效率的提高，与其说来自于区域经济的专业化，不如说来自于生产要素流动和再配置。我的一项研究表明，中国在改革开放期间劳动生产率提高的一个重要贡献因素，是劳动力跨地区、跨产业流动带来的资源重新配置效率。[②]

无论是扬认为比较优势应该导致地区专业化，还是其他学者把比较优势原则作为地区赶超的依据，在中国经济发展事实面前均遭遇理论与现实不一致的尴尬，从学理上也都不可避免地难圆其说。有趣的是，扬教授用来讽喻中国改革成效的语

[①] 参见 Yue Qu, Fang Cai, and Xiaobo Zhang, "Has the 'Flying Geese' Phenomenon in Industrial Transformation Occurred in China?", in Huw McKay and Ligang Song (eds.), *Rebalancing and Sustaining Growth in China*, Canberra: Australian National University Press, 2012, pp. 93 – 109.

[②] 参见蔡昉《中国经济改革效应分析——劳动力重新配置的视角》，《经济研究》2017年第7期。

境，其实恰好可以用在他自己的研究结论上面，即由于他所秉持的理论出发点具有过于狭窄的认知域，一旦将其应用于一个非具有广阔视角则无法理解的全方位改革开放过程，便如同走在剃刀之刃上，倍感狭窄和痛苦。①

进入21世纪以来，中国实施了一系列区域均衡发展战略。从2000年开始，先后推出了西部大开发战略、东北等老工业基地振兴战略、中部崛起战略和东部地区率先发展战略。由于实施西部大开发战略与加快中西部地区发展是相提并论的，并且随后在2004年又明确了中部崛起战略，所以我们将其合并在一起作为中西部开发战略，以之与东北振兴战略进行对比分析。

按照条件趋同假说，如果区域均衡发展战略要取得预期的赶超效果，必须在实施中为相应地区创造出所需的基本发展条件，即缺什么补什么。正如第一章所显示的那样，在全球经济趋同这个大态势之下，仍然有诸多单个的经济体因其各具独特性和差异性，增长表现有所不同。

从理论上说，许多具有相同或相似特征的经济体，常常会产生彼此靠近的物以类聚表现，并以此"同类项"区别于彼"同类项"。由此来看，中西部地区与东北地区在很大程度上并

---

① 印度古代哲学典籍《奥义书》中有一句名言：智者说，通往救赎的路狭窄且痛苦，如同走在剃刀之刃上。扬引用这句话否定中国市场化改革的进展，并且以"剃刀之刃"作为自己文章的标题。

不是同质的,而是具有不尽相同的发展短板从而有不同的政策需求。

例如,在图4-3中我们把全国各省2000年人均GDP与该省在2001—2018年期间年均实际增长率对照,从具有负斜率的趋势线可以看到一定程度的趋同倾向。其中就东北地区来看,吉林省相对而言符合起点低,因而随后呈现趋同倾向的情形,而辽宁和黑龙江的初始人均收入则处于较高水平,因而随后也没有显现出更快的增长速度。

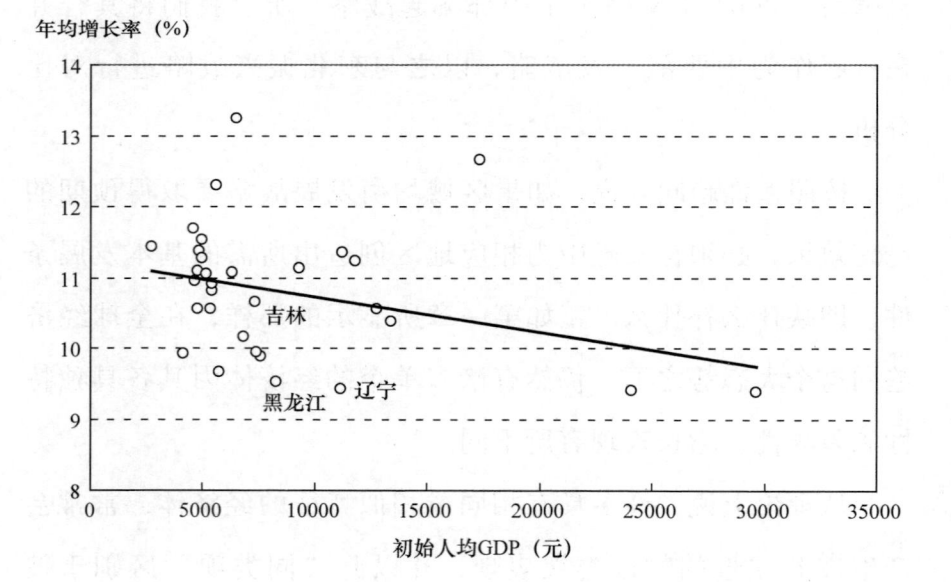

图4-3 初始人均GDP与随后时期增长率的关系

资料来源:国家统计局网站,http://www.stats.gov.cn/。

从初衷来看,无论是针对两组异质性的地区采取相同的战略予以推动,还是预期取得相同的政策效果,都值得进行反思,却不能简单评说战略实施的成败。下面,我们结合中西部发展战略和东北振兴战略实施中的主要举措,观察其适用性和效果的不同。

首先,倾斜性投资产生的资本积累可持续性不同。正如任何赶超战略都必然作为重要关注点一样,补足经济落后地区资本积累不足的瓶颈,是必不可少的政策举措。在实施区域均衡发展战略中,中央政府实施了倾斜式的政策,加大对中西部地区和东北地区的基础设施建设和大型项目投资。特别是,这种倾斜式投资与应对国际金融危机的刺激性政策举措,以及增强国有经济影响力的政策倾向结合起来,使得战略实施后这些地区的投资增长明显加快。

从统计数据可以看到,中西部地区和东北地区在相关战略实施之后,全社会固定资产投资总体来说都发生了一个巨大的跳跃。譬如,把2001—2010年全社会固定资产投资实际年均增长率与1991—2000年进行比较,中部、西部和东北地区分别提高了11.8、8.6和16.3个百分点,均明显大于没有特殊区域政策支持的东部地区(仅提高4.6个百分点)。

但是,如果说中西部作为经济发展相对滞后的地区,缺少固定资产投资是瓶颈制约的话,东北地区只是在小得多的程度上如此。因此,当政策效应集中显现之后,两类地区的资本形成可持续性便产生了巨大的分化:在中西部地区仍然保持较快的投资增长速度的同时，东北地区投资增长大幅度跌落。2011—2017年期间，中西部地区投资年均增速为14.0%，东北地区则为-0.4%。

其次，传统体制遗产对经济增长的负面效应强度有所不同。伴随着计划经济向市场经济的转轨，通常国有经济比重会降低，相应地非公有经济比重提高。反过来，如果在起点上一个地区经济增长在更大程度上依靠国有经济的资产形成来推动，则可以预期，该地区传统体制遗产对随后的经济增长会产生较大的抑制作用。

例如，过高的国有经济比重可能从占用资源要素方面形成垄断，对非公有经济产生挤出效应；习惯于依靠大型国有经济支撑地区经济增长、财政收入、就业创造，则不情愿形成"创造性破坏"的竞争和创新环境；形成过重的政策性负担，并以此为借口寻求政策保护；面对需求的变化和产业调整的要求时尾大不掉。图4-4显示，在区域均衡发展战略开始实施前的2000年，东北地区国有控股工业固定资产现值与GDP的比率，明显高于东部、中部和西部三类地区。

最后，财政转移支付的政策着力点与效果不同。中央对地方的财政转移支付是所有区域平衡发展战略的重要内容之一，也是倾斜政策中最具有含金量的举措。从积极的方面说，无论是中西部还是东北地区，都依靠这种政策推动建立了城乡社会保险体系。

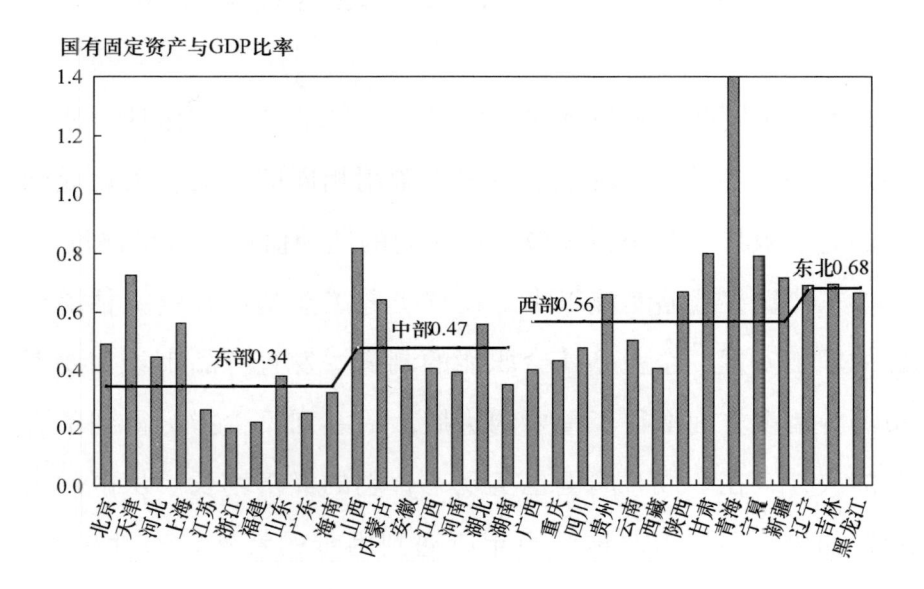

图 4-4　国有控股工业固定资产现值与 GDP 比率

资料来源：国家统计局网站，http://www.stats.gov.cn/。

然而，东北三省作为国有重工业企业集中、资源枯竭特点突出的地区，更大的财政转移资金被用来支付遗产成本，解决下岗、失业和提前退休职工的补偿，以及填补职工养老保险缺口等问题。在这些省份依靠转移支付资金把生产性职工安置为非生产性人员的同时，中西部地区却依靠劳动力市场的发育，推动农村剩余劳动力转移到生产率更高的地区、产业和企业，把人口红利兑现为城乡居民收入。

六　东北振兴：比较优势还是规模经济？

处于不同的经济发展阶段、具有不同的省情和区情、所需的发展条件各异，都决定了不能指望用相同的发展政策促成同样的赶超效果，甚至也不应该用相同的期望值进行效果评价。

东北振兴战略实施以来，在解决老工业基地和资源枯竭地区的职工安置、企业办社会职能的剥离、发育产品市场和要素市场等诸多方面取得了重要的进展，一系列民生指标得到了有效的改善，在一段时间里也实现了合理的经济增长。从事后来看，如果我们从东北地区当年所遇到困难的特殊针对性出发，为其设定与其他地区不尽相同的目标函数，应该说东北振兴战略的实施效果算是差强人意的。

同时，我们也应该看到，近年来该地区的经济增长的确不尽如人意。随着中国经济发展进入新常态，增长速度减慢是正常的。东北经济引起人们关注，关键是其相对于其他地区，增长速度下滑的趋势更为严重。我们在讨论实施区域均衡发展战略时，通常是以东部地区为参照，希望其他地区能够取得更好的赶超效果，实现相对快的增长速度。如果东北地区不能保持其快于东部地区的增长速度，甚至还持续慢于东部的增长，两者之间的发展水平差距则会扩大，赶超的目标就难以在中近期实现。

以东部地区 GDP 年均增长率为基准，我们可以发现，从开始实施区域均衡发展战略直到 2012 年，中西部地区和东北地区都处于赶超东部地区的发展态势之中。只是在 2012 年中国经济整体明显减速之后，在中西部地区仍然保持较之东部地区更高的相对增长率的同时，东北地区经济增长速度下行更为显著，相对增长率大幅度下降（图 4-5）。

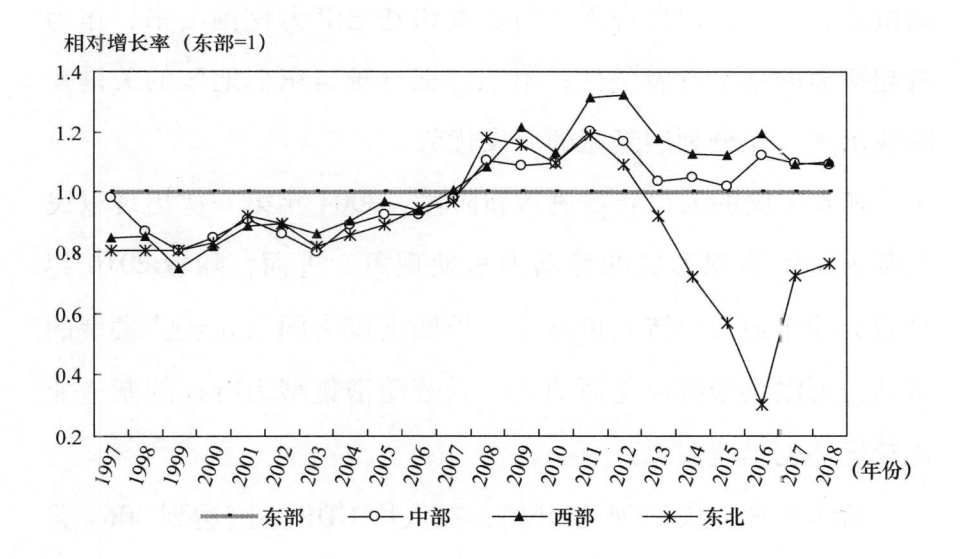

图 4-5 实施区域均衡发展战略以来地区相对增长率

资料来源：国家统计局网站，http://www.stats.gov.cn/。

这就是社会各界高度关注"新东北现象"的原因。应该说，对东北经济进行过认真研究的人们，并不是想得出东北经济衰落的结论，也不应该沿袭传统观念探讨东北振兴之路，而需要找到东北经济再振兴的新机遇和新思路。

虽然无论在东北振兴战略实施之前还是之后，从工业基础、基础设施、人力资本等条件来看，东北三省都不能算是落后地区，但是，鉴于该地区目前和预期的经济增长表现，我们应该为其设立以东部地区经济发展水平为对象的赶超要求。为达到赶超的目标，需要分别从三个方面进行战略性思考：第一，从中国经济长期可持续发展大格局中，找准自身再振兴的新机遇；第二，把自身既有的积累和基础潜力挖掘出来，作为赶超所需的基本发展条件；第三，把自身与东部地区的关键差距找出来，充分利用赶超的后发优势。

随着中国的人口转变进入新阶段，2004年第一次出现以民工荒为主要表现形式的劳动力短缺现象。进而，随着2010年之后劳动年龄人口转入负增长，长期支撑中国二元经济发展的劳动力无限供给特征逐渐消失，以劳动密集型为特征的制造业比较优势也迅速弱化。

具体来看，从2006年开始，在人均GDP刚刚达到3069美元（2010年不变价）这个中等偏下收入国家水平、农业劳动力比重仍然高达43%的时候，中国制造业增加值占GDP比重就开始下降，从36.2%降低到2017年的29.3%。按照国际经验，制造业比重下降通常发生在国家进入高收入阶段，因此，中国这个转折性的变化无疑来得太早，需要予以遏止。[1]

---

[1] 参见蔡昉《哪些因素扭曲了全球供应链？》，《财经》2019年第15期。

中国制造业比重之所以遭遇早熟型的下降，原因是双重的。一方面，随着劳动力成本提高，劳动密集性产业比较优势逐渐丧失，在国际市场上的份额相对下降；另一方面，这一效应却尚未被资本（技术）密集型领域提高的市场份额所抵消。固然，由于中西部地区尚有一定的成本优势（包括劳动力成本和土地成本），加之该地区基础设施和人力资本等方面条件的改善，形成了一个制造业从东向西的转移趋势。但是，由于中国的生产要素市场是统一的，中西部地区的优势并不能长期维持。可见，稳定中国制造业比重，需要另辟蹊径，即着眼于提升其价值链位置。

一项研究表明，在1998—2008年期间，在中国制造业的区位决定因素中，交通运输、基础设施、产业配套等聚集效应（或称规模经济效应）的作用下降了46.5%，同期工资水平和土地价格等成本效应（或称比较优势效应）的作用则提高了80%。[1] 这无疑就是劳动密集性产业从沿海地区向中西部地区和邻国转移的原因。然而，就其性质而言，随着制造业在价值链中位置的提升，该产业的资本和技术密集度将提高，规模经济效应将再度发挥重要的作用。

这恰好是东北地区的发展机遇。作为新中国工业化的先行

---

[1] Yue Qu, Fang Cai, and Xiaobo Zhang, "Has the 'Flying Geese' Phenomenon in Industrial Transformation Occurred in China?" in Huw McKay and Ligang Song (eds.), *Rebalancing and Sustaining Growth in China*, Canberra: Australian National University E Press, 2012, pp. 93 – 109.

者，东北地区的制造业特别是装备制造业基础并不薄弱。但是，东北地区所需要的是找到突破口，投身制造业优化升级过程，在重塑自身并赢得优势地位的情况下，其基础条件的作用才能得到发挥。

我们以人力资本为例，从每万人常住居民对应的大学本专科在校生数字看，东北地区与其他地区相比都占有优势，然而，从企业研发人员占比和企业研发活动频率看，东北地区却排在后面（表4-1）。这意味着在经济增长不活跃地区，即便培养了人才也不能为己所用，不能转化为生产率的提高。可见，把诸如人力资本流量这样的优越条件转化为提升制造业价值链位置的动能，需要一个临界最小突破力。

表4-1　　　　　2017年人力资本和研发活动　　　　（单位：%）

地区	在校本专科生	研发人员比重	研发活动
东部	1.97	3.69	16.24
中部	2.07	2.97	11.65
西部	1.86	2.53	8.59
东北	2.27	2.61	6.22

注释：三个指标分别为在校本科和专科学生与本地常住人口的比率、从事研究与开发的人员占企业就业人员的比例、有研发活动的企业占全部规模以上工业企业比例。

资料来源：分别来自国家统计局《中国统计年鉴2019》、辽宁省统计局《辽宁省统计年鉴2018》、吉林省统计局《吉林省统计年鉴2018》、黑龙江省统计局《黑龙江省统计年鉴2018》、国家统计局《中国经济普查年鉴2013》。

这样一个临界最小突破力，应该来自把既有优势条件转化为实际经济增长、生产率提高和产业结构优化的有利源泉。对于东北地区来说，以沿海地区为参照，营造良好的投资环境和市场机制，可以作为后发优势帮助实现赶超。一些研究者根据"政府与市场的关系""非国有经济的发展""产品市场的发育程度""要素市场的发育程度"和"市场中介组织发育和法治环境"五个方面，为全国和各省构造了总体和分项的"市场化指数"[①]，我们可以借此研究成果，找到东北地区在市场化水平上的短板。

虽然用于编制市场化指数的各项指标并非关于市场发育水平的充分信息，但是，这个成果仍然可以帮助我们认识各地在培育市场发挥资源配置决定性作用的相对进展，找到瓶颈从而加以改善。特别是，世界银行关于"营商环境"的研究表明，后起国家在改善营商环境方面，也具有后发优势，即可以取得比先进对手更快的改善。此外，中国聚焦自身短板有针对性地进行改善，在世界银行营商环境排名中一年即提升46位的经验，也值得推崇和借鉴。[②]

总体而言，东北地区在市场化指数总得分中，在2008—

[①] 参见王小鲁、樊纲、胡李鹏《中国分省份市场化指数报告（2018）》。社会科学文献出版社2019年版。

[②] 参见World Bank Group, "Doing Business 2019", Washington D.C., International Bank of Reconstruction and Development / The World Bank。

2016年期间与全国一道获得很大的进步，在多数分项中也有提升，并且在所有的得分中均高于西部地区，有些也高于中部地区。但是，如果与东部地区相比，仍然在很多方面存在较大差距（图4-6）。

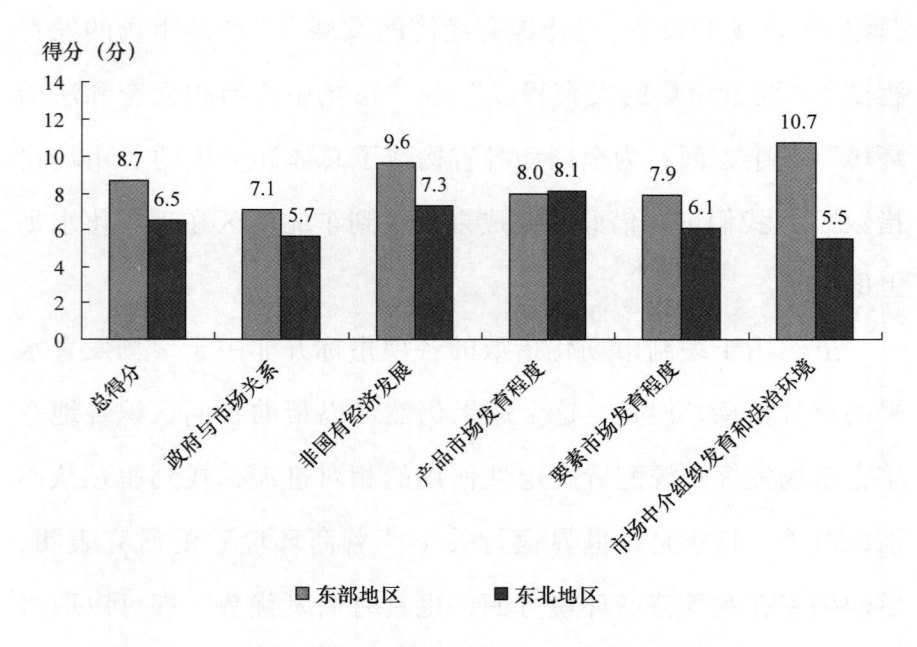

图4-6 东北地区与东部地区在市场化指数方面的差距

资料来源：王小鲁、樊纲、胡李鹏：《中国分省份市场化指数报告（2018）》，社会科学文献出版社2019年版，第34—35页。

这些差距中最突出的表现于"政府与市场的关系"和"市场中介组织发育和法治环境"两项中。再深入一步看，前一项差距主要表现为东北地区与东部地区相比，政府对企业实施了过多的干预，后一项差距则主要表现在东北地区与东部地区相比，对知识产权的保护不足。①

市场化指数所反映出来的几个方面，虽然内容有限但具有代表性，标志着东北地区应该着眼于深化经济体制改革，吸取自身长期以来积累的教训，借鉴东部沿海地区的成功经验，探索取得市场配置资源这只看不见的手与政府更好发挥作用这只看得见的手之间的恰当平衡。一旦通过改善营商环境，激发起经济主体自身发展动力，形成充分竞争的市场机制，这一地区的历史、基础、物质资本和人力资本存量，都将成为赶超的有利条件。

七 结语和政策建议

进入 21 世纪以来中国实施各种区域均衡发展战略，分别针对不同地区的主要矛盾取得了应有的效果。然而，地区发展不平衡问题是一个旷日持久的课题，一定时期里的紧要问题解决之后，还会出现反弹和反复，也不可避免产生新的问题。包括东北振兴战略在内的区域均衡发展战略面临着新的挑战，需要新思路和新作为。当前，应对东北地区经济增长下行趋势，需要从政策上澄清一些认识，抛弃历史遗产中的负面因素，将

---

① 参见王小鲁、樊纲、胡李鹏《中国分省份市场化指数报告（2018）》，社会科学文献出版社 2019 年版，第 36 页表 3-2 和第 44 页表 3-6。

其中正面因素转化为赶超条件，借助新一轮振兴战略走出困境，实现对东部地区的赶超。

首先，从着眼寻找"比较优势"，转向立足发挥规模经济效应。一个地区在一国范围内寻求对更发达地区的赶超，不同于一个国家在国际范围对发达国家的赶超，不应该过分拘泥于特定时期的生产要素禀赋特点，而是需要综合考量自身具有的有利发展条件，补足所必需却尚未具备的其他发展条件。以生产要素相对稀缺性和相对价格为表征的区域差异，终究会随着各种要素跨地区充分流动而消失。因此，这个意义上的"比较优势"，不是国内地区之间的赶超和趋同的理论依据，不应成为各地区制定赶超战略的指导原则，各地更不应为了强调这个"比较优势"而妨碍生产要素市场的发育。

从长期来看，保持中国制造业大国地位，塑造制造业的强国地位，固然不能排斥寻找传统比较优势的空间，但是，对东北地区来说，更应该着眼于挖掘规模经济潜力。一方面，中国人口红利正在加快丧失，而东北的人口老龄化更是处在加快的阶段；另一方面，东北的装备制造业基础不是包袱，而是特殊的发展条件。显然，复制沿海地区传统制造业发展模式，自然不能取得期望的东北振兴结果。相反，东北地区的工业基础以及与之相关的一系列条件，甚至包括一些被看作是"转轨成本"的历史遗产，都可以转化为有利于制造业升级优化、提高价值链位置的规模经济优势。

其次，产业结构调整方向的确立不应该一概而论，而是要遵循劳动生产率不断提高的原则。从理论逻辑和中国现状来看，各产业之间存在着劳动生产率的显著差异，由低到高的排列顺序依次为农业、建筑业、服务业和制造业，因而产业结构调整也必须按照相同的方向。具体对东北地区来说，在产业结构调整中，既不能误判误导，从装备制造业退回到劳动密集型制造业，从制造业退回到低端服务业、建筑业或农业，更不能缘木求鱼，从农业规模经营退回到狭小农户。

再次，对东北地区而言，超越既有发展轨道的根本出路，在于刷掉产业结构"锈迹"，实现制造业优化升级。在中国经济整体转向高质量发展的阶段，东北地区的发展必须全身心地依靠竞争的市场环境。对东北地区来说，把曾经有过的上述机会仅仅作为赢得时间的手段，主要依靠自身工业发展基础，刷掉"锈迹"实现产业结构优化升级，避免产业空心化，是摆脱困境的唯一出路。

最后，从强调保护性的产业政策，转向营造"创造性破坏"的竞争环境。国内外经验教训表明，包括国际上诸多著名"锈带"在内的经济困难地区，摆脱困境的"等""靠""要"传统思路都未能奏效。如资源枯竭型地区等待能源价格反弹，夕阳产业集中的地区依靠短暂的产业景气，历史包袱沉重的地区争取财政补贴，都不能自然而然获得新的发展动力。对地区经济来说，以获得政策性支持为取向而实施产业政策，不可能形成培育增长动能、形成现代经济体系的可持续源泉。

中国经济从高速增长转向高质量发展，意味着经济增长动力从要素投入型转向生产率提高型，而生产率源泉则从主要依靠产业之间的资源重新配置，转向越来越依靠经营主体之间的优胜劣汰。在这个大背景下，产业政策必然包含越来越多的平等竞争因素，其实施方式也必然主要依靠市场机制。无论是对于沿海地区保持既有发展优势、中西部地区保持赶超势头，还是对于东北地区走出困境，推进改革开放，营造良好的营商环境和市场竞争环境，都是颠扑不破且有高度共识的道理。

第五章 生产率、新动能与制造业

一 引言

随着以探讨经济起飞的必要和充分条件为己任的发展经济学归于寂寞，取而代之的增长理论把重点放在经济增长的决定因素上面。自从以索洛（Robert Solow）为代表人物的新古典增长理论占据主流地位之后，人们一方面强调资本积累的重要性，另一方面也看到资本报酬递减现象的存在，因此，一致认为经济增长的终极因素是全要素生产率的提高。[①] 无论得到坚持捍卫还是受到挑战，新古典增长理论都为经济学家研究经济增长现象提供了重要的框架，很多人仍然接受其基本假设，该理论也确实有助于人们认识现实中的增长现象，特别是理解增

---

① 本章将解释全要素生产率与劳动生产率的相同及不同，并在不同场合分别按照其定义使用这两个生产率名称。在没有刻意需要区分的其他情况下，我们通常采用"生产率"这个统称。

长源泉构成及其变化。

然而,从新古典增长理论出发的研究者,在面对中国经济高速增长奇迹,特别是试图解释中国经济增长源泉时,往往感到力有不逮,反映出一旦被应用于认识和解释发展中经济的赶超实践时,这种理论出发点和分析框架颇显捉襟见肘。这方面,既十分典型又不无极端的例子,便是美国经济学家扬(Alwyn Young)和克鲁格曼(Paul Krugman)等针对中国经济的研究和判断。

以这两位经济学家为代表的研究认为,中国在改革开放期间的经济表现,与此前他们共同批评的东亚经济一样,仅仅是依靠资本和劳动的投入,而没有得到生产率提高的支撑,因而既不是什么奇迹,增长也是不可持续的。[1] 很显然,这些经济学家无法解释的是:其一,中国何以能够依靠资本和劳动的投入实现高速经济增长,又不会遭遇报酬递减现象;其二,在类似于东亚和中国这样的增长模式下,生产率的进步究竟从何而来。

我在以往的研究中,着重论证了人口红利并非只表现为劳动力充分供给这一个独特的增长因素,而是体现在所有增长理论所关心的增长因素之中,其中自然也包括生产率的提高。[2]

---

[1] 参见 Alwyn Young, "Gold into the Base Metals: Productivity Growth in the People's Republic of China during the Reform Period", *Journal of Political Economy*, Vol. 111, No. 6, 2003, pp. 1220 – 1261.

[2] 如参见 Fang Cai, *Demystifying China's Economy Development*, Beijing, Berlin. Heidelberg: China Social Sciences Press and Springer-Verlag, 2015.

第五章 生产率、新动能与制造业

从回应新古典增长理论所不能解释的问题这个角度，我们主要强调以下两点得到检验的结论。首先，在二元经济发展所独具的劳动力无限供给条件下，资本报酬递减现象可以被推迟，因此，直到经济中的剩余劳动力被吸收殆尽之前，资本形成始终可以对经济增长做出重要的贡献。其次，劳动力大规模地从低生产率部门（农业）向高生产率部门（非农产业）转移，带来资源重新配置效率，是人口机会窗口期全要素生产率和劳动生产率得以持续提高的特征性现象。①

总体来说，这种解释既有充分的经验支撑，也符合经济理论的预期（如果不是从过于狭隘的理论假设出发的话），因而可以说足以回答前述疑问。也就是说，中国收获人口红利以及实现二元经济发展的独特表现，完美地诠释了中国所处的这个特定人口转变阶段和经济发展阶段，支撑经济增长的要素构成及特点、生产率的来源和产业结构变化特征。

有趣的是，前面提到的这些对东亚和中国增长模式持批评观点的经济学家，在其早期的研究中，坚持以劳动力短缺为基本假设的新古典增长理论信条，从不承认二元经济、人口红利和剩余劳动力的存在。然而，当这种"克鲁格曼—扬诅咒"被中国经济长达数十年的杰出表现证明破产之后，克鲁格曼却给

---

① 参见蔡昉《中国经济改革效应分析——劳动力重新配置的视角》，《经济研究》2017年第7期。

自己打圆场，称中国经济以前实现的高速增长，靠的是刘易斯式的剩余劳动力转移，随着这种源泉的式微，中国要想保持经济继续增长，除了转变增长模式以提高全要素生产率之外别无他途。这个逻辑无疑是正确的。然而，他又毫无道理地宣称，中国无法实现这个必要的模式转变。① 这可以算是"克鲁格曼—扬诅咒"的一个新版本。

撇除"克鲁格曼—扬诅咒"及其新版本中明显带有偏见的部分，这桩学术公案也的确提示我们，在人口红利消失和比较优势弱化，以及面对不确定的国际经济环境的条件下，中国经济持续增长的新动能应该如何启动，转向高质量发展所仰仗的生产率源泉从何处挖掘，无疑是在人口转变和经济发展的新阶段上，摆在我们面前的不容回避的新课题。

2010年以来劳动年龄人口数量的持续减少，标志着中国高速经济增长赖以支撑的人口红利的消失，并由此导致GDP潜在增长率和实际增长率趋于持续下行。经济增长的减速产生于三方面的因素，分别都是以往有利增长条件逆转的结果。第一是劳动力供给条件的逆转，即劳动力短缺和人力资本改善速度放缓。第二是随着劳动力无限供给特征的逐渐消失，资本报酬递减现象愈演愈烈。第三是通过劳动力转移改善资源重新配置空间的明显缩小。

---

① Paul Krugman, "Hitting China's Wall", *New York Times*, July 18, 2013.

与经济增长减速相伴,中国经济也发生了一些结构性的变化,在显现出一些积极方面特点的同时,也带来这个发展阶段特有的挑战。这包括制造业比较优势的弱化,以及所导致的制造业比重下降;低效企业不甘心退出经营而寻求政策保护,导致资源配置的僵化;劳动力从高生产率部门(制造业)向低生产率部门(低端服务业)逆向转移,造成资源配置的退化;等等。

本章在描述上述现象的同时,通过对特定发展阶段生产率源泉的分析,揭示中国经济仍然存在着巨大的资源重新配置空间。正是由于未能充分挖掘生产率提高的潜力,使中国制造业的减速来得过早和过快,进而制造业占GDP比重早熟型下降。针对中国经济发展面对的这些挑战,我们提出稳定制造业在国民经济中占比的理由,即有利于创新发展、挖掘资源配置效率潜力、激励人力资本积累和扩大中等收入群体,以及促进双循环新发展格局。

二 生产率的产业差异及其阶段特征

在国家之间、地区之间、产业之间、行业之间和企业之间,都存在着生产率的差异。相应地,国际贸易、跨国和跨地区要素流动、产业和行业的进入与退出,以及企业之间的优胜劣汰,都会创造生产率趋同的趋势。虽然现实从来不像经济理论所预期的那样,这种生产率差异最终将趋于消失,但是,生产率差异的存在、缩小和再出现的整个过程,仍然是我们观察经济增长过程中生产率提高的一个有益角度。首先,生产率趋同的过程同时也是生产率提高的过程。因此,从生产要素流动的方向,即是否遵循生产率由低到高的方向流动,我们可以判断产业结构变化的过程是否健康,生产率是否可以预期得到不断提高,进而得出经济增长是否长期可持续的认识。其次,生产率趋同和提高的过程,在不同的经济发展阶段具有相异的特点,因而对制度安排和政策调整提出了不尽相同的挑战。

在经济学的经典文献中,两位著名经济学家的思想和研究结论,对于认识生产率趋同和提高的过程十分有帮助。一位是库兹涅茨(Simon Kuznets)。在他看来,产业结构变化的过程,譬如生产要素特别是劳动力从农业转移到工业和服务业的过程,既可以产生三个产业之间生产率趋同的效应,同时也可以提高国民经济的整体生产率水平。[1] 一方面,由于这种产业结构变化的过程相对漫长,另一方面,生产要素从低生产率部门到高生产率部门的重新配置,通常导致资本回报和劳动报酬的提高,因此,生产率趋同和提高的这个库兹涅茨过程具有"帕累托改进"的性质。

---

[1] 参见 [美] 西蒙·库兹涅茨《各国的经济增长:总产值和生产结构》,商务印书馆1985年版。

另一位是熊彼特（Joseph Alois Schumpeter）。在他的分析逻辑中，企业家的职能便是从事创新活动，他们对生产要素进行的重新组合，既是在经济衰退时自身得以生存的必须选择，也从衰退时期被淘汰企业那里得到赖以重新组合的生产要素。[①] 因此，这个生产率提高的熊彼特过程不是一个"帕累托改进"过程，而是一个创造性破坏的过程。

由于在不同的经济发展阶段上，生产率提高的方式不尽相同，而经济发展阶段又与人口转变阶段密切相关，因此，我们还可以结合两种阶段性特点来观察产业之间的生产率差异和趋同过程，这样可以同时发展和丰富库兹涅茨和熊彼特的分析。正如在第一章所说明的那样，世界银行对各国按人均GDP进行的分组与按人口转变阶段进行的分组，实际产生的相应组别具有高度相关性（参见图1-3），我们观察这几个不同人口转变阶段的产业生产率及其关系，可以更好地认识生产率提高的发展阶段特点。在图5-1中，我们按照人口转变的四个阶段，分别列出了各个国家组别平均的分产业劳动生产率（劳均增加值），以及农业和服务业劳动生产率相当于工业的百分比。

在前人口红利阶段，很多国家尚处于"经济起飞"之前的发展水平上，总体上有着以传统部门或农业经济为主体的产业

[①] 我们将在第八章进一步讨论熊彼特关于创新和创造性破坏的论述，并提供相关的参考文献。

结构,农业劳动力比重高达52.6%,非农产业特别是工业发展水平很低。由于农业中积淀了大量的剩余劳动力,劳动生产率极为低下,仅相当于工业劳动生产率的13.4%。一般来说,在这个不发达的状况下,服务业多为日常生活服务行业,本质上也属于传统经济部门,也是剩余劳动力的蓄水池。因此,服务业的劳动生产率也同样低下,仅为工业部门的46.9%。

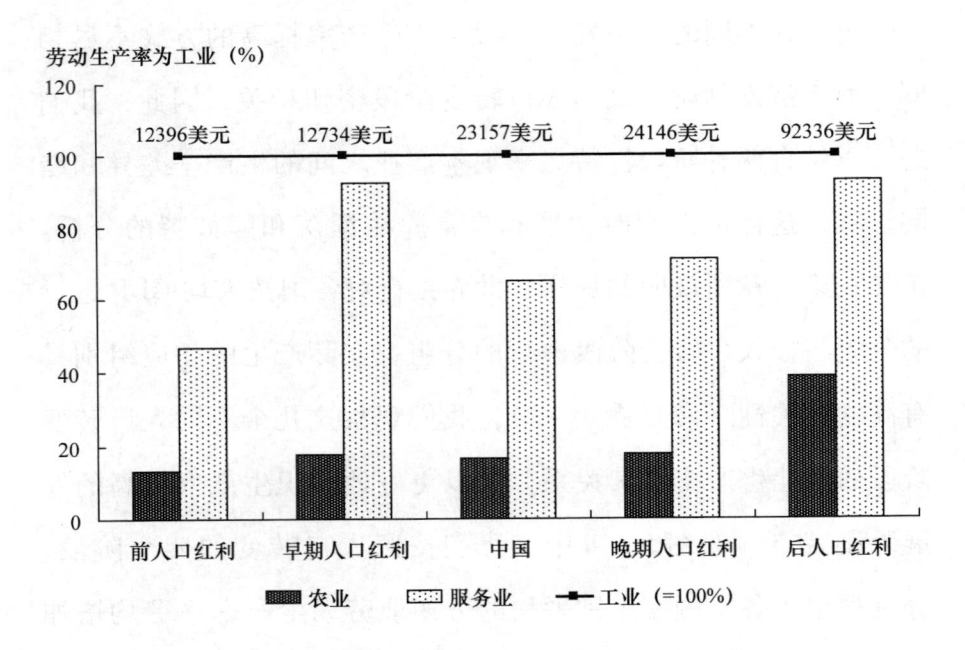

图 5-1 不同人口转变阶段的产业生产率及其差异

资料来源:World Bank,"World Development Indicators",世界银行官方网站,https://data.worldbank.org/。

在早期人口红利阶段,国家的经济发展已经表现出新的特点,即工业化过程与劳动力从农业向外转移互为条件和相互促进。以刘易斯假设的边际生产力为零或负数的状态为基点，劳动力在多大程度上转移出去，劳动生产率就在多大程度上得到提高。因此，随着农业劳动力比重下降到34.6%，劳动生产率得到提高，相对于工业劳动生产率的百分比也提高到平均17.8%的水平。与此同时，由于工业部门仍然只占较小的比重，创造的就业机会有限，劳动力比重仅为22.7%，因此，更多的转移劳动力在传统服务业就业，服务业劳动力比重为42.8%，劳动生产率高达工业的92.1%。所以，工业和服务业的劳动生产率比较接近，皆与农业劳动生产率拉开了距离。

在晚期人口红利阶段，农业劳动力比重进一步降低到22.5%，农业劳动生产率虽然有了较大的提高，但是仍然显著低于非农产业，仅为工业劳动生产率的17.9%。因此，也可以说农业劳动力转移的任务尚未完成。由于服务业就业比重大幅度提高到51.3%，劳动生产率与工业的差距反而拉大，仅为后者的70.8%。这也意味着，进一步扩大工业部门比重，仍然可以获得很大的生产率收益。在这个发展时期人口红利已经显现出消失的迹象，制造业的传统比较优势相应也有所减弱。在一些国家，制造业出现了增速放缓和比重下降的现象，产生了降低国民经济整体劳动生产率的效应。

在后人口红利阶段，所有三个产业的劳动生产率都处于更高的水平，特别是服务业的劳动生产率与工业进一步趋同，已经达到后者的92.3%。这时，非农产业各部门之间的要素流动，无论遵循何种方向都是合理的，不会大幅度损失整体劳动生产率。虽然平均而言，农业劳动生产率仍然只有工业的38.5%，但是，由于农业就业比重仅为3.1%，已经不具有显著的经济意义。也就是说，生产率仍然较低的农业产业，并不一定是劳动者报酬低的产业，完全可能由保护、补贴等政策予以维持，或者是人们对生活方式的选择。相应地，农业劳动力转移也不再实质性地产生资源重新配置效率，从而不具有显著提高整体劳动生产率的作用。

根据世界银行的分组标准，中国目前处在晚期人口红利阶段，主要经济指标也与这一组平均水平高度吻合。例如，在人均GDP水平、国民经济整体劳动生产率、三次产业的劳动生产率及其相互关系等方面，中国都具有该组别的典型特征。不过，如果细微地观察的话，中国仍有一些特殊之处：人均收入不显著地略高于该组平均水平；国民经济和三次产业的劳动生产率不显著地略低于平均水平。然而，由于劳动力转移不充分和统计数据的因素，使得农业劳动力比重高于平均水平的程度、农业劳动生产率低于工业和服务业的程度，以及服务业劳动生产率低于工业的程度，均比平均水平表现得更为显著（表5-1展示各组别及中国的分产业就业比重）。

表 5-1　　　　　不同人口转变阶段的分产业就业结构（%）

国家类型	农业	工业	服务业
前人口红利国家	52.6	10.5	36.8
早期人口红利国家	34.6	22.7	42.8
晚期人口红利国家	22.5	26.2	51.3
后人口红利国家	3.1	22.0	75.0
中国	25.3	27.4	47.3

资料来源：World Bank, "World Development Indicators", 世界银行官方网站, https://data.worldbank.org/。

虽然以后的分析将表明，中国在更细分的行业之间，以及在行业内企业之间进行资源重新配置的空间是巨大的，从上述分析也可以看到，由于户籍制度导致的城镇化不完全性，以及农业劳动力转移的不充分性，即便在农业与非农产业之间，中国仍有较大的余地通过进一步转移劳动力，并使就业转移与居民身份的变化相一致，继续提高资源重新配置效率。

三　生产率提高的两个过程及其反转

中国收获人口红利的最主要表现，是劳动密集型制造业具有显著的比较优势，一方面，制造业在国民经济中的占比显著提升，另一方面，制造业产品赢得了广大的国际市场份额。20世纪90年代以后，中国制造业得到迅速扩大，其增加值占

GDP 比重一度达到按国际标准衡量的不同寻常高度，直至随后相继发生的比重徘徊和持续下降。如图 5-2 所示，中国的制造业比重于 1997 年达到 36.8% 的最高点之后，曾经历过降低和反弹交织的徘徊，随后在 2006 年 36.3% 的高点上再次一路降低，到 2018 年时仅为 27.0%。

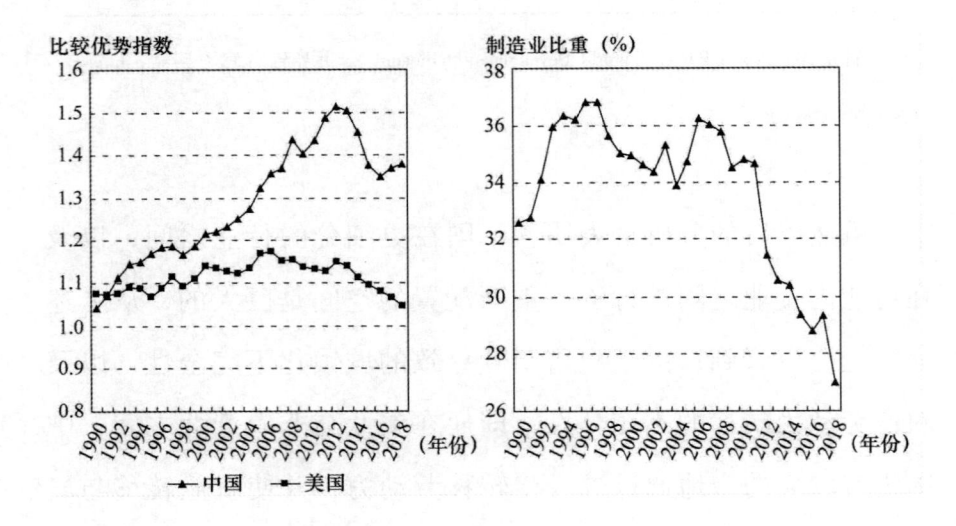

图 5-2 中国制造业的比较优势指数和 GDP 占比

资料来源：M. P. Timmer, G. J. de Vries, and K. de Vries, "Patterns of Structural Change in Developing Countries", in J. Weiss and M. Tribe (eds.), *Routledge Handbook of Industry and Development*, Routledge, pp. 65-83; World Bank, "World Development Indicators", 世界银行官方网站，https://data.worldbank.org/。

在相同力量的推动下，再加上国际金融危机以后全球化遭遇逆流等因素，中国制造业的比较优势也逐渐式微，导致制造业产品出口的相对下降。把一个国家制造业出口份额与世界贸易同一份额之间的比率,作为制造业的"显示性比较优势指数",可以帮助我们从国际比较和时间演变两个视角来观察比较优势变化。早在20世纪90年代起,中国制造业的比较优势就大幅度超过美国,自21世纪初加入WTO后则进一步加速提高,并于2012年达到最高点的1.51,而同年美国为1.15。此后,中国制造业的显示性比较优势指数便开始大幅度降低。

制造业比重下降和出口相对减少,都是这个产业相对于国民经济整体增长速度减慢的结果,其背后的驱动因素,自然是第一个人口转折点之后劳动力短缺导致的成本上升。在这种情况下,一些生产率不够高、竞争力不够强的企业自然就遭遇到经营的困难,面临着被淘汰出局的命运。按照熊彼特式的创新理论,这个时刻也恰恰就是通过使这类企业的退出,同时那些在生产率和竞争力上保持优势的企业乘势而上,从而通过重新组合生产要素,在全社会生产率提高的基础上实现产业升级换代的大好时机。然而,在现实中出现的两种情形,使得整体生产率特别是全要素生产率不仅难以提高,甚至还有下降的危险。

面对越来越严峻的竞争局面,很多企业深知已经不能凭一己之力改变被淘汰的命运,于是以保持GDP增长从而稳定税收和就业为借口,寻求各种政策的保护,地方政府也往往采取为企业获得贷款或其他支持背书的方式,认可和回应这种寻求保护的合理性。此外,一些本该退出的企业还会以新成长投资者的面目争取并获得产业政策的支持，用本义在于探索动态比较优势的补贴和支持，来维系已经丧失比较优势产业的低效率生存。这样，原本应该退出市场经营的企业仍在苟延残喘。更有甚者，由于退出机制不健全，甚至企业自身和地方政府心存侥幸，许多僵尸企业也长期留在市场中，占用着宝贵的资源和要素，妨碍生产要素的重新组合。

为什么这种低效率经营和僵尸企业还能够存在？何以人们对其抱有不切实际的幻想呢？这一个原因就是，靠着保护和补贴，或者刺激政策造成的宽松流动性，企业可以获得低成本资金，资本的价格相应受到扭曲，从而造成一个暂时性的劳动生产率提高假象。我们知道，劳动生产率是指单位劳动投入带来的产出，通常可以通过三种方式达到。第一是提高资本劳动比，即用投入资本品的方式替代劳动，因此也被称作资本深化过程。第二是改善劳动者的人力资本禀赋，以此提高按照劳动者人数计算的产出能力。第三是提高既定数量生产要素的配置效率，即全要素生产率。可见，在短期内不能改善人力资本和提高全要素生产率的情况下，的确可以通过加快资本对劳动的替代，在统计意义上提高劳动生产率。

然而，资本深化不能代替全要素生产率的提高，由此获得的劳动生产率提高也不能持续。因为这种意义上的生产率提高并不能真正增强企业的竞争力，反而加速资本报酬递减现象的发生，推动资本回报率的持续下降。根据许多经验研究，日本在人口红利消失和比较优势变化之后，未能充分发挥创造性破坏的作用，造就了大量僵尸企业，全要素生产率不能得到提高；与此同时，却依靠保护和刺激政策人为推动了资本深化。

根据达舍（Richard Dasher）等人对日本经济的估算，在提高劳动生产率的两个组成部分，即资本深化和全要素生产率之间，前者的作用在日本全要素生产率停滞的"失去的十年"中达到最突出的程度。例如，在这两个提高劳动生产率的因素中，全要素生产率的贡献率在 1970—1980 年期间为 65.0%，在 1980—1990 年期间为 47.8%，在 1990—2000 年期间为 -1.0%，在 2000—2010 年期间为 59.8%。① 此外，另有一项研究得出的结论，显示的情况却更极端，在日本经济平均劳动生产率的提高中，资本深化的贡献率从 1985—1991 年期间的 51%，大幅度地提高到 1991—2000 年的 94%，而同期全要素生产率的贡献率则从 37% 直落到 -15%。②

早在十余年前，世界银行经济学家就曾经指出，中国经济增长的生产率驱动力也显现出陷入这种模式的迹象。例如，根据高路易（Louis Kuijs）的估算，全要素生产率对中国劳动生产率的贡献，从 1978—1994 年期间的 46.9%，降低到 2005—

---

① 参见［美］理查德·达舍、［日］原田信行、星岳熊、栃田健儿、刈崎哲二：《创新驱动型经济增长的制度基础》，《比较》2017 年第 5 辑。

② Asian Productivity Organization, *APO Productivity Databook* 2008, Tokyo: The Asian Productivity Organization, 2008, p. 23.

2009年期间的31.8%,且当时预计将进一步降低为2010—2015年期间的28.0%。① 也就是说,劳动生产率的提高越来越多地依靠投资导致的资本深化。事后来看,无论这个研究的预测部分是否成真,都应该引起研究者和政策制定者的重视。

毕竟,仍然有不少缺乏竞争力的企业退出了经营,也就是退出了制造业,新的制造业投资也随着比较优势的弱化而减少,导致制造业增加值占GDP比重的下降。这种情况成为另一个造成生产率降低的因素。制造业增长减速和份额下降,无论是造成劳动力的向外转移,还是导致新成长劳动力进入的减少,都意味着劳动力向非制造业部门的重新配置。基本事实是,随着制造业比较优势和在国民经济中占比的下降,劳动力出现了从制造业向服务业的重新配置,这导致生产率的整体降低。

官方公布的统计数据,并不能直接帮助我们从经验的角度,证明中国目前的产业结构变化具有降低整体生产率的倾向,我们还需要对相关数据进行一些处理。首先,由于全要素生产率不能直接统计,而是需要建立计量模型来估算,因此,我们以下的讨论着眼于劳动生产率。其次,单纯从国民经济整体层面观察单位劳动力创造的GDP,也看不到劳动生产率的下

---

① Louis Kuijs, "China Through 2020: A Macroeconomic Scenario", World Bank China Research Working Paper, No. 9, 2010.

第五章 生产率、新动能与制造业

降趋势。因为即便资源重新配置具有降低生产率的效果，也并不排斥总体劳动生产率的绝对提高。因此，我们需要观察制造业和服务业各自的劳动生产率水平及其变化。鉴于数据的可得性，我们分别以第二产业和第三产业的数据代替。最后，由于劳动力统计方式中的一些因素，以往的研究倾向于认为非农产业劳动力具有低估的情况，因此，这里采用的数据，是通过做出一些假设对三次产业的劳动力数量进行重估的结果。[①]

农业劳动力数量减少及比重下降，以及第二产业和第三产业劳动力数量增加及比重提高，是改革开放时期劳动生产率提高的重要因素。据对1978—2015年期间中国劳动生产率（劳均GDP）提高的分解，第一产业、第二产业和第三产业分别贡献了13%、32%和11%，加总后的贡献率为56%，而劳动力从农业向第二产业及第三产业的转移，对劳动生产率的提高做出了其余44%的贡献。[②]

如图5-3中的左图所示，20世纪90年代以来，第二产业就业增长并不如第三产业那样强劲；随着制造业比较优势的下降，在2012年以后第二产业就业则处于绝对数量减少的态势，对比之下第三产业劳动力增长加速。从图5-3中的右图来看，

---

① 关于对三次产业劳动力数量进行重估的用意和方法，请参见蔡昉《中国经济改革效应分析——劳动力重新配置的视角》，《经济研究》2017年第7期。
② 参见蔡昉《中国经济改革效应分析——劳动力重新配置的视角》，《经济研究》2017年第7期。

20世纪90年代以来，第二产业的劳动生产率不仅大幅度高于第三产业，而且呈现出差距持续拉大的趋势。并且，以2006年制造业比重开始下降时为拐点，第二产业劳动生产率的提高与第三产业劳动生产率的提高，呈现出更加明显的分化趋势。也就是说，在劳动力按照从制造业向服务业转移的方向进行重新配置的情况下，国民经济整体劳动生产率的提高会受到阻碍。

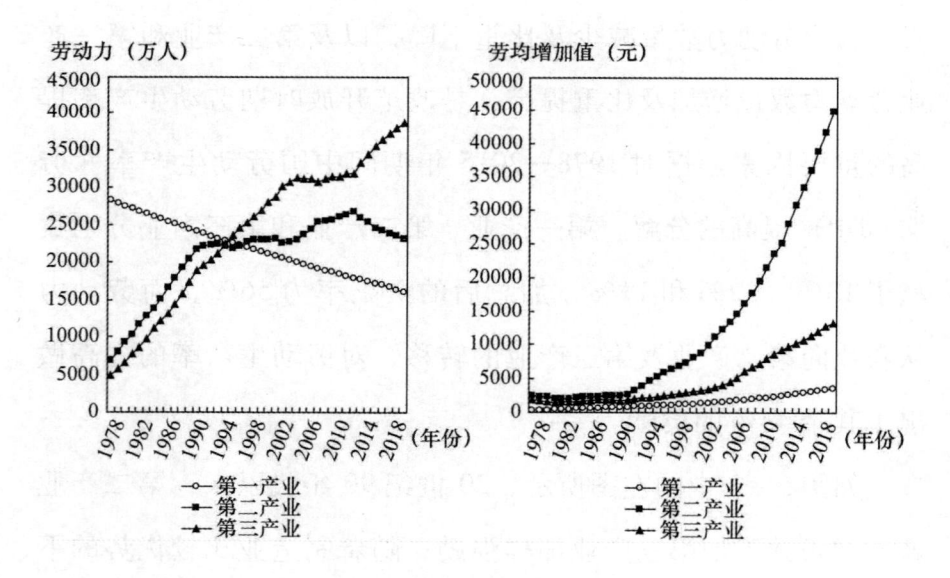

图5-3 三次产业就业比重和劳动生产率变化趋势

资料来源：国家统计局国家数据库：https://data.stats.gov.cn/easyquery.htm?cn=C01。

按照熊彼特创新理论的逻辑，创造性破坏的过程正是一个恰当的机制，在制造业比较优势弱化、企业竞争加剧的条件下，通过让低生产率企业退出甚至死亡，让生产率更高的企业进入乃至扩大，促进整体生产率的提高。美国的研究显示，在发达和成熟的市场经济体中，企业的进入与退出、扩张与萎缩这种创造性破坏机制本身，对生产率的提高可做出 1/3 到 1/2 的贡献。[1] 如果我们把这种生产率提高的过程称为熊彼特过程的话，妨碍退出和保护落后，乃至造就僵尸企业的相反实践，便是一种资源配置的僵化或逆熊彼特化。

同样，库兹涅茨对历史数据进行考察后发现，产业结构变化是遵循着生产率由低到高的方向，通过劳动力和其他要素的转移实现的。因此，这样的产业结构变化可以被看作是一个库兹涅茨过程。相应地，因高生产率部门萎缩导致的劳动力等资源向低生产率部门的转移，以致造成整体生产率降低的现象，便是一种资源配置退化或逆库兹涅茨化。

四 制造业下降的规律与转折点

一个显而易见的事实是，在一个处在诸如中国目前发展阶段上的国家，可能导致生产率下降的资源配置僵化和资源配置退化现象，都可以追溯到制造业比较优势式微和比重下降。那

---

[1] 参见 Lucia Foster, John Haltiwanger, and Chad Syverson, "Reallocation, Firm Turnover, and Efficiency: Selection on Productivity or Profitability?", *American Economic Review*, Vol. 98, 2008, pp. 394–425; Lucia Foster, John Haltiwanger and C. J. Krizan, "Aggregate Productivity Growth: Lessons from Microeconomic Evidence", in *New Developments in Productivity Analysis*, NBER/University of Chicago Press, 2001。

么，是否制造业比重应该永远处于上升态势，或者稳定在一个高位持续不变呢？从宏观层面对各国的制造业比重进行观察，譬如在图5-4中汇总并展示的横截面与时间序列结合数据那里，我们似乎并不能得出什么直接且确定的结论。事实上，一个国家的制造业发展水平从而在GDP中的比重，并不是仅仅由人均收入水平线性决定，而是由多种因素所决定。撇开其他情况不说，在人均收入很高的国家行列中，就不乏依靠资源禀赋致富的国家。此外，处于人口机会窗口期，但未能使制造业得以充分发展的情形也不乏其例。

不过，考虑到国家之间在资源禀赋、历史地理以及人均收入等方面的天壤之别，作为一个描述性的统计展示，图5-4所显示出的粗略关系也属差强人意。对于图中反映人均GDP与制造业比重之间关系的这个三项式趋势线，我们可以结合其他经验，进行一些不那么严谨的解读。其一，我们可以把人均GDP在10000美元以下国家的制造业比重分布，仅仅看作是国家之间的产业发展差异，各国表现如此悬殊，以致无法纳入规律性变化的考虑范围。其二，当我们主要观察人均GDP在10000美元以上国家的情形时，规律性变得明显了许多，此时我们仍可以忽略那些数量不在少数的极端值，而进一步集中于观察那些由高密度聚集在一起的国家形成的倒"U"字形曲线。其三，于是我们发现，至少要到人均GDP按2010年不变价计算达到约20000美元，即进入相对稳定的高收入发展阶段，制造业比重从上升到下降的转折，才可以说比较接近于一般规律。

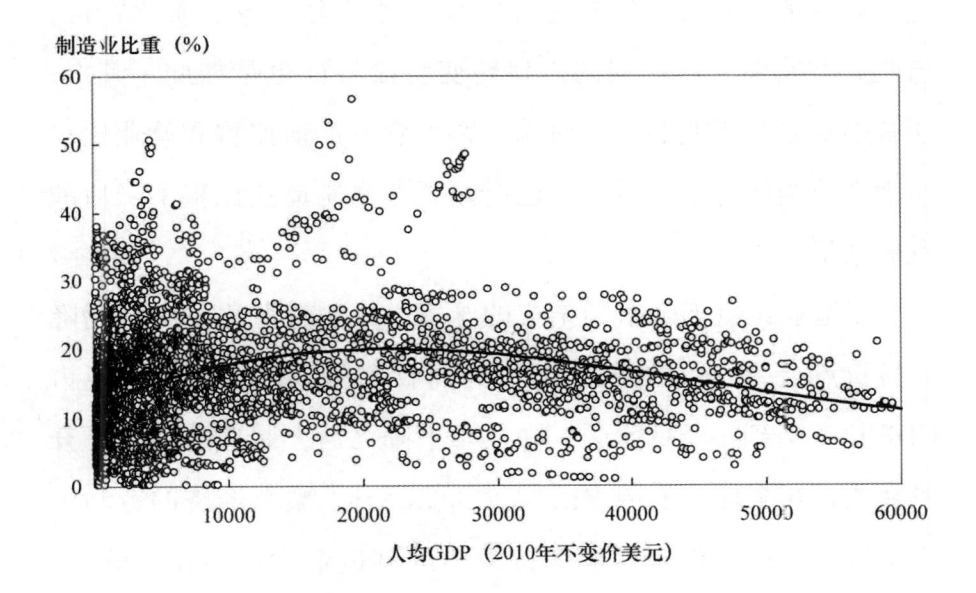

图 5-4 制造业比重与人均收入的统计关系

资料来源：M. P. Timmer, G. J. de Vries, and K. de Vries, "Patterns of Structural Change in Developing Countries", in J. Weiss and M. Tribe (eds.), *Routledge Handbook of Industry and Development*, Routledge, pp. 65-83; World Bank, "World Development Indicators", 世界银行官方网站，https://data.worldbank.org/。

由此可见，制造业比重下降的现象，既可能是在较高工业化阶段产业结构自然演进的结果，也可能是条件尚未成熟时的过早"去工业化"。许多曾经取得制造业发展重要地位的国家，已经经历过制造业比重下降的过程，其中的经验和教训值得引以为鉴。下面，我们选取几个国家作为案例，从中进一步领会应该吸取的经验和教训。

假设存在一个制造业比重开始下降时的条件成熟度,首先,需要把世界银行分组的人均GDP水平作为发展阶段特征,与此分类效果大体相同的人口转变阶段特征也是如此。其次,还有必要以各产业的相对份额,譬如农业产值比重和就业比重作为产业结构特征。最后,还有必要考察制造业比重下降后的发展结果。

制造业比重下降水到渠成的国家,在制造业比重由升到降的转折点上,人均GDP已经达到高收入国家的标准,农业占GDP比重降到很低的水平;在比重下降之后,制造业实现了升级换代,在全球价值链中的位置加快提升,整个经济的劳动生产率持续提高,许多至今保持发达的制造业大国地位。例如,制造业比重分别于1953年和1970年开始下降的美国和日本,虽然也显现出实体经济萎缩的趋势,但总体来说便属于这种类型。

制造业比重下降具有不尽成熟性质的国家,在制造业比重下降的时点,以人均GDP衡量仍然处于中等偏上收入阶段,农业比重依然偏高;并且在制造业比重下降之后,产业升级换代并不成功,国际竞争力显著下降,劳动生产率的提高速度不足以支撑经济的持续增长。以人均GDP标准来判断,许多此类国家迄今没有进入高收入国家的行列。制造业比重同时于1974年开始下降的阿根廷和巴西,即为这方面的典型,同时也被普遍认为是陷入中等收入陷阱国家的代表。

至此，我们可以归纳几条具有规律性的结论。首先，人均GDP作为一个标志性指标，揭示出在一定的发展阶段，传统比较优势迅速弱化，高速工业化的源泉逐渐式微，在转向以创新和升级为内涵的工业化阶段的同时，制造业比重的下降具有必然性。其次，农业比重下降到足够低的水平，说明相关的经济体不再存在农业剩余劳动力转移的压力，同时服务业也处于较高的价值链地位，因此，制造业比重的下降不会导致生产率的降低。最后，制造业比重下降，绝不意味着该产业的重要性从此降低，相反，新的工业化阶段对制造业攀升价值链阶梯提出更高的要求。

比照上述国际经验，中国制造业比重的下降无疑具有早熟的性质。在1997年制造业比重达到最高点时，按照2010年不变价计算，中国的人均GDP仅为1443美元，刚刚进入中等偏下收入国家行列；2006年制造业比重开始持续性下降时，人均GDP也只有3069美元，仍处中等偏下收入国家行列。在这两个年份，农业增加值占GDP比重分别高达17.9%和10.6%，农业劳动力比重分别为49.9%和42.6%。2018年中国在人均GDP达到7807美元时，制造业比重降到了27.0%，农业产值比重为7.0%，农业劳动力比重仍然高达26.1%。从发展阶段和产业结构特征指标来看，2018年的中国十分类似于阿根廷和巴西在1974年制造业比重开始下降时的水平。这就是说，即便考虑到中国的制造业比重过高，需要做出一定程度调整这种情况，目前达到的这个制造业比重仍然应该作为一个警戒线，需要遏止其继续下降的趋势。

五 为什么需要以及如何稳定制造业？

产业结构的演变遵循从传统农业经济为主体，经过工业化和城市化过程，进入现代经济增长，最终进入后工业化社会这样一个轨迹，曾经为人们广泛接受。现实中，产业结构的实际演进过程，也确实显示出从农业到工业再到服务业的转变，使经济学家和决策者将其看作是应该遵循的结构变革方向。例如，无论是按照世界银行的人口转变阶段划分，还是按照人均GDP水平划分，都可以从横截面数据中观察到较低发展阶段以农业经济为主，随着发展水平提高工业经济比重逐渐提高，随后在更高的发展阶段转向服务经济这样的总体趋势（表5-2）。

表5-2　　　　　　　不同发展阶段的就业结构　　　　　　（单位：%）

发展阶段	农业	工业	服务业
前人口红利	53	11	37
低收入阶段	59	10	31
早期人口红利	35	23	43
中等偏下收入	39	22	39
晚期人口红利	23	26	51

续表

发展阶段	农业	工业	服务业
中等偏上收入	22	25	53
后期人口红利	3	22	75
高收入阶段	3	23	74

资料来源：World Bank, "World Development Indicators"，世界银行官方网站，https: //data.worldbank.org/。

然而，一方面，加总形成的这个常态结构模式并不能涵盖内容远为丰富的各国发展经验；另一方面，无论是发达国家还是发展中国家，都提供了越来越多的证据，表明去工业化、产业空心化、脱实向虚，并具体表现为制造业比重过快、过度下降的产业结构变化趋势，造成国家经济增长乏力、劳动力市场两极化、收入差距扩大、中产阶级萎缩等经济社会问题，并且积重难返，以致诱导产生国内的民粹主义政策倾向，进而演变为国际政策中的反全球化、保护主义和单边主义等倾向，推动了全球化逆流。鉴于这些问题的出现和人们对其根源认识的加深，在学界和政策研究领域，人们开始对这些现象进行反思，其中无疑既有科学的分析，也不乏矫枉过正的诉求。[①] 结合国际经验教训和中国面临的挑战，通过以下分析和综合，我们可

---

① 作为论证制造业对于一个国家的重要性，并且同时表现出分析上的合理性和偏执性的一项研究，可参见［美］瓦科拉夫·斯米尔《美国制造：国家繁荣为什么离不开制造业》，机械工业出版社2014年版。

以提出中国需要稳定制造业比重的几个主要理由。

　　首先,制造业同时是创新诱导型产业和诱导创新型产业。制造业是大多数科技创新的孵化基地和应用领域,因而也是生产率提高最快的产业。在熊彼特看来,经济发展的本质就是创新,具体体现为引进新的产品或产品特性、采用新的生产方法、开拓新的产品市场、获得或者控制新的原材料或中间产品,以及通过垄断或打破垄断执行新的组织方式。[①] 从工业革命以来的产业发展历史看,引起产业革命和产业发展的创新活动,大都率先发生在制造业,进而渗透到其他产业中。从正在兴起的新科技革命和人类面临的现实挑战看,无论是数字经济发展中的数字产业化还是产业数字化,无论是应对气候变化提出的能源革命还是碳捕获技术要求,也都必然建立在高水平的制造业基础之上。

　　其次,制造业是通过资源和要素的重新配置,提高全要素生产率和劳动生产率的中枢环节,因而也是新的行业和部门得以衍生、扩张的温床。制造业乃至工业以更高的生产率吸引农业转移劳动力和其他要素,在自身扩张的同时对国民经济整体生产率提高做出贡献。与此同时,制造业也通过自身提出的需求促进生产性服务业的分离和发展,成为创造新的提高生产率

[①] 参见[美]约瑟夫·熊彼特《熊彼特经济发展理论精选之经济周期循环论:对利润、资本、信贷以及经济周期的探究》,中国长安出版社2009年版,第102页。

空间的产业基础。可见，扎实的制造业基础和具有渗透性的资源重新配置，是符合库兹涅茨过程的产业演进路径。

对中国来说，制造业的发展还远没有耗竭资源重新配置的源泉。截止到现在，在多数情况下，我们是在第一产业、第二产业和第三产业的分类下讨论资源配置问题。然而，这个分类属于一个极其粗略的框架。根据国家的国民经济行业分类标准，制造业属于从A到T共20个门类之中的C类，在其之下，分别还有包括序号13到43共30个两位数大类、更多的三位数中类，以及成倍增加的四位数小类。[①] 此外，即便在最细的行业分类之中，企业之间的生产率差异也很大，仍有资源重新配置的巨大空间。

从最微观的层次看，经济学家很久以前便注意到，由于存在资源重新配置的障碍，致使中国工业企业的资源配置不尽合理，资本边际生产力和劳动边际生产力在一个部门内的企业之间，皆存在着巨大的差异。例如，谢长泰等人的研究表明，一旦中国工业企业之间的要素边际产出差异缩小到美国的水平，中国工业的全要素生产率能够以高达30%到50%的幅度得到提高。[②] 从最宏观的层次看，即从第一、第二和第三产业之间

[①] 中华人民共和国国家质量监督检验检疫总局、中国国家标准化管理委员会（发布）《国民经济行业分类》，2017年6月30日，国家统计局官方网站，http://www.stats.gov.cn/tjsj/tjbz/hyflbz/201905/P020190716349644060705.pdf。

[②] Chang-Tai Hsieh and Peter J. Klenow, "Misallocation and Manufacturing TFP in China and India", *The Quarterly Journal of Economics*, Vol. CXXIV, Issue 4, November 2009, pp. 1403–1448.

的劳动生产率差异看（如图5-3），仍然存在的巨大差异无疑也意味着资源重新配置远未到位。从相对中观的层次，我们可以利用2004年、2008年、2012年和2018年四次经济普查的数据，计算40余个工业部门的劳动生产率差异。[①] 结果表明，这四个经济普查年份的行业生产率变异系数分别为0.901、0.848、0.834和0.961。这种生产率差异不仅说明在这个分类层次中，资源重新配置尚有极大的空间，而且这个结论可以推及其他分类层次。

也就是说，深化资源重新配置过程既有利于稳定制造业比重，也可以为未来的产业结构升级创造扎实的生产率基础。相应地，制造业的稳定和发展，自身就是一个由大至深到强的产业演进过程，即从提高制造业比重发挥比较优势，到稳定制造业比重深化资源配置，提高全要素生产率，及至为产业不断创新、升级换代并塑造大国重器创造条件的完整历程。

再次，制造业是激励人力资本积累、培育中等收入群体的产业基础。制造业本身具有较长的价值链条，对劳动者技能产生多样性和不断更新的需求，不仅创造出劳动者、家庭、企业和社会对人力资本进行投资的激励，也引导社会形成终身学习体系和有效培训机制。在正确的激励信号下，制造业劳动者也可以通过不断提高劳动技能和就业适应力，提高自身就业的稳

[①] 数据取自国家统计局网站，http://www.stats.gov.cn/tjsj/pcsj/。

定性，通过工资的增长分享生产率提高的成果，由此便形成不断扩大的中等收入群体。也可以说，制造业的发展和就业扩大，有利于推动创新、共享和激励的统一。

最后，制造业是形成国内大循环为主体、国内国际双循环相互促进新发展格局的产业依托。虽然在全球化环境下服务贸易也方兴未艾，一改以往的非贸易性产业特征，但是，制造业则从其诞生之日就打上了贸易行业的胎印，对企业间、部门间、行业间、地区间和国际分工从来便有很高的要求，生产者预期通过发挥比较优势或规模经济优势从分工和贸易中获益。因此，制造业的稳定发展，并借助价值链的深化广泛参与世界分工，有利于促进和维护经济全球化。

与此同时，制造业发展对于扩大国内需求，促进国内经济大循环也具有非常重要的意义。不仅投资品主要为制造业特别是装备制造业所提供，居民消费的物质产品如衣食住行也大部分依靠制造业产品。在收入提高的基础上，居民消费的不断升级和深化，必然对制造业的产品创新，从而技术创新和设计理念更新提出新的要求，在加大对制造业创新发展的激励力度的同时，也为制造业的生产率提高创造了新的空间。

六　结语和政策建议

人们往往倾向于认为，随着发展阶段转变而发生的比较优势变化，只是改变了生产要素的供给特征，因而削弱资本和劳动等要素对经济增长的贡献能力。于是，只需转向依靠生产率提高的增长模式，经济增长自然可以持续。这样说或许并没有什么错误，但是，由于这个说法颇有语焉不详之失，既没有指出生产率实际上也随着比较优势弱化而趋于减速，也没有对新增长模式的内涵做出任何说明，因此也就难以从中得出明确的政策含义。

认识到资源配置僵化和资源配置退化是在中国所处的这个发展阶段上，生产率增长减速的主要原因，我们便可以得出明确的政策结论：一方面，让创造性破坏机制充分发挥作用，可以打破资源配置僵化的格局；另一方面，在稳定制造业比重的前提下推动产业结构升级换代，是防止资源配置退化的关键。

中国资源重新配置的空间仍然巨大，就是说生产率提高的潜力也十分显著。中国制造业比重出现早熟型下降趋势，与劳动力过早出现短缺现象有密切的关系。在 2004 年中国跨过刘易斯转折点之后，农业劳动力比重仍然较高。但是，由于城镇化具有非常规的性质，即统计上成为城镇居民的农民工并没有获得城镇户口，其劳动力供给和消费就都是不充分的，不仅使劳动力短缺现象出现得过早、过急和过分严重，也导致消费不能伴随着工资上涨而相应扩大，国内消费市场没有能够对制造品产生足够的需求。

也就是说，中国制造业传统比较优势的减弱发生得太快

第五章　生产率、新动能与制造业

了，在尚未来得及探索新的比较优势的情况下，制造业比重就提前下降了。因此，防止过早的去工业化现象发生，一方面是为了给制造业向技术密集型高端升级、农业剩余劳动力转移、服务业发展和劳动生产率提高留出足够的时间；另一方面是为了集中创新核心技术、提升核心竞争力，在产业更高端获得新的全球价值链位置给出充分的空间。

然而，传统比较优势的丧失，也的确意味着与劳动力大规模转移的时代相比，未来的资源重新配置空间显著缩小了，难度明显加大了。一个突出的表现就是，要素和资源在第一产业、第二产业和第三产业之间的重新配置，是一个劳动者得到更高的收入与经济整体提高生产率相统一的过程，因而也是一种不会对任何一方造成损失的"帕累托改进"。

但是，在更深的层次上通过创造性破坏机制重新配置资源，则意味着不仅在竞争性的市场上会出现赢家和输家，还会波及不是竞争参与者的其他群体，如竞争的市场主体中受雇的工人。无论是真正的"输家"也好，还是预期在竞争中直接或间接受损的群体也好，抑或是有责任对这些群体进行保护的社会也好，往往不能形成与实际的或潜在的"赢家"相兼容的激励，因而天生地缺乏积极推进相应的改革、拥抱创造性破坏的动机。的确，在不存在"帕累托改进"空间的情况下，推动改革会面对激励不相容、免费搭车、推进动力不足甚至遭到既得利益抵制的难题。然而，这个问题并不是无解的，因而也不是延误改革的充分理由。

鉴于推进改革和加强竞争可以通过对生产率潜力的深度挖掘，显著提高GDP潜在增长率，赢得真金白银的改革红利，因此，完全有条件采取"希克斯—卡尔多改进"方式，在改革所涉及的所有参与方之间合理地分担改革成本、分享改革收益，实现激励相容。实际上，顶层设计这个改革原则，本身就包含着进行激励机制设计的要求。从促进创造性破坏和稳定制造业比重，从而提高全要素生产率，获得经济增长新动能这样的要求出发，设计一个与共同富裕目标相一致、符合经济理论预期、实践中切实可行的激励机制，应该把竞争政策、产业政策和社会政策有机结合起来。

长期以来，在经济理论和政策研究中存在一个传统观念，认为公平与效率之间具有鱼与熊掌不可兼得的关系。虽然人们并不认为两者之间必然是非此即彼的关系，却通常会假设两者之间至少是此消彼长的关系。因此，在政策执行中，决策者只能在两者之间进行取舍抉择，也就意味着让两个"好东西"都不能百分之百地"物尽其用"。按照这种思路，促进充分竞争、引导和扶持产业发展与社会政策保护之间，取舍的结果便是政策组合后发生效果衰减的现象，甚至常常不能得乎其中。于是，这三类政策似乎形成一种"不可能三角"。

然而，在公平与效率关系上，很多国家付出的惨痛代价，已经警醒我们到了摒弃这种传统观念的时候。在第八章，我们将进一步对这个问题进行探讨。这里可以得出的结论是，总结实践中的成功经验和失败教训，从观念上打破这种取舍思维，在政策制定和实施中进行精细的顶层设计，就可以突破这种政策不兼容性。因此，决策的方向应该着眼于打破竞争政策、产业政策和社会政策"不可能三角"理念，而着力形成三足鼎立的政策布局。

第六章 诸城记：城市发展的基本要素

一 引言

城市化是经济发展的一个重要表征。在衡量经济发展成效时，鉴于国内生产总值（GDP）总规模和人均水平常常不足以揭示发展的某些内涵，城市化率常常并且应该成为相应的重要补充。在改革开放期间，中国城市化率的提高速度远超世界平均水平和任何单个的国家。1978—2018 年，中国城市化率提高了 230.5%。与此相比，世界平均提高了 43.4%，高收入国家平均提高 14.4%，中等偏上收入国家提高 90.2%，中等偏下收入国家提高 60.8%，低收入国家提高 69.7%。

然而，即便以这样的城市化速度，由于在改革之前的时期城市化"欠债太多"，中国的城市化水平迄今仍然滞后于自身的经济发展阶段。截至 2018 年，中国的城市化率为 59.6%

第六章　诸城记：城市发展的基本要素

（2019年为60.06%，2020年进一步达到63.89%），虽然高于世界平均水平（55.3%），以及中等偏下收入国家平均水平（40.5%）和低收入国家平均水平（32.6%），但是，在人均GDP已经超过中等偏上收入国家平均水平的情况下，中国的城市化率不仅大大低于高收入国家平均水平（81.3%），也显著低于中等偏上收入国家的平均水平（66.2%）。

从一般发展规律和各国发展经验来看，几乎没有一个国家的现代化是建立在以农村经济为主的产业结构和低城市化水平之上的。因此，城市化滞后是中国现代化的一个不容忽视的短板。在高速增长阶段，快速城市化对经济增长做出了重要的贡献，而在高质量发展阶段，这个贡献丝毫不应减少。

城市化有两个驱动因素。一个是整体经济增长和产业结构变化对城市化的促进作用，另一个是城市自身的发展或人口、产业和经济活动的集中。在这些方面的差异性表现，相应造成城市化进程的不平衡进而区域发展的不平衡。分地区来看，2005—2018年期间，城市化率的提高幅度全国为38.6%，城市化率达到59.6%；其中东部地区提高26.5%，仍然是城市化程度最高的地区，城市化率为67.8%；中部地区提高43.5%，城市化率为56.1%；西部地区提高幅度为53.3%，城市化率达到52.92%；而东北地区提高幅度最小，为13.7%，虽然城市化率（62.7%）仍然高于中西部地区。

将各地区城市化水平及提高速度与经济发展状况进行比

较，可以看到上述两个影响城市化的因素既相互影响，彼此之间也有独立性。虽然从中国城市化进程来看，两个因素均存在着阻碍城市化的消极方面。然而，城市自身发展动力不足，是整体城市化滞后的主要制约。一方面是超大城市和特大城市的自我约束和对人口的限制，另一方面是中小城市缺乏对人口和产业的吸引力，分别以不尽相同的方式制约了城市化速度，也造成城市的差异性和发展的不平衡。

与现实中的城市化制约相对应，从探讨中国经济增长引擎出发，以往的研究比较偏重于讨论如何推动国家整体城市化，对城市发展本身则嫌关注不够。英国牛津经济咨询社在2019年的预测显示，全球900个主要城市中的586个，即接近2/3的城市，由于全球贸易放缓，将在2020—2021年期间经历经济增长的减速。[①]

由于中美第一阶段贸易谈判达成协议，世界银行一度对全球经济增速预测转向相对乐观，预计2020年有望在2019年2.4%基础上小幅回升至2.5%。但是，当时预测的这个速度仍然低于2015—2019年的实际平均增长率。而且，主要由于制造业的持续疲软，发达经济体增长速度仍被预期从1.6%降至1.4%。[②] 而

---

① Oxford Economics, "Global Cities: the Outlook for the World's Leading Urban Economies amid the Global Slowdown", https://www.oxfordeconomics.com/recent-releases/global-cities-2035-2019，2020年1月27日浏览。

② World Bank Group, "Global Economic Prospects: Slow Growth, Policy Challenges", World Bank Group, 2020, https://www.worldbank.org/en/publication/global-economic-prospects.

第六章　诸城记：城市发展的基本要素

由于包括中国在内的世界各国都遭遇到新冠肺炎疫情大流行的冲击，此前所有关于2020年经济增长速度的预测无疑都会失算，中国GDP增长会显著低于常态水平，而世界经济无疑将是负增长。①

这里所要表明的意思是，由于工业和服务业这些创造GDP的主要部门集中在城市地区，因此，城市经济状况决定着整体经济状况，城市发展也就是经济发展的缩影，城市化水平是现代化水平的一个标识。例如，2018年高收入国家的城市化率高达81.3%，而自进入21世纪以来，中等偏上收入国家以平均每年1.6%的速度提高城市人口的比重。联合国预测，未来将有越来越多的人口在城市生活和工作，其中以发展中国家的城市化提高速度最为突出。

在整个改革开放时期，中国城市经济发展和城市化表现不凡，创造了诸多发展经验。但是，在进入更高发展阶段之后，以往的经验不足以应对新的挑战，过去的成功也不能自然而然保证继续成功。

从城市发展乃至整体经济发展的角度认识城市化，发达国家作为先行者，不仅有过成功的经验，过去几十年也积累了惨痛的教训。总结这些教训，对于我们认识在经济发展过程中，

---

① 世界银行在2020年6月的最新预测表明，全球经济和绝大多数国家和地区都将在2020年经历负增长，中国经济几乎是唯一增长的主要经济体，预测为1%（2020年，中国经济实际逆势增长2.3%）。参见World Bank, "Global Economic Prospects", June 2020, Washington, D. C.: World Bank. DOI: 10.1596/978-1-4648-1553-9. License: Creative Commons Attribution CC BY 3.0 IGO.

特别是在从中等偏上收入阶段向高收入阶段转变的关键阶段，如何防止产业空心化、区域经济不平衡、收入差距扩大等成长中的烦恼，具有一定的借鉴意义。

本章旨在从城市发展的角度观察国家经济发展表现。我们从揭示城市化的经济社会发展内涵入手，进而选取若干具有典型意义的城市发展事例，展示国家经济发展状况在城市层面的表现，据此概括出具有国际比较意义的城市发展成败的特征化事实，尝试得出一些具有政策含义的结论，以为中国在实施城市发展和区域平衡战略中的"前车之鉴"。在介绍可供地方政府选择的"梯波特—麦奎尔模型"的基础上，本章对促进城市发展提出改革建议。

二 城市化的经济社会发展内涵

在把城市化当作经济社会发展的表征的同时，也要避免让城市化这个指标掩盖了背后所包含的经济社会发展实质，以及丰富多彩实践和丰满鲜活事例。事实上，中国在改革开放时期的城市化速度固然是令人瞩目的，但是，真正的奇迹恰恰发生在伴随城市化过程的经济社会各领域。将这些内容结合起来才可以看到，城市化本身做出的极其重要且看得见摸得着的贡献。

首先，城市化高速推进和大幅提高，成为中国经济增长的强大发动机。在中国改革开放时期，特别是改革开放最初30

第六章　诸城记：城市发展的基本要素

年的高速增长时期，同时也是从农业经济向现代经济转变的二元经济发展过程。按照发展经济学理论和相应的国际经验，这个二元经济发展过程的内涵是农业剩余劳动力向非农产业转移和产业结构的相应升级。

对应于此，这个阶段的经济增长源泉，则在于第二产业和第三产业的发展以及三次产业之间的资源重新配置。例如，在1978—2019年期间，第二产业和第三产业在 GDP 中的比重合计从 72.3% 提高到 92.9%；2019 年这两个产业对 GDP 增长的贡献率高达 96.2%（图 6-1）。

在解释中国经济高速增长之谜的文献中，有一类十分著名的假说，认为是地方政府之间开展 GDP 竞赛，为这个时期的高速增长提供了动机，因而创造出异乎寻常的增长实绩。由于财政分权体制、政绩评价和官员晋升体制等因素，中国地方政府以发展地方经济、造福一方为目标，在招商引资、批租土地、改善地方基础设施和扶持企业等方面主动积极，甚至自身就扮演着公司的角色，以致被经济学家和政治学家视为成功的发展型政府、企业家政府或竞争型政府。[1] 无论这个假说可以在多大程度上解释中国的高速增长，有一点是无疑的，即这里所指

---

[1] 参见 Andrew Walder, "Local Governments As Industrial Firms", *American Journal of Sociology*, Vol. 101, No. 2, 1995; Hehui Jin, Yingyi Qian and Barry R. Weingast, "Regional Decentralization and Fiscal Incentives: Federalism, Chinese Style", *Journal of Public Economics*, Vol. 89, 2005, pp. 1719 – 1742; Carsten Herrmann-Pillath and Xingyuan Feng, Competitive Governments, Fiscal Arrangements, and the Provision of Local Public Infrastructure in China: A Theory-driven Study of Gujiao Municipality, *China Information*, Vol. 18, No. 3, 2004, pp. 373 – 428。

的 GDP 竞赛参与方就是以城市为主体。

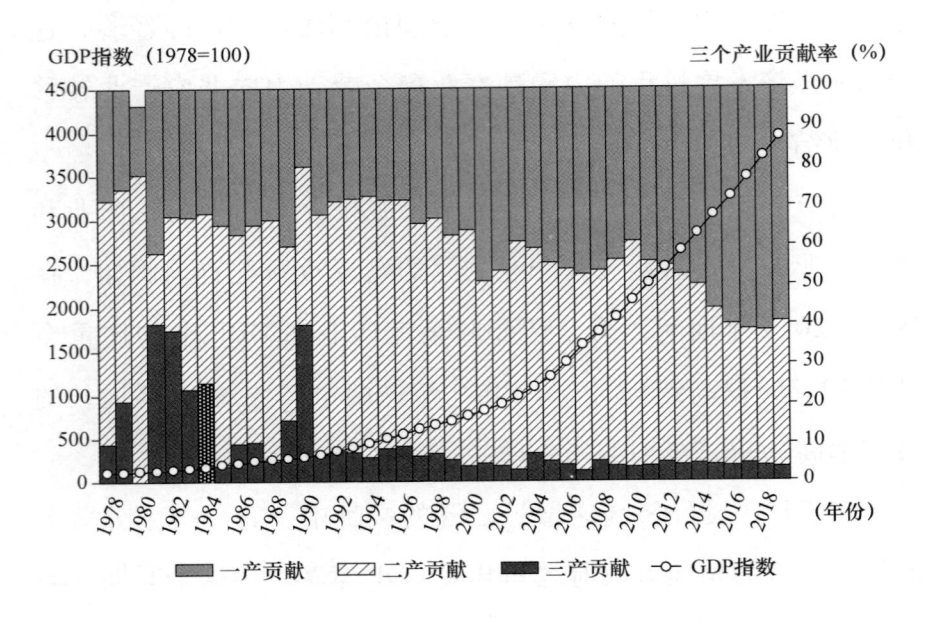

图 6-1 三个产业对 GDP 的增长贡献

资料来源：国家统计局"国家数据"网站：http://data.stats.gov.cn/。

其次，城市充当了生产要素聚集和有效配置的区域空间，因而也成为生产要素市场发育的中心。除前述第一产业、第二产业和第三产业对经济增长贡献之外，还可以观察到另一项统计分解结果，显示了改革开放期间劳动力在三次产业之间的重新配置，对中国经济整体劳动生产率提高的贡献率高达 44%。[1]而这个资源重新配置过程，主要表现为劳动力从农业转移出

---

[1] 参见蔡昉《中国经济改革效应分析——劳动力重新配置的视角》，《经济研究》2017 年第 7 期。

第六章 诸城记：城市发展的基本要素

来，通常以各级城市为目的地，以非农产业就业为落脚点。

这就是说，城市化过程的经济含义主要表现为劳动力向城市的流动和集中，与稀缺性更强从而回报率更高的资本、土地、管理和技术等要素结合，形成更高的整体生产率。因此，在发展经济学文献中，这个过程一方面被刘易斯称作二元经济发展过程，强调的是劳动力从边际生产力极低的农业中转移出来[1]；另一方面被青木昌彦称作库兹涅茨过程，强调的是劳动力遵循提高生产率的方向，转移到城市的非农产业[2]。

为了实现这个以提高生产率为目标的资源重新配置，需要生产要素市场发挥关键的作用，而形成生产要素市场正是计划经济向市场经济转型的主要任务之一。以劳动力市场的形成与完善为例，农村劳动力向城市转移，是改革后出现的生产要素流动现象，从一开始，农民工的工资就不像城镇国有企业职工那样由计划决定，而是由市场上劳动力供求关系决定。虽然这个农民工群体最初数量有限，但也同返城知识青年和待业青年一样，为传统的城镇就业体制注入了竞争因素，成为就业体制转型的市场力量。

在20世纪90年代后期，城镇进行了用工制度改革，国有

---

[1] Arthur Lewis, "Economic Development with Unlimited Supplies of Labour", *The Manchester School of Economic and Social Studies*, Vol. 22, Issue 2, 1954, pp. 139 – 191.
[2] M. Aoki, "Five Phases of Economic Development and Institutional Evolution in China", Japan and Korea, in M. Aoki, MT. T. Kuran and G. R. Roland (eds.), *Institutions and Comparative Economic Development*, Part I, Basingstoke, UK: Palgrave Macmillan, 2012.

企业延续几十年的就业"铁饭碗"被打破。这一改革的最终结果,就是促进了劳动力资源的市场配置。第一,下岗失业人员在获得政府必要的扶助之后,需要通过劳动力市场实现再就业。第二,城镇新成长劳动力不再由政府统一安排就业,也需通过市场自主择业。第三,农村转移到城市的劳动力也具有更加均等的竞争就业机会。相应地,各类就业人员的工资水平也转由市场机制确定。

再次,城市作为经济活动、行业经营和就业创造中心,为人口和劳动力的社会流动创造了更多机会和更好条件。农民工从农村转移到城市,本身就是一种社会流动。2019 年,离开户籍所在乡镇外出农民工已达 1.74 亿人,其中在城镇常住的占 77.5%。虽然在一段时间里,农业劳动力转移到城市就业,更多表现为横向流动,纵向流动的含义并不显著。

随着在城市就业和居住时间的增长,城市也越来越趋于开放包容,农民工及随迁家庭成员得以在居住地和岗位的不断选择中,获得越来越多的各种纵向流动机会,譬如更好的岗位、更高的职位、更优质的培训机会,以及子女的入学和升学等。可以说,城市是横向流动和纵向流动的交汇点,也是城乡居民社会流动的均衡点。

最后,城市以最具有规模经济效率的方式,满足居民日益增长的公共服务需求,特别是满足以保障基本民生为主要内容的基本公共服务需求。虽然人们以往总是把城乡公共服务供给

第六章 诸城记：城市发展的基本要素

上的差异，归结为城乡差距的表现，但是，公共服务供给方式对规模经济的要求，客观上也是城市公共服务水平高于农村的一个原因。发达国家的历史经验也表明，城乡收入差距和公共服务供给差距的缩小，都是在城市化水平大幅度提高，因而农民仅为全部人口的一个较小部分后才得以实现的。

改革开放以来，提高基本公共服务水平是沿着两个政策思路和实践路线进行的。一方面，通过加快城市化速度，提高城市人口比重，以更有效率的方式为日益增加的城市居民提供公共服务；另一方面，通过推进基本公共服务均等化和提高农村社会发展水平，加快缩小城乡之间在获得公共服务上的差距。

总体来说，两个过程都是以城市的基本公共服务水平作为参照系，以惠及全体居民为目标推动的。随着以农民工市民化为核心的新型城镇化推进和乡村振兴战略的实施，居民享受的基本社会保险、最低生活保障、义务教育、住房保障等方面的基本公共服务水平将继续得到提高，城乡之间的差距也将进一步缩小。

鉴于以上几个方面所显示的城市在经济社会发展中发挥的重要作用，在中国的改革开放时期，不仅地方政府从提高事权与支出责任的匹配程度出发，热衷于形成和发展城市，如推动村改居（委会）、乡改镇（或街道）、县改市（或区）、地改市，以及城市级别的升格，中央政府也鼓励和推动城市化，认同地方政府创造城市这种冲动和相应行为。结果表现为城市数量的增加和城市规模的扩大。在1978—2019年期间,中国地级市个数从98个增加到293个,县级市个数从92个增加到387个,而镇的个数则从2176个增加到20988个。

三 城市发展的"托尔斯泰效应"

诺贝尔经济学奖获得者罗默(Paul Romer)痴迷于中国香港和深圳的成功经济发展,建议通过在不发达国家建立"特许城市"(charter city)的方式,引入一种新的制度组合,以此改变经济不发达的面貌。[①] 罗默借鉴了美国城市发展中的"特许"模式,本意是划出一个具有足够大规模的地区,允许外来者于此采用不同于该国家体制的特殊做法。[②]

这种建议,如果以相对平庸的方式予以实施,无非就是一个经济特区或者开发区;如果以比较激进的方式予以实施,就是希望建立一块制度"飞地",用一种本地并不存在的模式实现发展的突破。鉴于罗默教授的学术名声,特许城市也一度从创意走到局部试验的阶段,最终,至少就罗默的初衷来说,这种试验只能算是无疾而终。

特许城市从实践角度终究难免失败,在于该理念无法解决

[①] 参见[美]保罗·罗默《何不推行特许城市》,《财经》2011年第16期。
[②] 参见美国加利福尼亚州章程中关于特许城市的解释,https://www.cacities.org/Resources/Charter-Cities,2019年12月20日浏览。

第六章　诸城记：城市发展的基本要素　199

一个基本问题。那就是，从天而降的制度模式如何做到与所在国家的整体制度环境的有机衔接，如果既不能做到相互隔绝，也不能做到彼此相容，这种城市试验就只能是乌托邦。深圳特区的成功实际上是中国整体改革开放的成功，离开后者，不会有什么深圳奇迹。回顾深圳市的改革开放发展经验，其作为先行先试的经济特区，主要发挥了以下三个独特的功能。

第一，深圳作为改革开放的桥头堡，利用地理、生活习惯和方言等人文优势，率先对毗邻的香港开放，探索对传统体制进行改革，特别是先行一步摒弃计划经济体制因素，探索市场经济新体制，取得改革开放促进经济增长的效果，立竿见影地获得改革开放红利。继而，这些成效显示出对其他城市和区域经济的强烈示范效应，在很大程度上按照从经济特区到沿海开放城市，以及沿海沿边沿江沿线和内陆中心城市这个顺序传导经验，推动全国范围的改革开放。

第二，深圳作为生产要素重新配置的先行试验区，一方面接受香港直接投资和转移劳动密集型制造业，另一方面吸引内地其他地区的资金和劳动力，按照市场原则和机制进行重新配置，显著提高了劳动生产率。在获得这种重新配置效率的同时，生产要素市场逐步发育，把劳动力丰富这一资源比较优势转化为产品和产业的国际竞争力，兑现了人口红利。从主要由劳动力迁移推动的常住人口规模变化，可以看到这种生产要素聚集的效果。在 1990—2019 年期间，深圳常住人口增长了 7

倍，而同期北京的常住人口规模只增加了一倍。

第三，深圳作为领先于全国以及国内其他城市的发达地区，发展阶段最早发生变化，新阶段的挑战也最先显露，因而可以成为率先探索克服现代化道路上各种障碍的样板。2019年，深圳GDP总量超过2.69万亿元，人均GDP达到20.35万元或人均2.95万美元，相当于中等发达国家的水平，大大高于作为中等偏上收入国家的全国平均水平（刚刚超过一万美元）。在更高的发展阶段上，深圳所面临的新挑战和新要求，也是在建设现代化国家的过程中其他地区将遇到的，深圳的先行先试对全国具有重要的示范作用。正因为如此，党中央和国务院再次赋予深圳市这一责任，于2019年8月9日发文，支持深圳建设中国特色社会主义先行示范区。

不过，罗默认识到城市是一个规模适当、具有或多或少自治权的经济发展单元，仍然具有启发性，帮助我们从城市视角认识国家整体经济发展，以及国家内部的区域发展差异。因此，他虽然没有更深入地研究深圳案例，却也暗含了上述深圳成功的要素和对于中国改革开放发展的先行先试意义。

列夫·托尔斯泰名著《安娜·卡列尼娜》开篇第一段话便是：幸福的家庭都是相似的，不幸的家庭各有各的不幸。理解前后两段话，应该将其看作类似于古代汉语中"互文"这样一种修辞手法，前后两句看似各说各事，实际上彼此呼应，以文意上互相补充和递进的方式表达一个观点。那便是，事实上幸

第六章 诸城记：城市发展的基本要素　　201

福（不幸）家庭的幸福（不幸）来源并不相同，也以不尽相同的方式感受着幸福（不幸）。关于城市发展的"幸福家庭"和"不幸家庭"，可以从不同国家的几个城市故事或称"诸城记"来认识。

美国记者克里斯托弗（Nicholas D. Kristof）等在一部新书中[1]，讲述了美国杨希尔市（县，Yamhill）的心酸故事[2]。作者刚刚年届60岁，然而，儿时与他同乘一部校车的同学中，有1/4已经在成年以后离世。死亡原因则主要是社会性的，包括吸毒、酗酒、类鸦片类药物上瘾、自杀以及本可避免的致命事故。这个城市规模很小，居民寥寥，但是，作者认为杨希尔的故事完全可以作为一个缩影，代表着从南北达科塔和奥克拉荷马到纽约和弗吉尼亚等诸多地区的现状，或者可以说这些地区凸显出的人道主义危机。

这个案例恰好为诺贝尔经济学奖获得者迪顿（Angus Deaton）所称美国很大一部分群体（特别是非拉丁美洲裔白人）的"绝望而死"（deaths of despair）提供了注脚。迪顿在其著名的研究中，分析了自杀和其他与慢性自杀无异的"自我毁灭"行为导致实际死亡率提高的现象，指出其作为一种社会

---

[1] Nicholas D. Kristof and Sheryl Wu Dunn, *Tightrope: Americans Reaching for Hope*, New York: Alfred A. Knopf, 2020.
[2] 美国的县是州下面的区域行政单位，市则是县内的自治区域单位。本章讲到的城市发展在涉及美国的情况下，由于就素材来说既有取自城市的，也有来自于同名县的，因此常常不对两者做严格的区分。

现象的体制根源。[①] 2016 年美国的平均预期寿命比同为高收入国家的瑞典、韩国和日本分别低 3.9 年、4.1 年和 5.7 年，而平均预期健康寿命的差距甚至更大。迪顿等指出，由于就业岗位流失造成高失业率和较低劳动参与率，以及由于数十年工资水平徘徊，使得曾经的工薪阶层或中产阶级失去了生活的意义和目标，导致工作、婚姻和社交生活的失败，促成了这种显性和隐性的自杀行为。

美国新老"锈带"地区的诸多城市都显现出这种制造业岗位减少、工资停滞、劳动力市场两极化、工会功能失灵、教育发展倒退、中产阶级萎缩以及收入差距扩大等症状，也是美国如今陷入社会分化和政治分裂，导致排斥外来移民、族裔之间相互仇视等现象频生，以及产生反全球化等民族主义和民粹主义政策倾向的经济根源。

然而，在同样的大环境下，也有在周边一片萧疏之中显露出勃勃生机的城市。美国国家公共广播电台的记者，意外地发现了这样一个与众不同的地区——宾夕法尼亚州的兰开斯特（Lancaster）县（市）[②]。

[①] 例如，Angus Deaton, "Globalization and Health in America", January 14, 2018, based on remarks during a panel discussion at the IMF conference on Meeting Globalization's Challenges (October 2017), http://www.princeton.edu/~deaton/downloads/Globalization-and-health-in-America_IMF-remarks.pdf.

[②] NPR, "The Lancaster", Pa., Puzzle, https://www.npr.org/2019/11/08/777804090/the-lancaster-pa-puzzle, November 8, 2019 年 11 月 10 日浏览。

这里在30年前曾经达到极高的制造业就业比重，20年前开始经历了制造业岗位的流失。其一度遭遇的就业冲击、经济萧条及由此引发的社会问题，与宾州乃至美国的其他县市并无不同。雪上加霜的是，本地人口的受教育水平还明显低于本州的其他地区。按照经济学家的模型来预测，兰开斯特即使不是更严重，也本该与其他地区一样，呈现产业空心化、普遍失业、经济萧条和社会状况恶化等诸多黯淡景象。

然而，该地区却成为经济学模型预测的一个异常值（outlier）。事实上，兰开斯特呈现出一派繁荣景象，避免了产业空心化的命运，制造业就业比重达到15%，几乎是全美平均水平的两倍。由此形成更高的就业率把经济增长转化为居民收入、职业路径、社会生活和健康等指标的不同凡响表现。在一项综合性民生指数的排名上，兰开斯特在全美范围所调查的156个县中名列第八。居民的乐观情绪、市容重整和整体安全感也使这个地区成为吸引游客的观光地。

究其原因，让兰开斯特这个地区在连片的"锈带"围绕之中，能够保持风景独好的特殊之处，是其对于外来人口的善意，无论是外国移民还是难民，兰开斯特都张开双臂欢迎，并以公共服务的方式促进其就业、创业和融入本地社区。人口增长保障了充足的劳动力供给和相对低廉的创业成本，相应引来了投资者，政府增加了税收从而扩大了公共开支，经济增长和社会发展形成良性循环。

与此形成鲜明对比的是，德国统一之后东部地区的城市发展，恰好从相反的方面成为一个经济前景预测的异常值。由于统一之前德国东西两部分存在的巨大经济发展水平差距，经济学理论自然会预期随着人口（劳动力）和投资的流动，即人口和劳动力向收入水平高的西部地区迁移，资本向禀赋不足从而预期回报率更高的东部地区流动，必然产生一个生产要素禀赋和报酬的均等化趋势，因而地区之间发展水平产生趋同。

然而，现实却不是如此。由于在起点上发达地区与落后地区之间存在的发展差距，同时也就是影响投资回报率的因素差异，并且这种差异的改变绝不像生产要素流动那样容易，因此，早在能够改变投资环境吸引到更多投资之前，劳动力便率先从经济落后因而收入低的东部地区转移出去了。劳动力以及技能的短缺则进一步恶化投资环境，使生产要素重新配置的进展不如人意，预期的东西部地区之间的趋同并未发生。德国统一 30 年之后，东部地区五个联邦州在经济增长、工资和就业水平等方面，仍然显著落后于西部地区各州[1]。

两德统一后，德国的东部地区经历了严重的年轻人口流失，直接导致劳动力短缺、生育率下降和人口老龄化。易北—

---

[1] Tobias Buck, "German Taxpayers Grow Weary of Levy to Help Rebuild East", *Financial Times*, 24 October 2019.

埃尔斯特县（Elbe-Elster）是其中最为严重的地区，以致一位教区神父发现自己日常工作中出现"一个洗礼五个葬礼"的怪象。① 这一地区的人口与经济之间的恶性循环预计仍将继续。

据预测，德国东部 77 个县中，有 41 个将于 2035 年进一步流失至少 30% 的劳动年龄人口。与此相比，规模更大的德国西部地区，却仅有两个县会经历这样的劳动年龄人口下降。可见，这里看到的是经济社会发展现象，而不是德国人口老龄化的一般表现。由此也获得启发，兰开斯特的故事表明，即便在全国性的老龄化趋势下，一个城市完全可以通过自身的政策努力，保持相对有利的人口结构。

反过来说，排斥性的地方公共政策对于人口流失的趋势，具有雪上加霜的效果，让潜在的投资者徘徊门外，使自身经济社会发展处于更加不利的地位。美国得克萨斯州冯·奥米市（Von Ormy）恰好提供了这样一个反面教材。② 冯·奥米是一个新晋建制市，从建市伊始就奉行税收最小化的经济自由主义原则，而与此相伴的必然是最小化的政府、最低程度的规制、最吝啬的运转方式，因而尽可能少地提供公共服务。

囿于市政府拮据的财政状况，就连必需的设施如警车等，

---

① Tobias Buck, "Eastern Germany in Grip of Population Collapse", *Financial Times*, 10 June 2019.
② NPR, The Liberty City, https://www.npr.org/transcripts/771371881, October 18, 2019, 2019 年 11 月 2 日浏览。

政府也尽可能地向相邻城市求乞、借用乃至偷窃。不敷所用的物业税和年复一年的减税使城市毫无财力可言，另外城市竟没有地下排水系统，更谈不上城市运转所需的其他基础设施，以致让任何潜在投资者都望而却步。

更有甚者，由于既不愿意对居民加税（宏观经济学的民粹主义作祟），而且实际上已无税源可征，受新自由主义经济学影响，奉行对本地居民税收最小化理念的该市市长，竟全力以赴对非本地居民的过往车辆实施超速罚款。合乎逻辑的是，有限政府变成了掠夺型政府，自由城变成了无人区，乌托邦理想变成了异托邦（dystopia）现实。

四 城市发展成败的特征化事实

在很大程度上，上述一些城市发展的经验教训，也隐含了一般经济发展的诸多规律性现象，因此对于乐此不疲探索国家兴衰的经济学家，也应该具有吸引力，努力揭示其对于国家经济发展的借鉴意义。基于但不限于以上的案例介绍和讨论，旨在探寻其成败得失背后的经济学逻辑，特别是着眼于从理论上认识哪些因素对于城市发展来说最为重要，本节尝试归纳若干关于城市发展的特征化事实。

事实一：制造业是培育中等收入群体的温床。几乎所有陷入凋敝的城市，都经历过制造业鼎盛之后的衰落。产业结构优化升级的一般标志包括：第一产业产值比重和就业比重持续下降，直至降到很低的水平；第二产业比重在人均收入达到较高水平后开始下降，相应地，以生产性服务业为代表的第三产业比重大幅度提高。

然而，实际情况远比这个一般性原理来得复杂得多。一方面，有很多国家在仍然处于中等收入阶段时，制造业比重便开始早熟型下降，导致就业岗位的损失以及收入差距的扩大，或多或少成为"中等收入陷阱"的成因。另一方面，在一些发达经济体，制造业比重下降和服务业比重提高，同时导致劳动力市场的两极化，因而产业结构升级并不必然具有分享性。

一般来说，制造业岗位具有更明显的同质性，随着制造产业的升级优化，劳动者也相应提升自身的技能和职业地位，总体保持其作为中等收入群体的位置。相比而言，服务业所提供的是高度两极化的岗位。一方面，高科技和金融行业的岗位对人力资本有很高的要求，同时能够给就业者提供很高的报酬，在"赢者通吃"的大型科技公司和脱实向虚的金融发展环境下尤其如此。另一方面，一般生活性服务行业的劳动生产率很低，并不要求劳动者有很高的人力资本，因而也不能支付体面的报酬。

从过去的各国经验中可以直接观察到，制造业比重下降的速度和程度，决定了中等收入群体萎缩的速度和程度。进一步推论可知，一个社会如果没有不断升级的制造业，就不能形成规模足够大的中等收入群体，社会流动性也必然降低。

事实二：经济主体的无障碍进入和退出是竞争性市场的核心。对于在不同的发展阶段上制造业比重不同，或者说随人均收入提高制造业比重趋于下降这一现象，我们可以做出经济学的解释。从供给侧来看，制造业升级优化对教育、研发以及相关的产业提出更高的需求，换句话说，制造业发展需要越来越多的生产性服务业支撑。从需求侧来看，随着收入水平的提高，人们的消费需求越来越从物质产品转向服务以及精神产品。

然而，制造业随发展阶段变化而趋于萎缩却不是经济规律。换句话说，制造业比重下降并不必然降低制造业的产业地位，关键在于这个产业结构变化过程是如何发生的，是否水到渠成。现实中，无论是发达国家还是发展中国家，那些出现制造业萎缩的情形，往往是由于在遭遇外部竞争的情况下，未能通过生产要素的重新配置，找到自己的动态比较优势和规模经济优势。

以农业向制造业转变为特征的早期产业结构变化，同以制造业向服务业转变为特征的更高阶段产业结构变化，在性质上有很大的区别。在前一场合，劳动力从低生产率的农业转移到高生产率的制造业，从微观上促进了劳动者就业的扩大，增加了居民收入，从宏观上产生资源重新配置效率，因而这种产业结构变化是典型的库兹涅茨过程①,具有帕累托改进的性质。

然而,劳动力从制造业向服务业转移,收入增长和生产率提高都不再是必然的,甚至由于服务业生产率较低而成为逆库兹涅茨过程。面对这种情形,对企业给予保护、补贴或者纵容其垄断行为,都因抑制充分竞争而进一步降低整体制造业的生产率。保持制造业的竞争力和合理比重,只能在保护劳动者的前提下拥抱创造性破坏机制,通过单个企业的进入、退出、生存和死亡的竞争提高整体生产率。

事实三:维持和扩大人口规模是任何城市发展的命脉。城市的本质就是人口的聚居,惟其如此,才有产业的聚集和经济活动的规模经济。在历来经济发展的成功案例中,最著名的如新大陆奇迹、日本和亚洲"四小龙"展现的东亚奇迹,及至"凯尔特虎"创造的爱尔兰奇迹、以色列成为"创业者的国都",无一例外都得益于人口红利。

中国改革开放期间创造的经济发展奇迹,更是对人口红利假说的直接注释和完美验证。② 无论是在老龄化程度已经

---

① 库兹涅茨(Simon Kuznets)把经济发展中产业结构变化看作是劳动力等要素从低生产率部门转向高生产率部门,因而劳动生产率不断提高的过程。因此,随产业结构变化而生产率提高的过程被研究者称为库兹涅茨过程,而未能导致生产率提高的产业结构变动,则被称为逆库兹涅茨过程。参见 Aoki Masahiko, "The Five Phases of Economic Development and Institutional Evolution in China, Japan, and Korea", in Aoki Masahiko, Timur Kuran, and Gérard Roland (eds.), *Institutions and Comparative Economic Development*, Basingstoke: Palgrave Macmillan, 2012, pp. 13 – 47。

② 参见 Fang Cai, *China's Economic Growth Prospects: From Demographic Dividend to Reform Dividend*, Cheltenham, UK · Northampton, M. A., USA: Edward Elgar Publishing, 2016。

加深的发达国家,还是在逐渐进入老龄化或者经历未富先老的国家,广义的人口红利就像海浪一样,一波之后还有另一波。

就城市发展来说,在具有劳动力无限供给特征的二元经济发展时期,劳动力充足构成劳动密集型制造业的比较优势,而在那个特定发展阶段,劳动力似乎无需刻意吸引。随着发展阶段变化,技能、创意和企业家精神等人力资本的重要性得到越来越高的重视。

然而,有些城市当局以为可以把人口与人才区别开来,并行不悖地实施引进人才和限制人口的政策,殊不知劳动力以及技能和创新能力,都是以人口为载体的。"皮之不存,毛将焉附",没有人口的蜂拥而至,人力资本的培育和积累不过是无米之炊。例如,一项关于美国地区之间发展差距的研究,分别以县、州等地区为单位,观察到住户中位收入、贫困发生率、失业率和受教育水平等发展指标,都直接或间接地与人口流失率相关。[1]

事实四:创造"近者悦,远者来"的政策环境是政府职责。人们在争论政府在经济发展中的作用时,通常着眼于政府应该干什么和不应该干什么。这个讨论旷日持久,迄今为止仍

---

[1] D. Schultz, "Regional Disparities in Economic Development: Lessons Learned from the United States of America", *RUDN Journal of Public Administration*, Vol. 4, No. 2, 2017, pp. 180 – 201.

然莫衷一是。但是，这些争论往往把中央政府和地方政府混为一谈，以致造成语焉不详、各说各话的局面。

中国在改革开放的前 30 年实现高速增长的经验表明，地方政府有促进经济增长的强烈动机，因而提供了各种政策优惠吸引投资者。这些优惠手段包括压低土地价格和基础设施成本、为本地企业做出信用担保、提供优惠信贷等。由于这个时期中国拥有大量的农业剩余劳动力，吸引投资扩大就业的增长不仅是当务之急，实际上也确实使地方经济发展具有分享性。

随着劳动力无限供给特征的弱化，劳动力供给充足、人力资本改善速度快、投资回报率高，以及资源重新配置提高生产率等传统增长动能也逐渐消失，以过去的增长方式配置生产要素，企业不再能够得到合理的回报，因此，地方政府仅仅靠压低要素成本，并不足以促进经济增长。

在高质量发展的要求下，熊彼特式的创新意味着对生产要素进行重新组合，这时，地方必须着眼于聚集各种创新要素并使之相互配套，组合形成能够促进经济增长的创新活动。这就要求政府通过实施公共政策创造一种环境，对有形要素以及人力资源、创意和企业家精神都产生足够的吸引力，聚而用之。

五 政府的选择：梯波特—麦奎尔模型

以上所概括的四个城市发展的特征化事实，彼此之间具有内在的逻辑关联。城市发展需要产业支撑，制造业恰好是能够把创造就业岗位、改善人力资本、增加居民收入、培育中等收入群体，以及增强社会流动性等经济和社会目标结合起来的产业支撑。

制造业在一个地区的形成和发展，既有赖于发挥地方资源比较优势，也需要形成规模经济效应，这都要求形成要素充分流动和合理配置的市场竞争机制。越是到更高的阶段，发展的要素越具有综合性和配套性，人口是其中诸多核心要素的载体，既是城市发展成功的前提，也应该成为城市发展的政策目标。结论是，城市政府的公共政策需要以吸引人口为导向。

因此，我们这里放弃关于政府职能的传统争论，同时暂且把从理论出发的方法论束之高阁。城市政府作为公共政策的设计者和供给者，只有从城市发展的真实制约进而实际需求出发，政府职能才是有效的和有为的。为此，我们不妨借鉴公共财政理论中的一些重要模型，以便认识地方政府职能及其执行的特殊之处，并由此引申出政策建议。其中最相关的是居民依据公共品供给与自身偏好匹配进行社区选择，以及地方政府利用公共品供给行为吸引迁移者的"用脚投票"模型。

第六章 诸城记：城市发展的基本要素

美国经济学家梯波特（Charles Tiebout）摒弃以往隐含地假设只有中央政府才是公共品供给者的思维方式，转而从地方政府的视角理解公共品供给行为。[①] 他认为，即便同意一般的说法，即中央政府的公共品供给没有市场式的解决方案，地方政府的公共品供给则完全可以等同于产品生产和交易过程。由于与定居相关的公共品供给更直接进入个人选择的考虑之中，数量众多且不尽相同的公共品供给，使个人可以通过迁移获得最大化的满足。

如果说梯波特的模型仍然是一种粗线条阐释的话，另一位美国经济学家麦奎尔（Martin McGuire）则提供了一个更为精细和具体的模型，刻画居民根据公共品的类型和水平选择所中意社区的行为。[②] 通过把获得社区公共品的收益和为此必须付出的成本纳入潜在迁移者的效用最大化函数，居民和潜在居民选择中意社区的行为，便成为一个理性的"用脚投票"的过程。[③]

与潜在迁移者的选择行为相对应和对称的是，上述两个模型都包含了地方政府行为，即地方政府根据自身的资源约束采

[①] Charles M. Tiebout, "A Pure Theory of Local Expenditures", *Journal of Political Economy*, Vol. 64, No. 5, 1956, pp. 416–424.

[②] Martin McGuire, "Group Segregation and Optimal Jurisdictions", *Journal of Political Economy*, Vol. 82, No. 1, 1974, pp. 112–132.

[③] 参见平新乔《财政原理与比较财政制度》（上海三联书店1992年第1版，1995年4月新1版）一书第353—356页较为简洁的介绍。

取行动，通过公共品供给来吸引或排斥人口，以保持适宜的地方人口规模。撇开这些模型所关注的特定人群对公共品偏好的差别，我们只需假设潜在的迁移者追求公共服务的最大化，则旨在扩大居民数量的地方政府，就形成了改善公共品供给的内在动机，它们发挥职能的取向也就更加明确。

应该指出，两个模型在某种程度上来说都只是一种局部均衡分析，即仅仅把地方政府的公共品供给与潜在迁移者的偏好和选择对应起来，寻求公共品供给的市场解决方案。在这些模型强调的因素之外，现实中还存在其他甚至更重要的因素，分别影响迁移决策和公共品供给。

例如，在托达罗模型中，"预期工资"（expected wage）是影响迁移决策的主要因素[①]；在赫希曼模型中，"呼吁"（voice）则是与"用脚投票"或"退出"（exit）机制并行存在的影响公共品供给的手段[②]。如果把这些因素也考虑在内并且作为前提，梯波特—麦奎尔模型便是理解地方政府与居民选择行为的有力解释，并且可以引申出有益的政策含义。

在从中等偏上收入向高收入跨越的发展阶段上，中国需要加大政府再分配政策力度。[③] 不过，再分配是一个广义的概念，

[①] 参见 M. P. Todaro, "A Model of Labor Migration and Urban Unemployment in Less Developed Countries", *American Economic Review*, Vol. 59, No. 1, 1969, pp. 138 – 148.

[②] 参见 [德] 阿尔伯特·O. 赫希曼《退出、呼吁与忠诚——对企业、组织和国家衰退的回应》，经济科学出版社 2001 年版。

[③] 本书将在第八章就这个话题进行更深入的讨论。

第六章 诸城记：城市发展的基本要素

其政策手段也是多种多样的。中国特色的再分配政策应该主要以推进基本公共服务均等化的方式实施，在"尽力而为、量力而行"的原则下提高公共服务的供给水平。

各国城市发展成败得失经验以及梯波特—麦奎尔模型能够提示我们的，是应该创造条件利用地方政府的公共品供给行为，实施力度更大的再分配政策。在推动地方经济发展的动机下，城市政府从高速增长时期以资本为中心的招商引资，转向高质量发展阶段以人为中心的公共品供给改善，可以产生显著改善民生的效果。为了良好发挥城市政府改善公共品供给的职能，需要进一步深化改革以创造地方政府与中央政庶激励相容的条件。

首先，按照新发展理念调整对地方政府绩效的评估导向和考核机制，从激励机制上改变地方政府的行为动机和政策优先序，从制度上推动它们实现从 GDP 挂帅到关注民生福祉的转变。

其次，通过户籍制度等方面的改革推动人口和劳动力的更充分流动。在梯波特—麦奎尔模型中，人口充分流动是一个预设前提。户籍制度的存在仍然阻碍着人口的充分流动，因此，中国的改革目标与梯波特—麦奎尔条件是一致的，需要加快推进这一条件的形成。

再次，进一步完善中央与地方的财力和支出责任划分，使地方既有必要的提供公共服务的能力、责任和自主权，又能通过吸引人口和其他要素促进经济增长保持财力可持续性。当然，也需要良好界定公共财政的功能及其界限，避免地方公共品供给中的逐利性和恶意竞争。

六　结语和政策建议

中国改革开放以来的发展实践表明，经济社会整体发展水平既以城市化为显示性指标，也依靠城市发展作为自身实现的机制和路径。这种关系也可以为其他国家的成功经验和失败教训所印证。与此相应，在进入新的发展阶段之后，中国经济社会发展已经遭遇的和即将面临的挑战，也必然直接体现在城市化和城市发展进程中。以下，我们概括几点把城市发展与经济社会总体发展连接在一起的挑战，着重从处理好若干关系的角度提出应对的政策建议。

首先，推动完成以农民工市民化为核心的户籍制度改革，从根本上扭转城乡关系中的不对称条件，切断各种形式的城乡差距形成的体制根源。固然，奥尔森（Mancur Lloyd Olson）著名的"数量悖论"，即认为农村虽然人口众多但居住分散，不利于采取集体行动，因而在政策决定中的影响力系统性微弱[1]，并不适宜于解释中国城乡关系中不利于农业、农民和农村的

---

[1] 参见［美］曼瑟尔·奥尔森《集体行动的逻辑》，上海人民出版社1995年版。

现象。

但是，农村人口居住过于分散，使得很多类别的公共服务供给缺乏规模经济，农民工长期处于人户分离状态，造成就业和居住不稳定，农业劳动力比重下降速度滞后于农业增加值比重的下降，也造成农业比较收益难以提高，也确为不利于城乡均衡发展的因素。改变这种状况，户籍制度改革具有纲举目张的效果。

其次，以补齐发展滞后地区的城市发展短板为抓手，促进区域经济均衡发展。改革开放以来的区域经济消长变化揭示了一个现象，无论是经济社会发展持续滞后的地区，譬如一些西部省份，还是从领先地位衰落到落后地位的地区，譬如东北地区，均表现为城市发展成效不彰；而那些始终处于领先地位的东部省份，或者赶超效果十分明显的中西部省份，皆以城市化和城市经济发展表现而著称。鉴于城市发展在改变区域经济面貌方面的关键作用，促进城市发展应该置于国家区域均衡发展战略的核心位置。

再次，通过改革城市层级体制，均衡城镇区域分布和规模结构，提高中小城市自我融资能力。中国城镇规模的分布呈现不均衡格局，大体上呈现一个"山"字形状。具体来说，人口规模在20万以下的城市以及未被定为城市的镇，在全部城镇人口中占比不到1/4；20万—100万人口城市占比略超过1/2；人口在100万以上的城市占比约1/4，其中300万人口以上的城市占比不到10%。

研究表明，中国城镇规模分布与按照一般规律所预期的格局有较大的差异，表现为大城市和小城市（及镇）的人口规模均未达到期望的水平。[①] 大城市特别是超大规模城市发展不足，在于城市管理者对于诸如城市环境治理、基础设施承载能力、公共服务供给以及社会治安等被看作"城市病"的诸种问题存在担忧，因而借用户籍制度对人口迁入进行控制。小城市和城镇发展不足，则在于城市层级体制及其衍生的财税体制，特别是事权与支出责任安排等造成的自我融资能力较弱。

因此，继续推动城市化进程、促进城市经济社会发展、挖掘现有城镇的发展潜力，以支撑中国经济的长期可持续发展，亟待针对城镇进一步发展的相应制度需求，对城市层级体制、地方政府财税体制和投融资体制，以及户籍制度进行全面的改革。

最后，利用城市这个经济增长与社会发展相交汇的平台，促进居民的社会流动，提高基本公共服务均等化水平。对国际经验教训的观察显示，在一个国家临近高收入门槛时，由于出现规律性的经济增长减速，社会流动性也趋于降低，生产要素市场特别是劳动力市场改善收入分配的功能也同时弱化。这时，促进社会流动和改善收入分配状况，在更大的程度上需要

---

① 参见蔡昉、都阳、杨开忠等《新中国城镇化发展70年》，人民出版社2019年版，第八章。

第六章 诸城记：城市发展的基本要素

政府做出必要的制度安排，加大再分配政策力度。

对于中国来说，城市不仅是高质量发展的新增长点，也是农村新成长劳动力的流动目的地，以及基本公共服务供给的高地。从发挥聚集效应的角度来讲，城市的边界并不是限定的，既可以通过发展城市群和都市圈，增强城市辐射力，从外延上拓展城市功能，也可以通过促进县城和小城镇的扩张，从内涵上增强城市化效应。改变城市政府发展导向和评价取向，有助于提高基本公共服务供给激励和再分配政策实施效率，创造出"梯波特—麦奎尔效应"。

第七章 以人为中心的宏观经济政策

一 引言

在改革开放以前和初期的计划经济条件下，中国既没有遭遇过市场经济体经常要面对的经济周期，也不存在市场经济意义上的宏观经济政策。实际上，直到 20 世纪整个 80 年代和 90 年代部分时期，中国经济对外开放程度较低，配置资源由市场机制调节的程度也较低，虽然存在着经济增长的波动，其性质并不同于市场经济条件下的周期现象。

如图 7-1 所示，改革开放之前实行计划经济并没有使国民经济真正按比例发展，增长的严重波动性即是证明。政治运动对经济建设的直接干扰和经济政策的严重失误，更是导致国民经济数次濒临崩溃的边缘。改革开放以来，在经济增长相对趋于稳定的同时，也可以分两段时期来观察。根据估算，在

第七章　以人为中心的宏观经济政策　221

1979—2010年期间中国的潜在增长率大约为10%[①]。我们以这个水平作为基准点，大体上1995年以前经济增长的波动性较强，年度增长率的标准差为3.4%，1995年之后经济增长波动性显著降低，年度增长率的标准差降低了一半（1.7%）。

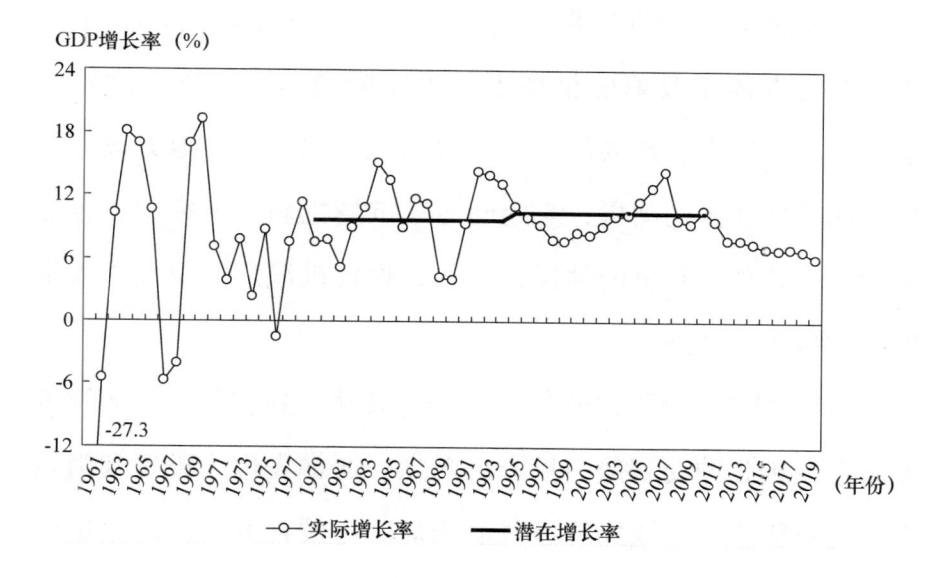

图7-1　中国经济增长的稳定性变化

资料来源：实际GDP增长率数据来自World Bank，"World Development Indicators"，https://data.worldbank.org/；潜在增长率数据来自Fang Cai and Yang Lu，"The End of China's Demographic Dividend: The Perspective of Potential GDP Growth"，in Ross Garnaut，Fang Cai and Ligang Song（eds.），*China: A New Model for Growth and Development*，Canberra: ANU E Press，2013，pp. 55-74。

[①] Fang Cai and Yang Lu, "The End of China's Demographic Dividend: The Perspective of Potential GDP Growth", in Ross Garnaut, Fang Cai and Ligang Song (eds.), *China: A New Model for Growth and Development*, Canberra: ANU E Press, 2013, pp. 55-74.

计划经济的一个重要特征是所谓"短缺经济",即消费品、生产资料、除劳动力之外的生产要素、日常服务和公共服务等全面短缺。匈牙利经济学家亚诺什·科尔内(Janos Kornai)从这种无处不在的短缺,推论出企业和机构存在着无限扩张的动机,并称之为"投资饥渴症"。① 实际上,科尔内讲的这个机理,在经济体制改革的早期更能说明问题。改革进行到这一步,产品和生产要素的价格及配置出现了双轨制,地方政府形成竞相发展经济的动机;与此同时,市场机制尚未完善,企业仍然具有软预算约束的性质,这时,投资饥渴症或企业扩大生产的动机更为强烈。

20世纪80年代和90年代的经济波动,具有共同点的诱因便是企业扩张冲动和部门投资饥渴症,通常表现为投资和消费需求的双膨胀,形成经济过热的局面。比较普遍实施的政策应对,则是采取治理和整顿经济秩序、矫正国民经济超分配格局和抑制总需求等措施。这种"一放就活、一活就乱、一乱就收、一收就死"的恶性循环反复出现,直至20世纪90年代后期,短缺经济时代结束,宏观经济政策也开始探索市场经济条件下的目标与功能、实施工具和操作机制。

1992年,受邓小平南方视察和谈话的鼓舞,出现了新一轮

---

① 参见 [匈] 亚诺什·科尔内《短缺经济学》(上卷·下卷),经济科学出版社1986年版。

经济高速增长，同年党的十四大确立了社会主义市场经济体制作为改革方向，非公有经济发展带动了这之后的经济增长。当时，经济增长速度大幅度超过潜在增长率，例如，1992年、1993年和1994年GDP实际增长率分别高达14.2%、13.9%和13.1%，远超过10.3%的潜在增长能力。这一轮经济过热同样是投资拉动，同时还具有了金融秩序混乱的新特征。

这个时期也是尝试建立市场经济条件下宏观调控体系的时期，货币政策在遏制经济过热和整顿金融秩序中发挥了更大的作用。然而，在1996年GDP增长速度回归到潜在增长率水平之后，并没有稳住在这个应有的水平，而是继续朝着低于潜在增长率的方向下滑，直至遭遇亚洲金融危机的叠加性冲击。在1997—2002年期间，中国经济第一次遭遇市场经济条件下的周期性衰退，由于在时间上与亚洲金融危机重合，因而也是第一次明显遭到国际性危机事件的冲击。

在应对这次经济周期冲击的过程中，宏观经济政策体系渐趋成熟，积极就业政策也相应形成并逐渐成为宏观经济政策的一个重要组成部分。一方面，宏观经济政策目标和手段建立在市场配置资源基础上，适用于消除市场经济条件下的经济波动，并且与其他主要经济体的宏观经济调控形成了呼应关系；另一方面，以形成和实施积极就业政策为起点，宏观经济政策体系逐步形成了就业优先、民生至上的人文维度。

进入21世纪以来，中国经济对外开放程度和市场配置资源的程度都进一步得到提高,与此同时,中国也经历过多次对金融体系和实体经济冲击的突发事件或外部事件。例如,2008—2009 年国际金融危机的冲击、2008 年汶川特大地震这样的自然灾害、2018 年以来中美贸易摩擦的升级,以及 2003 年非典型性肺炎和 2020 年新冠肺炎疫情大流行这样的公共卫生事件。

与此同时,正如图 7-1 所显示的,中国经济增长的波动性明显降低,宏观经济稳定性得到增强。2020 年以来发生的新冠肺炎疫情,是新中国成立以来遭遇的传播速度最快、感染范围最广、防控难度最大的重大突发公共卫生事件,也对中国经济造成前所未有的巨大冲击,这既是对宏观经济政策体系的又一次考验,也对社会政策和社会治理提出新的课题。中国在防控疫情、纾困救助和复工复产中取得的成绩,再一次证明宏观经济政策具有人文维度的重要性。

从世界范围来看,民粹主义倾向浸淫到宏观经济政策目标和手段之中的现象俯拾皆是。然而,这与宏观经济政策以人为中心的导向和相应政策手段的人文维度并不是一回事。中国宏观经济政策的人文维度强调就业优先和民生至上,这在 2020 年应对新冠肺炎疫情流传及所造成的经济冲击时,充分体现在政策目标和手段的选择之中。

本章将讨论一些国家在宏观经济领域实行的民粹主义政策,分析其产生的经济后果及其如何导致社会分化和政治分裂。与此形成鲜明的对照，中国坚持以人民为中心的发展思想，在宏观经济政策上的最主要体现，是确立了就业优先发展战略，进而与社会领域的基本公共服务均等化政策相衔接，秉持尽力而为与量力而行有机结合，在发展中保障和改善民生。鉴于中国宏观经济未来将面临更多的风险挑战，我们对中外应对危机的宏观经济政策进行回顾，概括若干特征化事实，并在此基础上，提出相关的政策建议。

二 "宏观经济民粹主义"

在20世纪中叶以前，很多拉丁美洲国家算得上是世界上的富裕国家，经济发展和人均收入水平并不低于，或者至少不显著低于西欧国家和西方后裔国家（北美洲和大洋洲）。例如，我们利用安格斯·麦迪森（Angus Maddison）估算的数据，在拉丁美洲、西欧和北美洲、大洋洲各选取四个国家[1]，对人均收入水平进行比较。结果显示，1940年拉丁美洲四国人均GDP的算术平均值，分别为西欧四国的1.03倍和北美洲、大洋洲四国的60.9%。[2]

---

[1] 这里，拉丁美洲国家系阿根廷、委内瑞拉、乌拉圭和智利，西欧国家系奥地利、芬兰、法国和意大利，北美洲、大洋洲国家为美国、加拿大、澳大利亚和新西兰。
[2] 参见［英］安格斯·麦迪森《世界经济千年统计》，北京大学出版社2009年版，第57、87、138页。

然而，拉丁美洲国家逐步与欧洲、北美洲、大洋洲的主要国家分道扬镳，在后者纷纷成长为高收入国家，并且一些亚洲国家和地区也实现赶超，进入高收入行列的同时，拉丁美洲国家大多徘徊在中等收入阶段。在图7-2中，我们选取两个拉丁美洲相对发达的大经济体，与它们的两个对应欧洲（殖民）国家以及两个亚洲赶超国家进行比较。从中可以看到，在西班牙、葡萄牙相比其他欧洲国家而言缓慢但持续增长，日本和韩国后来居上的同时，阿根廷和巴西长期处于近乎停滞的状态。以这两个国家作为拉丁美洲国家的代表，它们在中等收入陷阱中的徘徊，是长达近一个世纪的痛苦经历。

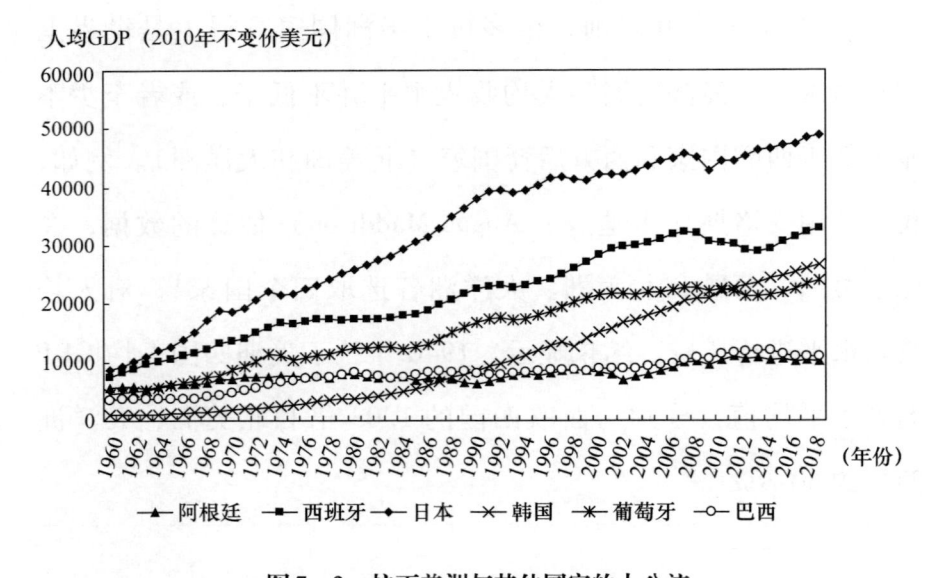

图7-2 拉丁美洲与其他国家的大分流

资料来源：World Bank, "World Development Indicators", https://data.worldbank.org/。

第七章　以人为中心的宏观经济政策

在蛋糕长期未能做大的情况下，一些社会群体利用拥有的谈判地位使蛋糕分配格局朝着有利于自己的方向变化，就成为政策决策过程中司空见惯的行为。最终的结果就是收入分配状况不断恶化，以致拉丁美洲成为全世界基尼系数最高的地区之一。居民收入的严重两极分化引发了社会分裂，收入分配和再分配成为拉美国家颇为流行的争论话题。于是，民粹主义思潮和政策主张趁势登上了政治舞台。

在拉丁美洲，民粹主义始终具有根深叶茂的社会基础和流行度。在很多国家，政客们常常做出种种许诺来拉拢选票，也依此获得了从总统到省长、市长等各种领导职位。然而，由于无法改变经济增长缓慢这个事实，有限的蛋糕并不能满足所有人的诉求，最终的分配结果仍然是向更有权势和话语权的利益集团倾斜，对普通选民来说，政治家的承诺仅仅是空头支票。

此外，采用各种民粹主义政策，尝试解决长期存在于经济领域的种种阻碍增长的体制弊端，成效既不显著也难以持久。这些国家几乎成为国际性经济危机的发源地和最易于打击的地区，决策者的反应则往往是采取饮鸩止渴的办法，应对短期难奏效且长期无出路的困难局面。

多恩布什（Rudiger W. Dornbusch）等经济学家最早提出宏观经济民粹主义这个概念，并是以拉丁美洲国家为对象进行了经验研究，从中得出的结论是，这些国家在关注经济增长和收入分配的同时，忽视了通货膨胀和赤字的风险以及外部约束，也无视经济主体对非市场性干预的反应。因此，这个地区一些国家的经济失败，应该归咎于宏观经济民粹主义政策。①

多恩布什等批评国际货币基金组织在救助拉美国家时，未能理解和解决民粹主义的政策根源，因而无法解决这一地区的经济徘徊和周期性遭受冲击问题。② 然而，这些作者本身终究是固守西方经济学的教条，或许并非自觉地，但事实上在某种程度上把"华盛顿共识"奉为圭臬，来对拉丁美洲的民粹主义政策进行宏观经济学分析。因而，此类研究成果中或明或暗地提出的政策建议，实际上已经包括在拉丁美洲国家以及其他地区的发展中国家的失败清单中了。

归根结底，作者们揭示出宏观经济政策的民粹主义倾向及其弊端，仍然有助于我们认识民粹主义的经济政策特点，以便与我们主张的以人民为中心的发展思想做出本质上的区分。从此目的出发，我们还应该关注和认识的是，这种宏观经济民粹主义在包括美国在内的西方发达国家，也是普遍存在的。

实际上，美国这个世界上最发达的经济体，有着深厚的宏观经济民粹主义传统。这些国家的宏观经济政策制定部门如中央银行，通常在法律上规定并且标榜自身的独立性，但是，这

---

① Rudiger W. Dornbusch and Sebastian Edwards, "Macroeconomic Populism in Latin America", NBER Working Paper, No. w2986, May 1989.

② Rudiger W. Dornbusch and Sebastian Edwards, "Macroeconomic Populism in Latin America", NBER Working Paper, No. w2986, May 1989.

种"独立性"事实上很难做到。例如,美国联邦储备委员会的理事和主席,都是由总统提名并由国会投票批准。美联储面对经济冲击事件时采取的大动作,不仅都要由国会批准,也常常受到总统和国会的干预,不受影响实际上是不可能的。

例如,拉古拉迈·拉詹(Raghuram Rajan)在研究美国次贷危机根源时,就曾尖锐地指出,美国政府试图通过扩大信贷来刺激以住房所有权为代表的大额消费,以便缓解由于收入差距扩大造成的中产阶级和低收入群体的深层次焦虑。[1] 这些政策的制定和行动的引导,显然都出自美联储之手。

这类政策的后果表现为金融的过度发展,导致物质资本和人力资本的部门错配,直至造成2007年的美国次贷危机进而引致国际金融危机。然而,尽管金融危机后发生了很多重要的变化,美国国内的收入差距扩大和中产阶级萎缩现象却并没有改变,贫富分化及其导致的社会分裂和政治对立等现象愈演愈烈。在国际上奉行单边主义,发起针对诸多国家的"贸易战",各种多变和双边谈判中的霸凌做法,正是这种民粹主义倾向的外部表现。

在西方,对诸如新冠肺炎疫情大流行这样的冲击性事件,政府的应对表现如何,总是会影响政治家的选情乃至最终选

---

[1] 参见[美]拉古拉迈·拉詹《断层线——全球经济潜在的危机》,中信出版社2011年版。

票，因此，这类事件从本质上就不可能回避被政治化的命运。与面对其他长期无法解决的棘手问题时的情形类似，许多国家政府应对疫情大流行的措施不力，却在体制根源面前投鼠忌器，既无心也无力一举斩断戈迪亚之结（Gordian Knot）。因此，决策者只剩下采取民粹主义政策一条路可走：寻找一个外部目标予以污名化，以便把选民对国内矛盾的注意力转移出去；采取饮鸩止渴的经济刺激政策；对民生困难做出各种可能兑现也可能不兑现的承诺。

新冠肺炎疫情对美国产生的巨大冲击，迄今已经显示出联邦政府的严重应对不力，各州、县、市地方政府纷纷各自为政、自顾不暇。不顾其他国家、世界卫生组织（WHO）和本国专家提供的信息和警告，美国联邦政府一再贻误时机，不仅造成巨大的生命和健康损失，也使经济陷入深度衰退，导致失业率飙升，民不聊生和民怨沸腾威胁到政治家的选票，进一步加深社会分化和政治分裂。

为了在 2020 年的大选中赢得连任，当政美国总统一如既往地急需寻找替罪羊，以便把国内矛盾转移到国外。为此，他们不惜采用了包括污名化中国的国内抗疫策略和对外抗疫援助、敦促美国企业与中国供应链的脱钩、掣肘 WHO 在国际合作抗疫中发挥协调作用、制造各种有关中国以及中国与 WHO 及其他国家合作的阴谋论，以及实施可能产生巨大负面溢出效应的货币政策等手段。

国内政策的民粹主义和国际关系中的民族主义，与把疫情政治化的做法具有相同的动机。相应地，这些意识和行为也都会产生逆全球化的结果。经济全球化与经济增长和技术进步一样，具有做大蛋糕的强大力量，自身却并不具有分好蛋糕的法术。因此，既然2008年国际金融危机最集中地暴露了全球化的巨大缺陷，从某种意义上说，自那以后便一直延续着逆全球化的趋势。

新冠肺炎疫情的全球大流行，就其政治、经济、社会和国际影响而言，大大超过2008年的金融危机；中国在世界经济中的地位和作用也今非昔比。因此，一方面，逆全球化潮流涌动固然是不可避免的势头，另一方面，究竟是前进还是停滞、终结这个关于经济全球化的生与死大问题，并非命中注定。中国的选择绝不应该是消极或者防守型的，而是保护好自身发展利益的同时，积极引领促成新一轮、使更广泛国家和人群获益、更具人性化的全球化。

中国应该从战略层面处理好国内循环和国际循环之间的互促和互补关系，在挖掘超大规模市场的内需潜力的同时，充分利用资源全球配置的规模经济优势和生产率源泉，努力在维护自身供应链安全的同时保障全球供应链稳定。进而，中国仍然要坚定不移地推进对外开放，利用自身的国际经济地位和治理话语权，在国际舞台上坚决维护自由贸易理念和多边主义体系。归根结底，中国还是要做好自己的事情，进一步拓宽经济发展战略和宏观经济政策的人文维度，实现生产率提升和民生改善同步的高质量发展。

三 宏观经济政策的就业优先视角

中国长期处于二元经济发展阶段，农业中存在着大量剩余劳动力待转移。在一定时期内，经济增长速度有多快和非农产业能够创造多少岗位，决定着劳动力就业的充分性。因此，在宏观经济政策中，促进经济增长的目标似乎可以包含扩大就业目标。在20世纪80年代和90年代，即在适应市场经济条件的宏观经济政策形成初期，主要的宏观调控目标中都没有明确提到就业。

例如，在1995年制定并于2003年修订的《中华人民共和国中国人民银行法》中，第三条规定了"货币政策目标是保持货币币值的稳定，并以此促进经济增长"。可见，由当时的背景所决定，货币政策目标的表述中完全没有提及与保障就业相关的要求。类似地，在关于财政政策目标的表述中，同样找不到就业的位置。

20世纪90年代后期大规模出现的下岗失业，是中国城镇劳动力市场遭遇的第一次明显的就业冲击，特别是周期性失业现象，也标志着中国宏观经济政策应对就业问题导向需要发生转折性的变化。以应对这次失业问题为契机，积极就业政策开始形成，相应地，宏观经济政策也形成了明确的就业导向。

　　2002年党的十六大报告提出实行促进就业的长期战略和政策，并将促进经济增长、增加就业、稳定物价和保持国际收支平衡列为宏观调控的主要目标。在应对2008—2009年国际金融危机冲击过程中，中国政府在实施积极就业政策的基础上，进一步提出"更加积极的就业政策"，宏观经济政策目标中赋予就业更加突出的位置。

　　与此同时，由于从2011年开始中国15—59岁劳动年龄人口进入负增长时期，大约在2017年同年龄的经济活动人口也开始负增长，劳动力短缺日益成为普遍现象，中国经济的劳动力无限供给特征迅速消失。这也意味着经济增长越来越难以依靠资本和劳动力的投入驱动，必须加速转向依靠创新和生产率驱动的高质量发展。

　　从高速增长向高质量发展的转变是一项长期性任务，在这个过程中，中国经济面临着诸多重大的挑战。一方面，中国经济面临着增长速度长期下行、逆全球化盛行的挑战；另一方面，中国经济也要应对中美贸易摩擦、新冠肺炎疫情和供应链断裂乃至脱钩产生的周期性冲击。为更好应对上述挑战，中国需要统筹运用一系列宏观经济工具。把就业优先政策真正置于宏观政策层面，并且得到体制机制的支撑，在实际政策决策和实施中予以落实，标志着就业优先政策以及宏观经济政策升级版的诞生。

长期以来，我们习惯于使用 GDP 年度增长率来判断宏观经济形势。一般来说，在常规的经济发展时期，依靠这一指标进行判断是恰当的。一个经济体能够以什么样的速度增长，通常取决于生产要素（即劳动、资本和其他资源）的供给能力以及配置能力。一定发展阶段上的生产要素供给和配置能力，赋予这个经济体一个相对稳定的潜在增长率。在没有发展阶段性变化的情况下，潜在增长率处于一个长期不变的水平，因此通常也被称为趋势增长率。

观察实际增长率并将其与潜在增长率进行比较，两者之间的差别状况可以揭示当前的宏观经济形势。把潜在增长率看作在既定经济发展阶段上，生产要素禀赋和全要素生产率提高潜力可以支撑的经济增长稳态，如果实际增长率低于潜在增长率，就形成一个负的增长率缺口，通常意味着需求侧出现周期性扰动，生产要素未能得到充分利用，这时往往出现周期性失业现象。

由此得出的对宏观经济形势的判断，就提示到了实施宽松的货币政策或（和）扩张性的财政政策的时机。沿着这个方向实施的宏观经济政策，目的在于使实际增长率回到潜在增长率的水平。例如，在 20 世纪 90 年代后期的亚洲金融危机和 2008 年的国际金融危机中，中国都实施了刺激性的宏观经济政策，并且都提出"保八"的增长目标，就是认为 8% 是接近于当时潜在增长率的水平。争取实际增长速度不低于 8%，就能够稳定就业因而也就保住了民生。

2010年之后中国经济发生了发展阶段的重要变化。由于人口红利消失导致传统增长源泉的式微乃至消失，潜在增长率相应降低。经济发展进入的新常态，其基本特征之一就是增长速度长期缓慢下行。这时，无论遇到何种对于宏观经济的冲击性情况，"保八"都不再是恰当的政策取向和目标。

从理论上来说，把变化了的潜在增长率作为基准，通过与实际增长率进行比较，观察增长率缺口的情况，无疑仍是可行的宏观经济状况判断方法。问题在于，潜在增长率并不是一个客观的统计指标，经济学家使用计量经济模型估计和预测得出潜在增长率数字，常常不能取得一致。例如，笔者和同事预测的未来中国经济潜在增长率，与林毅夫认为的潜在增长率就存在巨大的差异。[1]

这也就意味着，宏观经济政策遇到了一个现实的技术难题：用什么指标观察和判断宏观经济形势，以及以何种分析方法为依据作出相应的判断？回答这个问题，首先需要从以人民为中心的发展思想出发，坚持稳中求进的工作总基调和根本方法论，进而遵循宏观经济的一般规律，同时认识和把握这些规

---

[1] 参见 Fang Cai and Yang Lu, "The End of China's Demographic Dividend: The Perspective of Potential GDP Growth", in Garnaut, Ross, Fang Cai and Ligang Song (eds.), *China: A New Model for Growth and Development*, ANU E Press, Canberra, 2013, pp 55 – 74; Justin Yifu Lin, "China and the Global Economy", *China Economic Journal*, Vol. 4, No. 1, 2011, pp. 1 – 14.

律在中国特殊国情下的表现。

作为判断宏观经济形势的充分信息，当属劳动力市场指标，具体来说就是调查失业率。失业分别由三种因素造成，因而失业率也由三个部分构成。第一是结构性失业，因寻职者的技能与岗位需求不相适应，劳动者学习和更新技能期间便处于这种状态。第二是摩擦性失业，因信息传递不畅通和市场功能的局限，劳动者与岗位之间的衔接存在时间上的迟滞。由于这两种失业与宏观经济状况没有直接的关系，并且无论何时何地，或多或少总是存在的，因此两者合称为自然失业。

如果调查失业率处在自然失业水平上，增长速度就与潜在增长率一致，就业便是充分的。值得注意的是，在宏观经济学中，充分就业状态不是指没有失业现象，而是指没有周期性失业现象。作为第三种失业类型即周期性失业，则是指宏观经济波动造成实际失业率攀升到自然失业水平之上的情况。一旦出现周期性失业，则意味着宏观经济处于下行的区间，并且具有进入衰退状态的趋势。

对于失业率是否胜任宏观经济景气判断指标，在一些人那里还存在着疑虑，一个理由就是认为失业率是关于经济景气的滞后指标。习惯上，人们根据经济指标对宏观经济趋势做出预警的能力及其程度，将其区分为"先行指标""同步指标"和"滞后指标"三类，而有时人们把失业率归入第三类，即认为它只是经济趋势变化的事后反映或滞后反映。既然不具有事前对经济景气做出预测的功能，失业率似乎不适合作为判断宏观经济的充分信息指标。

一旦宏观经济决策部门持这样的认识，自然在把劳动力市场指标作为宏观经济政策依据方面踌躇不前，相应也会延误把就业优先政策置于宏观政策层面的实际操作。以下三点说明及相关论据可以帮助论证，这种对于失业率指标的认识是不准确的。

首先，当人们对经济指标做出是先行、同步或是滞后这种归类的时候，其实更多是指这些指标对投资者等市场人士的意义，而不是对宏观政策决策者的意义。宏观经济调控部门并不能根据那些带有情绪化和猜测性的"先行"指标进行决策，而只能根据被证明为必然发生、正在发生或者已经发生的趋势性指标进行决策。

如果要追究何以人们把失业率归类为滞后指标的话，可能与20世纪90年代初美国出现"无就业复苏"现象，即一次危机或衰退之后，就业恢复越来越滞后于宏观经济复苏这一特点有关。但是，我们讨论的是将失业状况作为宏观经济政策决策依据的合理性，而非危机事后的恢复速度。

其次，从宏观决策者的需要出发，劳动力市场指示事实上并不滞后。以失业率对于经济增长趋势的判断来说，经济增长速度一旦低于潜在增长率，就意味着生产要素利用不充分，对劳动者的雇用和使用就会减少，失业率随即上升。企业一旦发现订单或存货发生变化并且预测其具有趋势性的话，就会做出调整生产要素配置的决策，包括改变人员的雇用和使用数量，即刻便会显示为宏观层面的劳动力市场变化。很显然，失业率最为恰当地反映出了宏观经济政策决策所需信息。

一个被称作"萨姆定律"（Sahm Rule）的分析方法，利用失业率指标变化规律，能够最为迅速地对美国宏观经济形势做出关键性判断。一般来说，确定宏观经济是否进入衰退期的权威机构，是美国国民经济研究局商业周期测定委员会。该委员会虽然荟萃了全美最权威的宏观经济学家，由于需要十分充足的信息和进行全面的数据分析，做出确定性判断并公之于众常常要耗时一年。例如，上一次席卷全球的金融危机爆发并导致衰退的起点时间，本来是 2007 年 12 月，但是，这个测定委员会直到 2008 年的 12 月才正式宣布。

相对于这个需要耗时一年（因而也是滞后一年）的关于经济衰退的判断周期，有一个非官方的替代方法，通常为观察是否连续两个季度经济增长呈下行趋势。就是说，这种方法可以把做出判断的时间缩短到半年。

而萨姆定律则是观察最近 3 个月失业率的平滑水平，将其与此前 12 个月中的失业率进行比较，如果最新数据比此前任何一个失业率水平高出 0.5 个百分点，则意味着经济进入衰退。① 根据美国经济学家克劳迪娅·萨姆的研究，自从20世纪70年代以来，每次出现这种情形，都意味着在此前2—4个月的时候，经济便进入衰退状态。可见，该方法把准确为宏观经济形势定性的时间进一步缩短到只需3个月左右，仅为传统判断所需时间的1/4。

最后，正所谓"春江水暖鸭先知"，现实中从事各类投资活动的金融和市场界人士，实际上从来就把失业率等劳动力市场指标作为预测性的信息。例如在美国，每月第一个周五早上八点半，从劳工部大楼传出的上个月非农就业信息，特别是失业率指标情况，会在瞬间引起全球市场的相应反应，有时甚至产生相当剧烈的振动效应。事实上，很多职业投资者和分析家都承认，因其关系切身利益和真金白银的损益，在实际市场操作中，他们从来不敢把失业率作为一个滞后指标对待。

中国自2018年1月公开发布城镇调查失业率指标以后，直至2019年12月，每月失业率的算数平均值为5.04%，标准差为0.15。因此，5%左右的失业率，可以被看作是充分就业水平的失业率即自然失业率。新冠肺炎疫情暴发以后，经济活动一度停摆，2020年前4个月失业率的平均值攀升到5.85%，标准差为0.27。这个超过充分就业水平的失业率，代表着周期性

---

① Claudia Sahm, "Direct Stimulus Payments to Individuals", in Heather Boushey, Ryan Nunn, and Jay Shambaugh (eds.), *Recession Ready: Fiscal Policies to Stabilize the American Economy*, Washington, D. C.: The Hamilton Project and the Washington Center on Equitable Growth, 2019.

失业现象的产生。

按照宏观经济学的惯常逻辑，宽松的货币政策和扩张性的财政政策可以克服周期性的总需求不足，通过刺激使经济增长速度回归潜在增长率，进而消除周期性失业现象。在大多数以需求冲击为特征的经济衰退周期中，绝大多数国家的政府也的确是暂时撇开旷日持久的争论，回归到各种版本的凯恩斯主义政策思路上，实施从大规模政府支出到低利率和量化宽松等种种刺激政策。

然而，由于新冠肺炎疫情冲击的性质，经济冲击既来自需求侧也来自供给侧，因此，相应的经济复苏不同于一般的宏观经济周期，并且既不能指望外需也不能完全靠投资，居民消费需求需要以恢复就业为前提。而在达到这个目标之前，家庭特别是低收入家庭的基本生计受到伤害。因此，着眼于纾困和救助而非刺激，是这种特殊经济冲击下的宏观经济政策要求。实际上，经济学家构建萨姆定律的目的，就是尽可能早地确定衰退的开始，以便机制化地启动对家庭和个人的直接纾困补贴。

四　特征化事实：应对危机的宏观经济政策

经济史上充满了经济衰退、金融危机以及战争、自然灾害和疾病大流行造成的经济灾难，这些事件也成为经济理论和经济政策的长期热门话题，在某种程度上也可以说成为经济学理论创新的孵化器或催生剂。

经济全球化的日益加深和逆全球化潮流涌动这两种趋势的交织与冲撞，意味着世界经济面临着日益增长的不确定性，未来发生"灰犀牛"和"黑天鹅"事件的频率将越来越大。中国作为一个开放大国，既不可避免受到这些事件的巨大影响，也以自身的应对结果时刻影响世界。因此，宏观经济政策需要以人民为中心，把应对突发事件纳入政策目标，对相应政策工具进行常态化储备。

据说，领导英国成功应对了第二次世界大战这样最大危机事件的丘吉尔说过一句话：绝不要浪费一场难得的危机。丘吉尔本人或许强调的是如何利用危机，因时因势地制定应对策略，争取转危为机。如巴菲特这样的投资者将其引申为，可以利用危机找到和抓住投资获益的机会。然而，宏观经济学家的着眼点则是从认识历史以及亲身经历的各种危机，获得对于经济周期现象的更深刻（甚至希望是一劳永逸）的认识。

这里还有一层意思是说，由不同的起因诱发、后果十分严重但程度不一的各种经济衰退和经济危机，终究造成人们不希望看到的或大或小对国家经济和人民生计的伤害，如果不能最大程度地从这些惨痛经历中汲取教训，这些代价就白白付出了。从另一个角度看，一旦能够获得对经济学研究对象中最极端且不容躲避的周期现象的正确认识，理解其他经济现象便可以一马平川。因此，在经济学家圈子中，人们形成一个心照不宣的追求，把理解经济周期视为寻找宏观经济学的圣杯。[1]

此外，经济学家还乐于争论诸如这一次（危机）与上一次究竟是一样还是不一样的问题。虽然诸如此类的问题是不会有确定的结论的，但是，却可以将其作为总结历史经验的一种分析框架，即分别从相同性（或相似性）与相异性两方面视角认识不同的危机。如同"一个人不能两次走进同一条河"一样，每一次经济危机都必然有其自身独特之处。其实，仅仅就其产生的原因就可以看到这种异质性。例如，有供给侧冲击和需求侧冲击，有金融危机和各种泡沫造成的危机，有战争、自然灾害和公共卫生造成的经济危机，等等。当然，每一次危机也与其他的危机有诸多共同之处，都造成不同程度的经济衰退，遭受危机伤害的国家、社会和个人，也各有各的不幸。

从以往的经验、教训及其相关理论成果中，我们可以通过提炼不同冲击事件之间所具有的共同点（"一样"），以及各次冲击之间不尽相同（"不一样"）的地方，不尽完整地总结一些特征化事实，作为具有一般针对性和借鉴意义（未必有共识）的"共识"。

---

[1] 伯南克在一篇文章中写道：理解大萧条是宏观经济学的圣杯。但是，经济学家多是在更广义层面，即理解经济周期的意义上这么看。例如，辜朝明干脆将其一部阐释日本经济大衰退的著作起名为《宏观经济学的圣杯》。参见 Richard C. Koo, *The Holy Grail of Macroeconomics: Lessons from Japan's Great Recession* (Revised and Updated), Singapore: John Wiley & Sons (Asia) Pte. Ltd., 2009。

事实一：没有政策反应过度这回事

面对重大冲击性因素，宏观经济政策能否做出及时反应十分重要。以往的经验表明，政策对危机的每一步响应，在大多数情况下总是偏于保守和被动的，常常跟不上现实的需要，事后看来，通常并不存在所谓的"反应过度"问题。特别是面对具有高度易变性和不可预测性的公共卫生危机，政策响应能够及时到位，对于消除事件演变趋势不确定性与政策取向不确定性产生的叠加效应，进而导致双重市场恐慌十分重要。

在凯恩斯看来，经济活动的决策常常来自于行为者本身的冲动性，而并非总是来自于对期望均值的预估，因此，人类本性的弱点会造成经济和市场的不稳定性。这就是所谓的"动物精神"①。这种冲动性在个体的经济决策中必然显示出非理性的特点，可以说既在逻辑之中又不符合逻辑本身。我们也可以从另一个角度认识经济活动的这种特性，即经济活动受到冲击性干扰的情形，既可以表现为期望均值的降低，也可以表现为该值的方差的增大。②

---

① ［英］约翰·梅纳德·凯恩斯：《就业、利息和货币通论》，华夏出版社2004年版，第124页。
② 克鲁格曼在谈到不确定性时，认为它是期望均值的减小而不是方差的增大。参见 Paul Krugman, "Tariff Tantrums and Recession Risks: Why Trade War Scares the Market So Much", *The New York Times*, Aug. 7, 2019. 然而，如果我们把"风险"与"不确定性"做出区分的话，克鲁格曼所说的期望均值的降低指的是风险增大的后果，而由于难以预测以及信息不充分造成的不确定性，更多表现为方差的扩大。

期望均值的降低通常表现为投资者的退缩和投资的减少进而产出的下降，主要是对风险的反应；方差的增大则表现为产出的波动，以及资本市场和大宗产品贸易等市场大幅度震荡中由不确定性因素所造成的部分。既然是由动物精神所驱动的投资活动，就其常态而言天然就存在着估价过高因素或泡沫成分，遇到风险性和不确定性的突然提高，人们必然根据他们自己所能获得的信息进行解读，产生所谓的流传性叙事并据此做出反应。①

这时，即便不去深究这种反应究竟是理性的市场调整，还是非理性的心理恐慌，抑或是对扭曲信息做出的不恰当反应，又或者是对不确定信息做出的错误解读，终究会给市场和经济带来不能承受之乱。

风险与不确定性的差别在于，前者可以由特定的信息反映出来，所以，市场对其做出的反应至少从理论上说是可预测的；而后者的本质就在于信息的不充分性和不可得性，甚至扭曲性，因而市场对其做出的反应是难以预料的。因此，为了避免恐慌及由其引致的实体经济大幅衰退，从而对民生的影响，政策快速、大力度做出反应，即便尚不能做到完全对症，也仍然是必要的。

---

① 值得注意的是，罗伯特·席勒曾经预见到2000年的互联网泡沫破裂和2007年的房价下跌，并且根据叙事经济学原理提前警告了新冠肺炎疫情导致的巨幅市场震荡。关于他的叙事经济学，请参见 Robert J. Shiller, "Narrative Economics", Cowles Foundation Discussion Paper, No. 2069, January 2017.

事实二：根据冲击特征选择宏观政策工具

在大多数情况下，在市场经济条件下发生的经济周期中，冲击主要来自需求侧。虽然经济史上不乏以供给侧冲击为特征的经济危机，但是，供给侧的因素主要是影响较长期的经济增长表现。作为逆周期调节的理论和政策依据，宏观经济学特别是周期理论是为解决需求侧冲击应运而生的，与此相应，宏观经济政策工具箱中的"十八般兵器"，也主要是为此而设计的。

虽然世界经济和各国经济的历史都见证过供给侧冲击事件，譬如20世纪70年代的石油危机，以及战争和各种自然灾害冲击，总体而言，教科书上的宏观经济政策在应对供给侧冲击方面捉襟见肘，在可供选择的手段上也暂付阙如。不过，着眼于供给侧的改革和调整政策，常常产生有益的应对效果。

例如，1973年和1978年的两次石油危机，给很多国家的经济造成供给侧冲击，日本则因推行重化工业化的产业政策，受创最为严重，工业大幅度收缩。针对这种冲击类型，也出于国际贸易平衡的调整压力，日本进行了一系列供给侧政策调整，如解除对生产要素市场的规制、放松产业政策的硬约束、减少对大企业的补贴、贸易自由化，以及实行节能模式的工业发展，使经济发展质量和产业竞争力得到明显提高。[①]

以 2020 年新冠肺炎疫情为典型，公共卫生危机对经济的冲击表现为需求侧与供给侧两重因素的交织。各国执行社交距离、封城和隔离等措施，导致消费和生产经营活动相应停止。在中国，停工停产一度造成对其他国家生产者供货的延误甚至中断。当国内疫情好转，复工复产逐步推进因而有望改变供给状况时，断裂的供应链修复起来困难重重，全球疫情大流行造成停产和制造业萎缩进而对中国生产者造成新一轮需求侧冲击。

这种供给和需求两端的叠加冲击，后果十分严重，政策应对也常常面临两难，因此，在充分挖掘传统政策潜力的同时，也要尝试改变思路和路径，综合运用各种政策手段。特别是需要把恢复经济、稳定增长、保障民生等紧迫任务，与长期的改革任务和发展目标紧密结合起来。经济史表明，危机往往暴露出长期存在的短板和结构性顽疾，相应地，应对危机和走出困境，也可以通过加快推进既定的改革和发展任务，在取得立竿见影效果的同时达到长期目标。

事实三：冲击面前并非人人平等

无论是什么原因导致的经济危机，对人产生的冲击不应该

[①] 参见［日］小宫隆太郎、奥野正宽、铃村兴太郎编《日本的产业政策》，国际文化出版公司 1988 年版，第三章"石油危机以后"。

从数量上评估，而应该就其性质判断。例如，一场金融危机可能给金融行业造成数以万亿美元计的损失，同时因波及实体经济而致使大量普通劳动者丧失岗位。具体到个人，银行家和工人遭受损失的金额固然不可同日而语，但是，银行家损失的是资本所有者的钱，投资人面临的是资本收益的多与少或者有与无的区别，而劳动者失去的却是基本生计，甚至陷于生与死的边缘。

公共卫生冲击更是一个颇为直观的例子。虽然传染性疾病对生命和健康的伤害是一视同仁的，无论是发达国家的亿万富翁和政要精英，还是发展中国家挣扎在贫困线上的非正规就业者，确有同样的机会受到感染，受到感染后都会付出健康和生命的代价。但是，在富裕国家和贫穷国家之间，在从事不同职业类型的人群之间，以及在不同收入水平的群体之间，获得免疫、治疗、康复的机会是不一样的，对于防控疫情的措施（如封城、隔离、停工停产等）以及疫情经济冲击的承受力也大相径庭。

在回顾疫情大流行和人类抗击历史时，诺贝尔经济学奖获得者安格斯·迪顿指出，预防和治疗流行性传染病的技术，通常是按照社会等级序列自上而下逐级传递的。因此，对这位揭示美国"绝望而死"现象的经济学家来说，在病毒和疾病面前，并非人人生而平等。[1] 按照同样的逻辑，受流行疾病冲击

---

[1] Angus Deaton, "We May Not All Be Equal in the Eyes of Coronavirus", *Financial Times*, 6 April 2020.

的影响力度、后果的持续性，必然按照相同的社会等级序列自上而下逐级递增。

即便在现代社会，医疗技术的普惠性和可得性大大提高的情况下，在公共卫生危机发生时，低收入国家和低收入群体因不具备完善的医疗保障条件，生命和健康受到更大的威胁与伤害；当疫情进入高潮，封城和隔离等措施造成经济活动休止，脆弱的国家缺乏充足的资源和财力维系必要的检测、救治并保障居民基本生活，普通劳动者也更容易失去工作从而收入来源，以致暴露在健康风险中的同时陷入生活困境；当经济开始复苏，正如经济增长并不产生收入分配的涓流效应一样，普通劳动者的生活也不会随着经济整体复苏自然而然回到正常轨道。

因此，在描述诸如新冠肺炎疫情这样的公共卫生冲击事件之后，不同社会群体在恢复正常生产、生活节奏方面的差别时，我们不妨用大写的英文字母 K 来表达这种分化的状态。对于那些从事正规就业、具有稳定工资收入、工作性质适宜于"线上"进行的人群来说，工作和生活的回归常态，远比那些岗位和收入都不稳定，工作只能在"线下"、现场进行的群体，来得更加容易。

从坚持以人民至上、生命至上、民生至上为出发点，统领抗击疫情、恢复经济和保障民生多重政策目标，要求宏观经济政策具有人文关怀、民生优先序和政策合力的视角。一般来说，面对各种危机事件的冲击，特别是公共卫生危机事件的冲击，需要因时因势选择政策手段及其组合，在刺激政策方案与纾困救助政策之间取得良好平衡。

事实四：货币政策与财政政策须协同配合

货币政策与财政政策需要协同发力，财政政策因其具有针对性更强、实施机制更直接见效等特点，应该发挥更重要的作用。本来，这两个宏观经济政策工具箱之间的分工和配合关系，一直是宏观经济学旷日持久的话题，近年来又迎来一个新的讨论高潮，其中一些研究领域的发展以及得出的政策实施建议，也出现在美国总统候选人的竞选主张之中。

在关于经济长期停滞的原因究竟来自于供给侧因素还是需求侧因素的争论中，人们不自觉地达成了某些共识，即认为货币政策并不能独自承担刺激经济增长的重任，甚至由于发达国家处于长期低利率甚至负利率状态、实施量化宽松政策，在遭遇经济冲击的情况下，货币政策工具捉襟见肘，宏观经济调控的空间十分狭促。因此，人们认为应该更多使用财政政策手段，但是在政策工具的选择上却莫衷一是。

在诸如战争和灾难等紧急状态下，用于维护国家安全、国民经济和人民生计的必需支出，如补贴居民收入、对中小微型企业的纾困，以及支付基本社会保险等，既是政府的天然责任，也是居民个人和小微企业所难以承受的。同时，在这种特殊的艰难时刻，正常的公共财政收入也无法满足大规模额外支出，需要政府根据自身的财政结构特点和支出的性质，分别通过提高一般公共财政赤字率或者增加政府债务予以解决。[①]

如果说在货币政策与财政政策协同作用中，历史上人们倾向于忽略财政政策作用的话，在应对新冠肺炎疫情的条件下，财政政策有居于主角位置的趋势，而货币政策在于配合前者的实施。前期停工停产和有条件或完全复工复产，都会伴随失业和就业不足、居民的收入受损，及至威胁低收入家庭的基本生计。同时，不仅供应链修复也需要时间，民族主义和保护主义抬头还会进一步破坏供应链。此时，大规模财政支出以确保社会保险和社会救助充分给付，较之保障金融市场的流动性充足更为重要。

事实五：危机诱因发展趋势决定经济复苏轨迹

人们在冲击性事件发生后，往往会事后诸葛亮般地叩问：这究竟是大概率"灰犀牛"事件，还是小概率"黑天鹅"事件？其实，所谓大概率或小概率，实际上都是相对而言，相对于人们对特定事物的认识能力。例如，市场泡沫从积累到破裂造成的经济衰退或金融危机，在一定程度更像"灰犀牛"事件。而地震等自然灾害的发生，相当于人类的预测能力，就更

---

① Mario Draghi, "We Must Mobilise As If for War", *Financial Times*, 27 March 2020.

接近于"黑天鹅"事件。

然而，从经济周期的历史来看，绝大多数经济危机兼具两种事件的性质，即都具有长期酝酿和累积，并且在一定程度上注定爆发的性质，而具体发生的时间、发源地点和直接诱因，又受到一些偶然性和扰动性因素的影响。虽然"灰犀牛"和"黑天鹅"的隐喻无疑有助于事后总结经验，或许（仅仅是或许）可能会取得"吃一堑长一智"的效果，然而，无论危机起因的性质如何，一旦已经发生，至为重要的则应该是密切追踪事件发生的进程，以便能够相机决策，予以正确应对。

从如何把握已经发生事件的走向，我们增加一种事件类型即"青蛙"事件，或许更有助于把握很多事件的易变性。青蛙与某些两栖动物在生长发育的过程中，在形态构造和生活习性上会发生非常显著的变化，生物学称之为变态发育（metamorphosis）。譬如，青蛙从水中的受精卵到水中的蝌蚪，再到水中的幼蛙直至演变为陆水两栖的成蛙，形态的建立、生理特性、行为和活动方式以及生态表现均发生了显著的变化。此外，许多蛙类还具有变色的特性，类似于变色蜥蜴，也会制造出扑朔迷离的效果。

绝大多数危机事件的走向带有易变性和不确定性，而公共卫生危机因其本身的性质，这个特点尤为突出，因而造成的经济活动和走出困境的影响，也具有更多的不确定性。因此，诸如新冠肺炎疫情这样的公共卫生冲击，其发展的特点和方向，决定经济复苏的时间、方式、路径和效果,需要依据事件发展的进程和顺序,按照宏观政策的类型和手段特点,选择恰当的出台时机。

人们惯于用大写英文字母描述自己对危机后经济复苏轨迹的判断,譬如以"V"字形表示急剧衰退后迅速复苏,以"U"字形表示复苏的步伐有所延迟,以"L"字形表示复苏将是缓慢绵长的,以"W"字形表示复苏将会反反复复,以"K"字形表示不同国家、不同行业、不同职业群体之间复苏的不平衡性,如此等等。在一定程度上,危机事件的性质和后果本身,决定着经济复苏的轨迹。

诸如新冠肺炎疫情这样的冲击事件,最直观地反映了这个特点,即经济复苏的轨迹取决于疫情的流行病学曲线变化。一般来说,经济复苏曲线与流行病学曲线呈对应却相反的形状。譬如,如果每日新增感染人数形成的曲线,能够完成一个完整的倒"V"字形曲线,意味着疫情较快达到峰顶并得到控制,通常可以预期一个对应的"V"字形经济复苏曲线。如果流行病学曲线仍然上升,或者在顶部长期徘徊不降,就不能指望经济增长很快复苏。

密切关注流行病学曲线,也有助于确定每个阶段的政策优先序。在疫情暴发的早期,流行病学曲线处于峰值前的上升阶段,为了控制疫情大范围传播,最重要的任务莫过于实施严格的防控措施,不可避免要减少甚至遏制经济活动。而在疫情发展达到峰值之后，曲线进入下行阶段甚至见底的情况下，经济复苏便居于更高的优先序。相应地，宏观经济政策以及其他政策手段也受这个特点的影响，需要选择恰当的时机依次出台，否则不能取得预期的成效。

五　结语和政策建议

在从计划经济到市场经济的体制转轨过程中，中国的宏观经济政策体系逐步完善，成为支撑社会主义市场经济体制的"四梁八柱"之一。正是由于在改革开放发展的过程中秉持了以人民为中心的理念，这一宏观经济政策体系及其工具箱具有清晰的人文维度。实施就业优先战略并把积极就业政策置于宏观经济政策层面，是最具特色的宏观经济政策人文维度表现，帮助中国在经历一系列冲击性事件时，能够正确确定政策优先序，选择恰当的政策手段，进而达到稳定民生的政策目标。

由于努力做到尽力而为与量力而行的有机统一，通过宏观经济政策与社会政策的协调实施，总体上做到了以在发展中保障和改善民生为着眼点实现多重政策目标的动态平衡。与此同时，中国实施宏观经济政策的实践，也与一些国家以承诺民生福利作为竞选筹码，实际上却是口惠而实不至的民粹主义宏观政策，在政策理念上划清了界限，在政策效果上形成鲜明的反差。

在从中等偏上收入阶段向高收入阶段跨越的过程中，中国需要应对各种前进中的问题、变化中的挑战、成长中的烦恼。中国经济面临的多重任务，涉及国内挑战与国际风险、周期性因素与体制性因素、总量矛盾与结构性矛盾、短期问题与长期问题，等等。这些不可回避的挑战，也呼唤一个能够容纳新的目标、职能和任务的宏观经济政策体系升级版。未来宏观经济政策需要应对的挑战，既与中国所处的新发展阶段有关，也与世界经济现状及变化着的格局有关，其最大的特点是风险类型增多，各种事件的发生和相应的决策都面对着更大的不确定性。

对于宏观经济来说，传统风险是与不健康的增长趋势和周期状态相连的，包括发生经济衰退、金融危机、通货膨胀、通货紧缩和失业率上升等现象。近年来，研究者和决策者也越来越倾向于把能源和食品安全、人口、资源和环境等相关因素纳入宏观经济的风险考虑。当今世界，越来越多的非传统风险，也对宏观经济产生明显或隐蔽的影响；例如，社会治理、气候变化、公共卫生危机、收入和财富分配、自然灾害，以及国际政治和地缘政治等带来的各种风险。

这就要求决策者充分认识这些分别具有"灰犀牛""黑天鹅"和"青蛙"性质的风险事件，从人文维度拓宽宏观经济政策理念，并相应充实可供运用的政策工具箱。实施宏观经济调控的政策工具箱不是一成不变的，既应该从数量上进行充实，

第七章 以人为中心的宏观经济政策

即把以前不在工具箱的政策工具及时补充进去，也应该对政策工具箱本身进行结构性调整，即把政策工具的存量进行重新归类，放在不同的格子里以便酌情选取，才符合与时俱进的要求。

首先，应该把目标明确的经济体制改革措施收入政策工具箱。这是由中国经济面临的特殊问题决定的。在其他国家特别是在成熟的市场经济国家，一般情况下宏观经济政策目标是使经济增长稳定在潜在增长率上，达到所有生产要素充分利用，同时不会出现通货膨胀。一旦经济增长遭遇需求侧的冲击，通常可行的政策工具是货币政策和财政政策这种传统手段。政策目标是通过抑制或者刺激需求，使增长速度分别从"高于"或者"低于"潜在增长率的状态回归长期的潜在增长水平，以保障生产要素的充分利用和通货稳定。

中国经济面临的情形，既不同于自身以往的情形，也不同于大多数其他国家的情况。随着人口红利迅速消失，潜在增长率趋于长期下降，因此，实际经济增长速度也是趋于下行的。但是，目前经济运行中仍然存在的各种体制和机制障碍，妨碍着生产要素的充分供给和有效配置，因而仍有提高潜在增长率的余地，这意味着凡是可以改善生产要素供给和配置的改革措施，均可以且应该进入宏观经济政策的工具箱。

其次，宏观经济政策工具箱中，应该包括与民生相关的社会政策内容。在经济运行的外部环境复杂从而不确定性增大、经济增长面临下行压力的情况下，实施社会政策托底，既是面对外部冲击时确保民生稳定的必需之举，也是在供给侧结构性改革中必须履行的安全网职能，应该与宏观经济政策配套实施。

有些社会政策的实施，本身就能产生调控宏观经济的直接效应。例如，通过政策调整和体制改革改善收入分配，既是解决变化了的社会主要矛盾的必要之举，同时有助于稳定和平衡经济增长的需求因素，以扩大消费需求抵消净出口需求下降和投资需求疲软的负面效应。

最后，诸如减税降费这类旨在降低市场主体经营成本的政策措施，应作为供给侧结构性改革任务，而不是当作宏观经济刺激政策来实施。如果一个经济体处于总体税负与公共财政支出的要求大体适应、政府公共品供给与社会需求总体均衡，并且纳税主体的负担总体合理的话，旨在鼓励企业投资和居民消费的减税措施，更接近于是一种在需求遭到冲击情况下的刺激政策。如果由于体制原因本来就存在税负过重的问题，减税等政策就应该作为结构性改革任务来实施。

第八章 创造与保护：为什么需要更多的再分配？

一 引言

一个国家在发展过程中，总是伴随着各种各样的障碍，不能突破这些障碍便无法实现期望的进步。而在一个国家凯歌前进的过程中，也会伴随着进步产生各种各样的问题，可以称之为成长中的烦恼。越是进入更高的发展阶段，与之相伴的此类烦恼也就越多、越复杂、越难以应对。虽然此类问题大多与特定发展阶段相关，却不会随时间变化而自然消失。正如人走得越高氧气越稀薄一样，更上一层楼并不能自然而然地解决氧气的问题。特别是，无论何时何地，成长的烦恼都意味着带来不利的结果，甚至阻挠一个社会的前进步伐，干扰其预定目标的实现。

发展中的问题最终需要发展予以解决，其中涉及的民生问题，也只有继续"把蛋糕做大"，才能创造出必要的条件"分好蛋糕"。然而，在发展中不断保障和改善民生，是发展的目的本身，需要在发展的每一个阶段和时点体现出来。特别是，在全面建成小康社会进而开启全面建设社会主义现代化国家的新阶段，高质量发展与共享发展如同鸟之两翼，缺一不可，因此要形成良好的平衡，既不能只增长不分配，也不能先增长后分配；二者不可须臾或缺，需要根据发展阶段的变化，与时俱进地保证高质量发展成果也得到充分分享。

中国迄今为止在改革开放发展分享方面的经验，以及全球性收入分配恶化带来的社会不稳定和政治分化现象，都证明经济学传统观点即坚信经济增长可以自动解决收入分配问题，或者把效率与公平视为非此即彼且不可兼得的取舍关系的失灵。对于中国来说，一方面，全球化过程中其他国家的一些经验和教训也有诸多值得汲取之处；另一方面，在以往发展阶段成功的经验，在更高发展阶段未必够用。

也就是说，中国在迈向高收入的过程中，继续保持经济发展充分的分享性，需要应对一系列崭新的挑战。进入高质量发展阶段后，提高生产率必然要求创造性破坏机制发挥更大作用，与此同时，劳动力市场的初次分配效应呈现递减趋势，创新和创业成果的分享面临着诸多难点。这都要求政府以更大的政策力度实施再分配政策，包括社会保障、劳动力市场制度、收入分配政策，以及其他旨在改善民生的基本公共服务。

第八章 创造与保护：为什么需要更多的再分配？ 259

在本章的其他部分，我们首先围绕关于收入分配以及公平与效率关系的认识，对主流经济学传统思维进行回顾与反思，从经济理论和各国实践的进展论证这种经济学理念正在加速走向破产。进一步，我们讨论更高发展阶段上的创新发展，不能回避创造性破坏。同时，分别从国际上成功的经验和失败的教训，得出超越熊彼特式创新的新理念，即把优胜劣汰或创造性破坏与社会保护两种机制有机结合。我们也揭示，主要由劳动力市场机制执行的初次分配效应，对于改善收入分配的效应递减趋势，不再能够满足在新发展阶段实现发展成果充分分享的制度需求。此外，在新技术革命条件下，发展成果的分享也面临着严峻挑战。最后，本章建议在更高质量发展中需要更多的再分配政策，同时加大相关政策的实施力度。

二 突破"穆勒难题"和"奥肯取舍"

作为市场与政府关系这一旷日持久争论中的一个特殊话题，劳动力市场机制与社会保护的关系问题，及至效率与公平目标孰先孰后的问题，在学术界、决策圈和社会上争论不休。理论和理念决定政策方向，最终产生不尽相同的社会经济乃至政治结果。反过来，政治上的分化又会强化人们信仰的理念。以美国为例，在长期显现工资增长停滞、中产阶级规模萎缩和收入分配恶化的情况下，虽然人们渴望改善现状，却不知究竟该相信哪个党派、何种执政理念、什么政策承诺。虽然政治观点空前分化，人们事实上并不知道应该怎么办。

有一个小插曲，足以说明美国人观点的对立以及认识上的混乱。2019年7月的某一天，一百余人登上阿拉斯加邮轮"菁英极致号"（Celebrity Solstice），参加为期一周的第四届"反克鲁格曼"巡航之旅。不错，这个非经济学家的自愿聚会，正是要在两位自称"自由意志论者"的经济学家主持下，一起驳斥兼具诺贝尔经济学奖获得者和《纽约时报》专栏作家身份的克鲁格曼的"自由派"经济学观点。

这里，争论双方的两个"自由"之间并无共同的含义，克鲁格曼的批评者是崇尚奥地利学派的"自由论者"（Libertarian），而克鲁格曼本人则自称为"自由派的良知"（Liberal）。一如既往地，诺贝尔经济学奖获得者克鲁格曼教授关于政府承担社会保障责任的观点，遭到作为同行冤家的两位主持人以及各种口味的业余自由意志论者的逐一反驳。①

在处于不同发展阶段的国家普遍出现对收入和财富分配现状不满、政治严重分裂的情况下，大多数执政者或者竞选者竭力对民意做出回应，但是，大多转向或左或右的民粹主义。然而，历史似乎又有足够确凿的证据表明，民粹主义的经济和社

---

① Lizzie O'leary, "The Anti-Krugman Libertarians at Sea", *Bloomberg Businessweek*, September 30, 2019, pp. 48 – 51.

第八章 创造与保护：为什么需要更多的再分配？

会政策，不止一次地在不同国家归于失败。因此，在我们面临着前所未有的挑战之际，有日益增强的必要性和迫切性，在检视各国经历的种种成败得失的基础上，对传统观念予以反思。弄清问题的来龙去脉，探索流行理论的本源，是做出理性判断和正确决策的前提。

一般认为，"铁血首相"俾斯麦（Otto Eduard Leopold von Bismarck）统治时期，德国建立起人类历史上最早的现代意义上的社会保障体系。然而，以《济贫法》为标志，英国社会保障体系建立的历史更为久远。而这种制度从萌芽、形成及发展至今，正反两面的争论从未停息。

英国经济学家穆勒（John Stuart Mill）在其不朽著作中，以合情合理却不无中庸的方式对于公众救济政策做出了一种概括：无论就哪种帮助来说，都需要考虑到两种结果，一种是帮助本身的结果，另一种是依赖于帮助的结果。前者一般是有益的，后者则大都是有害的，而且在许多情形下，害处是非常大的，以致弊大于利……因而需要解决的问题是微妙而重要的，即如何在最大的程度上给予必要的帮助，而又尽量使人不过分依赖这种帮助。[①]

很显然，这个"微妙而重要"的问题，是一个旷日持久、

---

① 参见［英］约翰·穆勒《政治经济学原理及其在社会哲学上的若干应用》，商务印书馆1991年版，第十一章第十三节。

延续至今未解之两难，可以称之为"穆勒难题"。不仅如此，后来的讨论或明或隐地将其发展成为一个二中择一的权衡（trade-off）问题。例如，奥肯（Arthur M. Okun）在其最初出版于1975年的一部著作中，就把与此相关的一个更广泛命题即公平与效率的关系，视为一个非此即彼，从而需要进行取舍权衡的大问题。[①] 为了与"穆勒难题"相对应，我们可以把奥肯的命题称为"奥肯取舍"。

从穆勒到奥肯，构成了对于社会保护问题认识上的主流，即究竟需要市场机制与社会政策之间的何种平衡，才能实现人民福祉的改善。在学术争论、政治对立和政策抉择中，思想和理念无疑影响着人们进行选边站队，既得利益也扮演着重要的角色。与此同时，在政策实施的层面，也由此派生出诸如"识别"（哪些人真正需要帮助）和"掂量"（需要给予何种程度的帮助）等一系列技术层面的难题。

从古今中外、多种多样的民生实践中认真思考得到的丰富经验与教训，人们可以发现，是时候突破传统观念及其分析框架了。在理念上把提高人民福祉作为发展的目的本身，同时体现公平与效率的统一，就能够摆脱"奥肯取舍"的束缚，进而破解百年之"穆勒难题"。进一步，则可以在政策原则上取得

[①] Arthur M. Okun, *Equality and Efficiency: The Big Tradeoff*, Washington, D. C.: Brookings Institution Press, 2015.

第八章 创造与保护：为什么需要更多的再分配？　　263

共识：在发展中保障和改善民生，既要坚持做大蛋糕这个"硬道理"，也必须通过加大再分配力度，完善社会保护体系，公平合理地分好蛋糕。

三　涓流经济学的最后盛宴

面对新冠肺炎疫情全球大流行这一百年未遇的重大危机，许多欧美国家并没有显示出人均收入水平高、科学技术发达和医疗卫生资源充裕的优势，反倒因政府的应对不力造成生命、健康和民生的损失，在本国和国际上遭到普遍的诟病。这些国家的应对措施及其效果或许仍有高下之分，却与国家拥有的财力和资源并无紧密关系。虽然我们尚不能对问题出在哪里做出全面的评判，一个值得追根溯源的现象是，在那些抗疫失败的国家，涓流经济学根深蒂固地支配着政府和社会的发展理念，并且分别孕育出新自由主义和民粹主义的政策。

正是这种笃信不受约束的自由市场体制，既可以把资本及其所有者的无限获利能力，转化为经济增长的动力，同时又能自然而然地使增长成果滴流到普通劳动者群体的理念，在美国这样的高度发达国家孕育出民粹主义宏观经济政策。疫情全球大流行的现实充分暴露出这种经济理论的谬误，亟待根据新的需求和新的实践打破理论瓶颈。事实也说明，虽然传统理论教条在应对当今世界重大挑战中已经屡遭失败，涓流经济学却仍然上演着最后的盛宴。

涓流经济学的始作俑者不是亚当·斯密。诚然，斯密确实在其《国富论》中讲道，"别人所需的物品，他能予以充分供给；他自身所需的，别人亦能予以充分供给。于是，社会各阶级普遍富裕"[①]。然而，结合斯密在早于《国富论》17年出版的《道德情操论》，可以看到在其思想体系中，其实并不存在社会各阶级可以自然而然变得"普遍富裕"这种涓流效应。在这个问题上，斯密的真实情操反映在包括《国富论》在内的诸多著述中。

例如，全面理解斯密的思想可以发现，他并没有把劳动与资本这两种要素等量齐观。在把工资与利润（或者说劳动和资本）放在一起讨论时，斯密给予劳动及其相关的贫困问题格外的关注，原因就在于劳动要素和贫困问题分别承载和体现在人的身上。一方面，在论述生产要素回报率趋于均等化的时候，他正确地指出了由于劳动要素与资本要素具有不同的性质，因而，劳动报酬之间的差异远远大于资本回报之间的差异。[②] 另一方面，他指出贫穷劳动者虽然"支撑着全社会的框架"，却仅仅获得十分微薄的工资，因而暗示着政府实施济贫和再分配

[①] ［英］亚当·斯密：《国民财富的性质和原因的研究》（上卷），商务印书馆1996年版，第11页。

[②] 参见［英］亚当·斯密《国民财富的性质和原因的研究》（上卷），商务印书馆1996年版，第104页。

第八章　创造与保护：为什么需要更多的再分配？

政策的必要性。[1]

从经济学说史和经济政策渊源上来说，米尔顿·弗里德曼才是涓流经济学之父。他倡导的自由市场社会合理的收入分配伦理原则，是让每个人都得到利用自有工具所生产的物品。于是，国家的作用仅限于界定和执行产权[2]，即维持社会中每个人能够使用自有工具这种既定格局。

然而，托马斯·皮凯蒂的著名公式 r > g 揭示，资本收益增长始终快于经济增长（从而快于劳动报酬增长），并且已经被长期的历史数据所证明。因此，如果没有必要的社会再分配，每个人依靠自己的生产要素所能得到的物品，必然是不均等的，劳动要素的所有者与资本要素的所有者所能获得的报酬之间，最终必定产生天壤之别。

美国总统罗纳德·里根是最著名也是最彻底的涓流经济学实践者，并在其任期内把新自由主义经济学原理转化为政策，推动了大规模的减税。1/4 世纪之后，唐纳德·特朗普总统再一次将此发扬光大，在美国社会陷入贫富分化的情况下，竟然实施了让富人获益、由穷人埋单的减税政策。颇具象征意义的是，2019 年，特朗普为经济学家阿瑟·拉弗（Arthur Laffer）

---

[1] 参见［英］艾玛·罗斯柴尔德《经济情操论——亚当·斯密、孔多塞与启蒙运动》，社会科学文献出版社 2019 年版，第 112—113 页。

[2] Milton Friedman, *Capitalism and Freedom*, Chicago · London: The University of Chicago Press, 1962, pp. 161–162.

颁发了总统自由奖章。这位以"拉弗曲线"著称的供给学派代表人物,当年曾为里根所仰仗,如今再次风光,恰好说明了涓流经济学的代有传承。

在当今的美国,涓流经济学与宏观经济民粹主义是配合运用的。诸如减税这样的新自由主义政策,即便产生一定的做大蛋糕效果,却丝毫无助于解决积重难返的蛋糕分配不均问题。事实证明,这种政策倾向具有自我强化、影响范围逐步扩大,乃至无所不用其极的性质。同时,也会在突发的极端事件中遭到更为严重的破产。

在疫情全球大流行过程中,美国总统和联邦政府在防疫问题上无所作为,使国家和人民遭受重大生命损失,还引发了全国性的社会动荡。于是,符合逻辑的选项便是扩大并利用而不是试图弥合社会的分裂,并且把民粹主义转化为单边主义,同他国展开贸易战,对中国的发展采取遏制手段,从国际组织和一系列多边主义机制"退群",及至推动逆全球化过程。

一如既往地,全世界的经济学家和企业家都在猜想,疫情之后各国经济乃至全球经济会以何种路径复苏,并且用英文大写字母来描述可能的复苏轨迹。譬如,"V"字形指经济急剧衰退之后可以迅速复苏;"U"字形指经济衰退之后的经济复苏需要一定的时间;"L"字形指经济复苏的时间远比人们希望的更久;"W"字形指经济复苏呈现起伏和不确定的趋势。此外,也有更为悲观的预期,如认为经济衰退将呈"I"字形,

第八章　创造与保护：为什么需要更多的再分配？

即看不到复苏的希望，以及更为普遍接受的预期，即耐克徽标的钩状——虽然经济衰退后恢复起来需时较长，但是终究呈现出复苏的趋势。

不过，在新冠肺炎疫情的大流行趋势尚未明朗之前，任何判断都充满着猜想的成分。对于这一次全球大流行造成的经济冲击以及如何复苏，归根结底要看流行病学曲线的变化。每日新增确诊人数在时间轴上的展现，有助于我们认识疫情本身的走向、防控疫情应有的政策理念、应对经济冲击的指施，以及经济复苏的可能轨迹。这固然与2003年中国在应对非典型性肺炎（SARS）时的经验有关，当时经济复苏轨迹就是以镜像的方式对流行病学曲线做出反射[1]，同样重要的是，认识流行病学曲线也有助于破除涓流经济学。

要看到，流行病学曲线背后都是生命。有些国家的领导人无视科学，任由流行病学曲线攀升。也有的国家希望在拉平曲线的情况下，获得群体免疫从而在控制疫情上面一劳永逸。看上去，这里应用了统计学的方法，似乎是科学和严肃的。须知，统计学归根结底是"大数定律"，在新冠肺炎病亡率既定的情况下，无论流行病学曲线是平坦的还是陡峭的，其每一步上升都意味着生命和健康的损失。

---

[1] 参见蔡昉主编《"大流行"经济学——应对疫情冲击与恢复经济增长》，中国社会科学出版社2020年版，"绪论"。

英国前首相玛格丽特·撒切尔也是涓流经济学的信仰者，她的名言"没有社会这种东西，有的只是个体"，看似尊重了个体的自由选择权，却否定了社会对个体的责任。事实表明，社会中的不同群体和个人，在致命的疫情面前既不具有充分的信息，也不是完全平等的。防范疾病的任何措施，包括检测、免疫和治疗的手段，都不会均等地滴流到每一个人身上。穷人和脆弱群体在疫情造成的失业和就业不足、收入降低以及生计威胁等面前，通常首当其冲。完全可以设想，即便疫情过后，最难以回到就业岗位、重拾基本生计的也同样是这些群体。

疫情演变得日益严峻以来，美国政府并非什么都没做。在宏观经济政策上，无视一直以来标榜的中央银行独立性，政府对美联储施加巨大的政治压力，史无前例地实施了货币的大放水。在疫情从供给和需求两侧同时冲击实体经济的情况下，过分充裕的流动性并不只是具有安慰剂的作用，而是以数万亿美元的力度刺激资本市场，加上其他措施给富人的好处，让处于财富链顶端的人群从疫情中赚得盆满钵满。就连特朗普本人也在推特上声称，美国应该乐见负利率这样的"大礼包"（GIFT）。与此同时，经济的停摆造成高失业率，每一个百分点的背后都代表着普通劳动者的生计危机。在涓流经济学操办最后盛宴的同时，也上演着九天九地的悲剧。

继《21世纪资本论》之后，法国经济学家皮凯蒂一部名为《资本与意识形态》的新著，于2020年新冠肺炎疫情全球

第八章 创造与保护：为什么需要更多的再分配？

肆虐之时出版，可谓正逢其时。他把不平等现象作为不具有合法性的"意识形态"问题，罔顾几乎所有经济学家都不敢违逆的"政治正确性"，即做大蛋糕所必要的激励，提出了"革命性"的再分配主张——高达90%的累进税率。[1]

这种侵犯私人财产权利的动议自然不能为西方社会所接受，大多数经济学家同行也不赞同他的政策方案。[2] 同时，就中国的语境而言，皮凯蒂的方案也未必具有直接的针对性。但是，当前的确是一个从理论上清算涓流经济学的大好时机。我们不妨把皮凯蒂所说的"意识形态"广义地理解为关于平等与不平等的"社会共识"或者"理念"，把他提出的激进政策主张化解为必须严肃对待收入不平等问题的可行方案。

历史经验反复表明，某些突发性的危机事件，常常会把一些趋势性的缓变一下子催生为急变，在经济或社会难以适应的条件下，这不可避免地产生巨大的破坏性。从另一个角度看，如果以诸如此类的危机事件作为一种重大转变的压力测试，则可以未雨绸缪、化危为机，从理念上、政策上和实践上转向更可持续的发展途径。

新冠肺炎疫情大流行，就是对于社会公平正义和收入分配

---

[1] Thomas Piketty, *Capital and Ideology*, Cambridge, M. A., U. S. A., and London, U. K., Publisher Belknap Press, 2020.

[2] Arvind Subramanian, "After Capital: A Radical Agenda to Tame Inequality", *Foreign Affairs*, Vol. 99, No. 4, 2020, pp. 165 – 170.

问题的一次压力测试。特别是，诸如气候变化和新一轮技术革命必然对社会公平带来的冲击，究竟会达到何种程度，表现为怎样的形式，如何才能在政策上和体制上进行必需的调整，新冠肺炎疫情诚为一次难得的预演。关于个人与社会的关系以及关于政府的必要职责的新理念，或许正是需要并且能够由此诞生。

与涓流经济学及其实践遭遇巨大失败的情形相反，以人民为中心的发展思想自始至终贯穿中国抗击疫情和恢复经济过程，在重大决策及其政策措施的制定中居统领的地位。与美国这样的发达国家形成鲜明对照的是，中国本着生命至上的理念和尽力而为的原则，举全国之力支援疫情中心，在不同阶段分别采取了全面隔离、全民免费收治、全民检测，以及分阶段和全面复工复产的措施，成功地控制了疫情的流行并及时进入经济复苏轨道。因此，这一危机应对的实践及其成功，也标志着政府基本公共品的供给理念日渐成熟，不仅善于在发展中保障和改善民生，而且形成在各种风险挑战中托底民生的新机制。

四　创造与破坏：超越熊彼特式创新

在从计划经济向市场经济转型的早期阶段，改善劳动激励和提高配置效率的空间很大，清除压抑劳动积极性和经营自主权以及妨碍资源有效配置的体制改革，具有带来立竿见影增长

第八章 创造与保护:为什么需要更多的再分配?

效应并且总体而言不损害任何利益群体的帕累托改进性质。相应地,这些改革从微观层面使生产回归可能性曲线,在宏观层面使经济增长符合人口红利支撑的高潜在增长率,因此,这个时期经济增长的源泉亦如"低垂的果子"只需举手之劳。

首先,20世纪70年代末到80年代初迅速推行的农村家庭联产承包责任制,赋予农户生产剩余索取权,极大地调动了农业劳动和经营的积极性,农产品产量大幅度提高。研究显示,实行家庭联产承包责任制这个体制变革因素,对1978—1984年期间农业产量提高的贡献率为46.9%。[1] 农民在增加产量的同时提高了收入,降低了贫困发生率,而城市居民获得了更多数量和更高质量的农产品供给。

其次,在解决了微观激励问题的同时,农民也获得了自主配置生产要素的权利,长期积累并在改革后被显性化的剩余劳动力,逐渐在产业间、城乡间和区域间得到重新配置。在这个过程中,剩余劳动力得到更充分的就业,城乡居民的消费需求得以满足和丰富,资源配置效率的提高推动了整体经济增长。在非公有经济发展促进了经济成分之间竞争的同时,在很长时间里农民工就业并不构成对城镇居民的直接竞争。

最后,在时间上与改革同步,对外开放以分区域、梯度

---

[1] Justin Yifu Lin, "Rural Reforms and Agricultural Growth in China", *The American Economic Review*, Vol. 82, No. 1, 1992, pp. 34–51.

式、渐进性的方式推进，通过引进外资和扩大贸易，把人口红利依次转化为制造业产业的比较优势和劳动密集型产品的国际竞争力。凝结着劳动要素的产品在国际贸易中与发达国家的资本密集型产品进行交换，意味着国内劳动要素的回报率得到提高，城乡居民先是通过扩大就业，而在刘易斯转折点到来之后则是通过劳动力供求关系变化增加了收入，改革开放红利被更广泛分享。

随着2004年中国经济迎来刘易斯转折点，并且在2010年以劳动年龄人口进入负增长时期为标志，人口红利加速消失，中国经济发展便进入新的阶段。这个新阶段对经济增长的影响是显著的——唾手可得的增长源泉不复存在。一方面，与人口因素相关的生产要素积累和投入因素不再能够支撑高速增长，增长新动能必须来自生产率的提高。另一方面，以劳动力转移的形式进行的资源重新配置，不再能够支撑经济可持续增长所必需的生产率提高，新的生产率源泉只能来自于创造性破坏过程带来的创新。

中国经济进入高质量发展阶段后，成长中的烦恼的一个重要表现，便是熊彼特式的创造性破坏机制开始发挥作用。熊彼特在其两部重要著作中阐释了他关于经济发展的理论，提出了影响至今的诸多重要概念，如企业家、新组合、创新和创造性

第八章 创造与保护：为什么需要更多的再分配？

破坏等。① 下面，从与本节主题的相关性出发，我们对熊彼特经济发展理论的逻辑做一简单的概括，并揭示其政策含义。②

作为构建一个动态的经济发展理论的参照系，熊彼特首先勾画了一个静态的经济情形，他称之为循环流转（circular flow）。在其中，生产要素按照不变的方式进行配置，因而，这个经济情形不具备经济发展应有的动态性，没有新组合因而也没有创新，更不存在熊彼特本人所定义的以创新为天性的企业家（这时，经理人只是静态的经济主体而已）。从这个静态经济情形出发，其中的一些经理人为了获得企业家利润，开始对生产要素进行新的组合，或者说建立一种新的生产函数，因而形成他所定义的创新，由此就使经济过程成为动态的经济发展。可见，在熊彼特式的经济发展过程中，创新是活力之源。

这种熊彼特式创新活动以两种方式具有"创造性破坏"的性质。第一，在加入了新产品、新技术、新市场、新原料供给或新组织形态的要素新组合过程中，创新必然有成功也有失败，企业有进入就有退出，有生必有死。第二，对率先进行创新的企业家的追随和模仿，造成创新活动的蜂聚现象，推动过

---

① 参见［美］约瑟夫·熊彼特《经济发展理论——对于利润、资本、信贷和经济周期的考察》，商务印书馆1990年版；［美］约瑟夫·熊彼特《资本主义、社会主义与民主》，商务印书馆1999年版。

② 除参阅熊彼特著作之外，笔者还参考了拉斯·特维德《逃不开的经济周期》（特别是其中第12章《创新与经济周期》，中信出版社2008年版）和理查德·斯威德伯格《熊彼特》（江苏人民出版社2005年版）。

热、过度的投资活动，因而最终导致经济危机，造成宏观或整体上的经济损失，甚至社会灾难。并且，这个过程以经济周期的形式周而复始地发生。也就是说，只有创新才有经济发展，而创造伴随着破坏，繁荣是衰退的原因。

可见，在必须依靠创造性破坏机制进行创新的条件下，存在着对企业家精神和创新活动回报的不确定性。承担这种风险，固然是熊彼特意义上的企业家定义和创新含义的题中应有之义，但是，创新活动的风险也必然殃及其他社会成员，如造成工人的福利损失，反过来可能形成对创新活动的制度性阻碍。

换句话说，创造性破坏机制固然是创新所不可或缺的，其本身却又可能造成两种不期效应，即潜在创新数量的减少和创新成功率方差的增大。如果不能处理好这种不确定性，就会造成对创新的压抑。在不降低创新激励的条件下，以更广泛覆盖且相对慷慨的社会政策托底，无疑可以减轻潜在创新受损者的后顾之忧，更能在提高效率的同时防止劳动者成为受损者。

从经济合作与发展组织（OECD）的实践看，政府实施更多的社会保护政策，扩大相关领域的公共支出规模及比重，不仅不会降低创新活力，反而具有提高生产率的效果。为说明这一点，我们可以利用 35 个 OECD 成员国的数据，观察社会领域公共支出的 GDP 占比与每个就业人员创造的 GDP 之间的关系。

第八章 创造与保护：为什么需要更多的再分配？

如图 8-1 所示，在社会领域的公共支出或社会保护水平与劳动生产率之间，总体呈现互相促进的关系，也就是说，在较为显著的统计意义上可以发现，一个国家公共支出占经济总量比重越高，经济整体的劳动生产率越高。一些国别研究和国际比较研究，也揭示了这种描述性统计所显示的相关关系背后的事实。

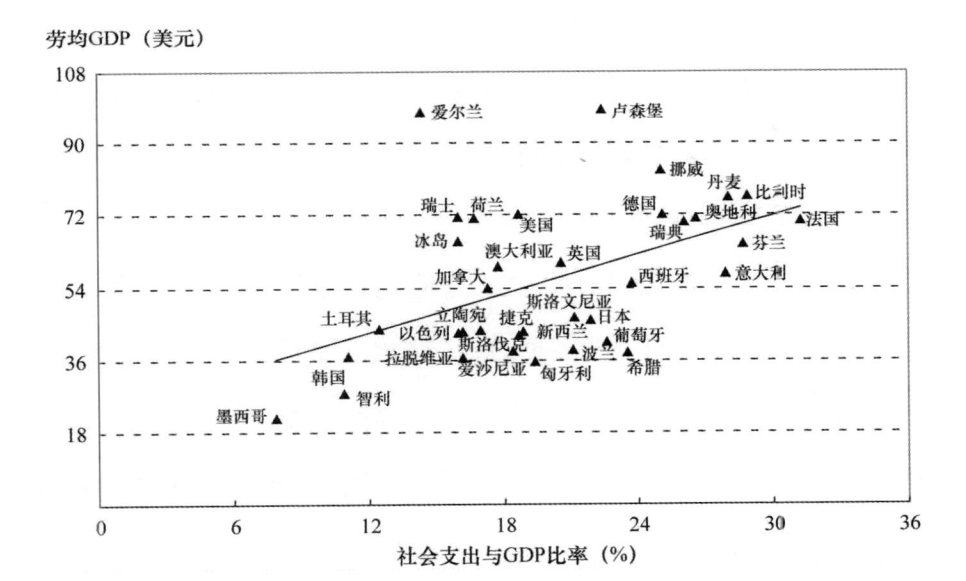

图 8-1 社会保护与劳动生产率

资料来源：经济合作与发展组织官方网站，https://stats.oecd.org/。

虽然美国经济以其技术前沿、竞争充分、品牌集中等优势多年享誉全球，较早期的研究也显示，美国制造业和服务业的生产率改善，在很大程度上得益于企业的进入与退出、生存与死亡这种创造性破坏机制①；然而，近年来也有越来越多的证据表明，美国经济已经日益显示出对新企业进入的排斥，以及对平等竞争的制度性阻碍②。

在一部最新出版的著作中，菲利庞（Thomas Philippon）提供了由于阻碍竞争导致的美国企业垄断性和集中度提高的经验证据。③ 沃尔夫（Martin Wolf）也论证了一个动态的资本主义经济可以使人人分享的信念，已经不再能够成为现实。相反，不充分的竞争、孱弱的生产率增长、严重的收入差距以及堕落的民主，都标志着以新自由主义经济学为圭臬的传统资本主义模式已经难以为继。④

与之对比，曾几何时因"从摇篮到坟墓"的福利体制而受到诟病的"瑞典模式"，重新引起人们的瞩目。弗里德曼（Milton Friedman）给该模式列出的罪状包括：弱化家庭功能，降低工作、储蓄和创新激励，抑制资本积累和限制人们的自由。⑤

---

① 如参见 Lucia Foster, John Haltiwanger, and Chad Syverson, "Reallocation, Firm Turnover, and Efficiency: Selection on Productivity or Profitability?", *American Economic Review*, Vol. 98, 2008, pp. 394 – 425; Lucia Foster, John Haltiwanger and C. J. Krizan, "Aggregate Productivity Growth: Lessons from Microeconomic Evidence", in *New Developments in Productivity Analysis*, NBER/University of Chicago Press, 2001。

② Luigi Zingales, *A Capitalism for the People: Recapturing the Lost Genius of American Prosperity*, New York: Basic Books, 2014.

③ Thomas Philippon, *The Great Reversal: How America Gave Up on Free Markets*, Cambridge, Massachusetts, London, England: The Belknap Press of Harvard University Press, 2019.

④ Martin Wolf, "Saving Capitalism from the Rentiers", *Financial Times*, 18 September 2019.

⑤ Milton Friedman and Rose Friedman, *Free to Choose: A Personal Statement*, New York, London and other cities: A Harvest Book · Hardcourt, Inc., 1990.

第八章 创造与保护：为什么需要更多的再分配？

实践中也显示出一些问题，以致一度被作为失败典型。但是，瑞典在并未丢弃这种福利体制的前提下，进行了成效显著的改革，促使人们对之进行新的评价。早在1999年的一篇专栏文章中，克鲁格曼就对瑞典的技术创新和经济表现赞誉有加，感慨道："谁承想瑞典模式竟然奏效了。"[①] 随后，更有经济学家对瑞典模式进行深入的经验研究，揭示其意想不到成功背后的改革效应。

例如，海曼（Fredrik Heyman）等探讨了瑞典在20世纪90年代开始进行的经济改革，发现旨在强化"创造性破坏"的劳动力市场改革、产品市场改革以及税收改革等，显著降低了企业的进入障碍，对劳动生产率提高产生积极的效应。他们的估算表明，在1996—2009年期间劳动生产率的明显提高中，配置效率改善的效应十分显著，而企业进入和退出的贡献高达65%左右。[②]

研究者用瑞典经济改革的成功来解释经济增长表现的改善，是令人信服的。但是，较为充分的社会保护，无疑也是让社会和企业敢于和乐于拥抱创造性破坏机制，从而使改革能够

[①] Paul Krugman, "Who Knew? The Swedish Model Is Working", in Paul Krugman, *The Great Unraveling: Losing Our Way in the New Century*, New York · London: W. W. Norton & Company, 2003.

[②] Fredrik Heyman, Pehr-Johan Norbäck and Lars Persson, "The Turnaround of Swedish Industry: Reforms, Firm Diversity and Job and Productivity Dynamics", IFN Working Paper, No. 1079, Research Institute of Industrial Economics, 2015.

成功的重要条件。进入和退出分别都意味着岗位的创造和破坏，资源重新配置也涉及劳动力的流动和替代。虽然这个过程的最终效应也可以是就业总量的扩大（瑞典即如此），但是，在劳动力流动和转岗的过程中，无疑都会遇到一个如何保护劳动者的问题。

只有从社会的角度能够为劳动者遭遇的摩擦性失业进行托底保障，如失业保险和政府举办的技术培训和岗位介绍等公共服务，企业和政策制定者才无须以保护岗位为借口阻碍进入和退出。瑞典利用自身已经存在的社会保护网，通过改革解决了两个关键的问题：处理关于劳动者的"内部人—外部人"关系，即解决前者倾向于排除后者竞争的问题，以及克服过去存在的"弱创造性破坏"，即解决为保护现存无效率企业而形成的进入障碍问题，最终取得了在创造性破坏中提高劳动生产率的成效。相应地，劳动者既可以从无效率的岗位上转出来，又能够在被重新配置到下一个岗位之前，在社会层面得到必要的保护。

学术界和政策制定者通常有一种误解，认为对劳动者的社会保护会使一个（发展中）国家（过早）向"福利社会"靠拢，并且，这种福利社会通常被认为是缺乏效率的。其实，在很多情况下，社会保护缺失实际上是把劳动者保护在企业内部，反而造成企业经营过程和重新配置中的巨大效率损失。通过包括社会协商在内的劳动力市场制度保护，允许劳动力流动，无论是向生产率更高企业集中的重新配置，还是暂时的退出和转岗，恰恰是利用社会政策托底改善效率的更有效做法。

在更高的发展阶段上实现高质量发展，必然需要鼓励企业进行熊彼特式的创新。熊彼特本人并没有就形成创造性破坏机制的条件展开论述，但是，许多国家的发展经验和后来涌现出来的大量文献都表明，一方面，这种机制对于创新发展是不可回避的，另一方面，创造性破坏既不排斥社会保护，更因牢固的社会保障体系的存在而得以更健康发生。

北欧模式的成功已经表明，社会保护成为经济健康发展的手段和保障，福利型国家与竞争型国家不仅完全可以并行不悖，而且互为条件。[①] 这种把优胜劣汰或创造性破坏与社会保护两种机制有机结合的实践和理念，可以被称作"超越熊彼特式创新"。

五　劳动力市场的初次分配效应递减

改革开放以来，中国经济高速增长的成果，通过劳动力市场机制获得了广泛的分享。这种发展的分享性质及其实现机制，与特定发展阶段和发展类型密切相关。在20世纪80年代

---

① 参见［丹麦］克劳斯·彼得森《北欧国家经济发展和社会保障之间的动态关系——为福利而增长还是为增长而福利？》，载郑功成、［德］沃尔夫冈·舒尔茨《全球社会保障与经济发展关系：回顾与展望》，中国劳动社会保障出版社2019年版，第230—238页。

到 21 世纪前十年的时间里，中国处于一个有利的人口机会窗口期，即劳动年龄人口迅速增长，人口抚养比持续下降。

各方面改革通过清除劳动力流动的制度性障碍，把农业中的剩余劳动力和城市企业中的冗员，吸纳到迅速成长的新的就业领域，实现了资源重新配置。通过扩大对外开放，劳动力丰富的资源优势被转化为制造业的比较优势，进而在国际分工体系中赢得劳动密集型产品的竞争优势，实现了经济增长与就业扩张的同步。

从理论上看，这个阶段的经济发展特征具备成果分享的性质，从实践上看，这一潜在条件也通过改革开放得到充分利用。利用这一轮经济全球化高涨的机会，中国在国际分工中主要发挥劳动密集性产业的比较优势，意味着在国际贸易中以丰富的劳动要素交换发达国家的资本要素和技术要素。

如图 8-2 所示，在与中国人口机会窗口期相重合的时期，即 20 世纪 80 年代到 21 世纪前十年，中国货物出口中以高收入国家为对象的部分，占比基本在 75% 以上（除 1980 年、1982 年、1983 年外）；同时，中国货物进口中来自高收入国家的比重同样很高。

从整体来看，这种按照比较优势原则进行国际贸易的结果，便意味着中国作为劳动密集型产品出口国，劳动要素的回报率也由此得以提高，城乡劳动者通过劳动力市场初次分配机制分享了改革开放发展的成果。具体来说，在劳动力具有无限

第八章 创造与保护：为什么需要更多的再分配？ 281

供给特征的时期，由于工资上涨较慢，居民收入整体增长主要依靠就业扩大和劳动参与率提高；而在刘易斯转折点到来之后，城乡居民则主要通过劳动力短缺引起的工资上涨来增加收入。

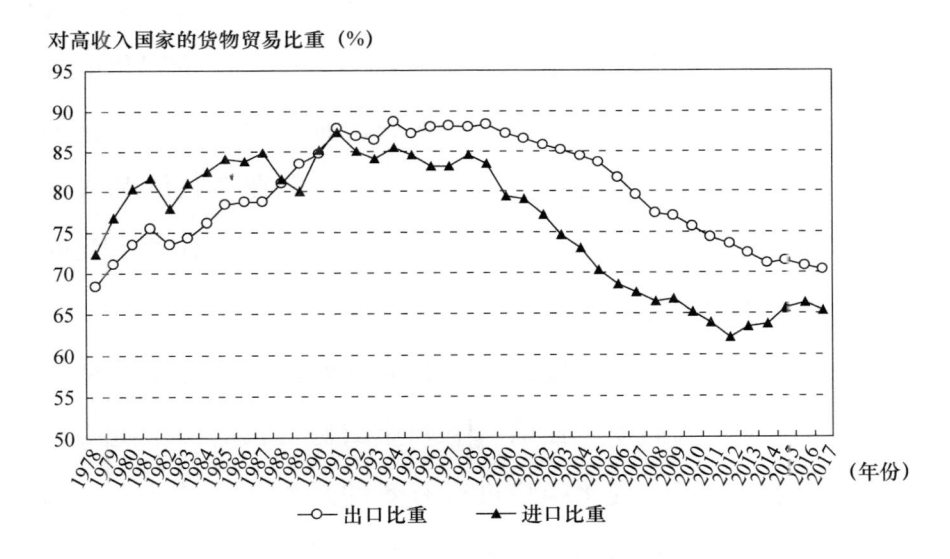

图 8-2　中国贸易方向与比较优势变化

资料来源：世界银行数据库，https://data.worldbank.org/。

随着2010年之后劳动年龄人口进入负增长、人口抚养比步入上升轨道，中国延续30年的人口机会窗口开始迅速关闭。这种变化对劳动力市场的最主要影响，是二元经济发展阶段上最显著的劳动力无限供给特征逐渐弱化。具体表现为，随着农业剩余劳动力转移速度减慢，城乡就业扩大和资源重新配置都不再像以往那样，以急风暴雨式的节奏进行，劳动密集型制造业的比较优势也加速减弱，国际贸易以发达国家为主要对象的特点也趋于淡化。相应地，劳动力市场机制初次分配功能，既不再能够单独解决收入分配问题，也不足以解决民生领域面临的其他问题。

进入新的发展阶段，还会出现若干新特点，构成降低社会流动性的因素。社会流动是一个有关各群体社会地位变化的复杂问题，涉及社会阶层结构格局、居民幸福感和对社会公正的认同，以及社会是否具有凝聚力等。通常，职业在代际和人口队列之间的变化可以作为一个显示性指标，在一定程度上反映社会流动的变化趋势。

在第九章，我们将详细讨论社会流动性问题。这里，从本章的逻辑出发，我们预先强调一下职业结构变化的两个重要因素，以便对社会流动变化趋势进行有效的观察：一是产业结构升级优化，作为职业结构变化的需求侧因素；二是劳动年龄人口受教育程度提高，作为职业结构变化的供给侧因素。在两者皆呈现较快发展的条件下，就表现为职业结构的高度化，通常也导致社会流动性的增强。

如果一个社会要保持较高的流动性，通常视其所处的发展阶段或环境，分别需要通过两种途径实现。在高速成长和结构变化过程中，社会流动性以正和博弈（从而帕累托改进）的方式发生。改革开放以来中国城乡居民对发展成果的分享，迄今为止主要是以这种社会流动的方式进行的。然而，如果把这看作是提高社会流动性的唯一途径，则会得出结论，随着经济增长速度减慢，社会流动性也会下降，除了应对经济增长问题别无他途。①

发展是解决发展中遇到问题的根本办法无疑是正确的，但是，我们也不应该拒绝下面将讨论的另一条可行的，并且应该是不可或缺的途径。这就是，再分配政策必须发挥应有的作用，与经济发展创造更多机会相配合，既要保持和扩大社会流动性，还要缩小社会流动阶梯上下两端的实际差距。

六 如何分享创新与创业的成果？

纸上谈兵或者只是在沙盘上进行推演的发展经济学家，通常以劳动力短缺和工资上涨现象定义"刘易斯转折点"。一旦进入现实世界，他们则会发现，刘易斯转折点包含了诸多转折性的现象。例如，一个国家跨过刘易斯转折点之后，在劳动力市场，由于供求关系的逆转即发生从劳动力无限供给到短缺的变化，受雇者与雇主之间的谈判地位发生了有利于前者的变化；在公共决策中，由于制约发展的要素相对重要性从资本越

---

① 针对发达国家情形，沃尔夫似乎就持这样的观点。如参见 Martin Wolf, "Hypocrisy and Confusion Distort the Debate on Social Mobility", *Financial Times*, 3 May 2019。

来越转向劳动,政府对劳动者的政策保护偏向和实施力度也趋于加强。①

基于早期对经济史的观察,经济学中有一种传统观念,即倾向于认为,一经进入劳动力短缺成为常态的经济发展阶段,劳资双方的谈判地位就一劳永逸地确立起来,虽然每一个局部的情形仍然有赖于具体的讨价还价结果,但整体而言天平是向劳动者倾斜的。然而,当今世界的现状并非如此展现在人们面前,反而呈现各种看似异类的表现。

例如,各种类型的民粹主义鼓吹者取得或正在争夺国家行政权力,政治、经济和社会精英陷入愈演愈烈的党派之争,普通民众因处于全球化造成的不同境况而陷入彼此之间的政治对立,使人们对背后的民生福祉和收入分配问题既不能充耳不闻,也不能避而不谈,因此更需要认识其产生根源,从而拿出正确的应对策略。

由"摩尔定律"和"库兹韦尔奇点"等概念所刻画的人工智能和大数据发展,可以很好地展示现代科技发展的颠覆性,并且,早期笼而统之的信息和计算机技术,如今已经在互联网、社交网络、交易平台和物联网等领域得到广泛应用,在全

---

① 如参见 Fang Cai, "The Hukou Reform and Unification of Rural-Urban Social Welfare", in David Kennedy and Joseph Stiglitz (eds.), *Law and Economics with Chinese Characteristics: Institutions for Promoting Development in the Twenty-First Century*, Oxford, United Kingdom: Oxford University Press, 2013, pp. 441, 454。

第八章 创造与保护：为什么需要更多的再分配？

球化的背景下，其影响遍及世界每个角落的每一个人。对于这种技术发展趋势的经济社会影响，可以做如下阐述和概括。

首先，报酬递增导致垄断的规律没有发生变化，因此，具有更突出的报酬递增性质的新技术革命，必然产生前所未有的垄断倾向。在中国和美国这样的高科技企业数量领先于全球的国家，人们看到的一个日益普遍的现象是，明星科技企业们创造巨额亏损，却仍然获得很高的市场估值，从私人和公众那里获得天价的融资。这很自然地会引起人们对科技泡沫和金融危机的担忧。

例如，研究发现，美国公司上市之前一年处于亏损状态的比例，在2000年互联网泡沫危机时高达81%，而2018年已经超过了当时的水平。[①] 我们知道，任何时候一旦危机爆发，总是普通劳动者和消费者受到最大的损害。

不过，这还远远不是问题的全部，甚至不是问题的重点所在。明星企业的垄断和追求更大的垄断地位的倾向，是当今世界民生福祉下降、收入分配恶化、资本所有者和劳动者对立的根源。人们或许以为，这里我们又一次面临效率与公平之间的取舍权衡问题。其实，大企业的垄断地位及由此产生的行为，既确定无疑地伤害公平，也并不产生效率。

---

① 参见 Matthew Vincent, "Lossmaking Tech Companies Are Floating Like Its 1999, Making Some Investors Wary", *FT Wealth*, Issue 56, June 2019, pp. 44–45.

即便科技明星企业是由于创新起家，一旦它们取得垄断地位，生产率提高不再是其成长的源泉，创新动力也便随之丧失，甚至可能成为创新的阻力。科瓦鲁比亚斯（Matias Covarrubias）等对过去30年的美国处于领导地位的企业特征进行分析，发现在20世纪90年代，在低集中度、严酷价格竞争和无形投资的条件下，处于领导地位的企业的生产率提高很快；而进入21世纪以来，由于无效率集中度提高、竞争弱化、进入障碍增强，处于领导地位的企业的垄断性得到强化，导致投资不足且伴随着集中度提高和价格高企，生产率的增长也明显减慢。[1] 另外，在并不改善效率的情况下，增强的垄断倾向却确信无疑地对公平造成损害。

其次，垄断必然产生强化资本收益、抑制劳动收益的结果。皮凯蒂揭示了相对于经济增长，资本收益不成比例的提高，是收入不平等的根源。[2] 斯蒂格里茨（Joseph Stiglitz）认为与新技术革命相关的企业经营，已经使得各种要素的收益主要由权力决定，而不再根据各自的贡献来决定，因此，不受约束、不可遏制的市场垄断是资本收益持续提高、收入分配不断恶化的根源。[3]

---

[1] Matias Covarrubias, Germán Gutiérrez and Thomas Philippon, "From Good to Bad Concentration? U. S. Industries over the Past 30 Years", NBER Working Paper, 25983, 2019.

[2] Thomas Piketty, *Capital in the Twenty-First Century*, Cambridge Massachusetts: The Belknap Press of Harvard University Press, 2014.

[3] Joseph Stiglitz, "Monopoly's New Era", https://www.project-syndicate.org/commentary/high-monopoly-profits-persist-in-markets-by-joseph-e-stiglitz-2016-05.

第八章　创造与保护：为什么需要更多的再分配？

再次，对于迅猛发展的大型科技企业，普惠效应并不能由其本性中自然而然产生。人们逐渐发现，这一轮科技革命催生的科技大公司或平台公司，并不如想当然的那样具有普惠性或者分享性，零工经济所创造的就业与其破坏的岗位，数量上难分伯仲，却使这种新的就业形态既无安全感，更与社会保障脱钩。

在加剧的社会抨击和反垄断调查促使下，舆论界和企业界正在进行一场关于企业目标或责任的大辩论，争论的焦点是企业发展应该着眼于股东收益最大化，还是应该关注职工福利，或者社会责任为先。可以想见，没有外在的制度安排，仅凭大型企业自我良心发现或者自我约束，其发展的非分享性是难以遏制的。

复次，企业无限制的集中必然侵害普通消费者的利益，企业缺乏财务纪律的后果则由公共投资者承担。私募和风险投资对独角兽企业的大规模融资，以及违反常规的并购和预防性收购，旨在消除现行的和潜在的竞争者，而投资者和经营者并不承受这种损失，埋单人终究是消费者。人们看到了越来越多的明星企业、独角兽，同时也不可能对利维坦式的明星投资者熟视无睹，后者极力渲染企业发展的虚假繁荣，将其打造成资本市场的"宠儿"，最终作为私人投资者，它们赚得盆满钵满，全身而退，把不确定性和风险留给公共投资者。

最后，垄断经营阻碍竞争者进入，减少全社会的创业活动和就业创造。虽然基于以往经验,做出关于机器人究竟将替代掉多少现有岗位,或者以数字化为特点的新技术能够新创多少岗位的预测,迄今并无定论;[1] 但是,以下两个判断几乎是确定的。第一,机器人对劳动者的替代显然不会遵循以往的速度进行。计算机技术应用范围扩大的速度前所未有,其替代劳动的挑战性必然超出所有的以往经验。第二,问题并不在于新技术创造的岗位能否填补失去岗位的数量缺口,我们所关心是这个就业破坏与创造过程,在多大程度上以及多长时间里影响民生。实际上,不受约束的大型技术企业破坏就业的过程,同时也就是它们阻碍新的市场主体进入因而创造就业的同一过程。

正如与工业革命同时诞生却始终遭到妖魔化的卢德主义思潮(the Luddites)所表达的那样,技术进步和机器对劳动的替代,从来不会自动改善人民的福祉,即便创造出新的岗位,在被替代的与新创造的岗位中,并非同一个就业群体,至少在短时间内不是如此。在新的发展阶段上保持经济高质量发展,我们绝不能拒绝创新、创业和与之相伴的创造性破坏。

然而,人归根结底是发展的目的。低效率的产能应该被破坏,甚至过时的岗位也可以被破坏,唯独人不能被破坏。创造

---

[1] Thor Berger and Carl Benedikt Frey, "Structural Transformation in the OECD: Digitalisation, Deindustrialisation and the Future of Work", OECD Social, Employment and Migration Working Papers No. 193, 2016, OECD Publishing; Takamisu Sawa, "What Jobs Will Be Lost to AI and Robotics?", *The Japan Times*, October 13, 2018.

必要的制度条件，让作为资源配置决定性机制的市场保持充分的竞争性，最大限度地创造就业，同时加大再分配政策的实施力度，是让创造性破坏机制发挥作用的唯一正确方式。

七 结语和政策建议

经济增长、技术进步和全球化都不能自动解决收入分配问题，效率与公平之间也并非注定具有非此即彼、不可兼得的取舍关系，涓流经济学越来越失去其学术影响力。随着中国进入高质量发展阶段，即将跨入高收入国家的行列，继续保持经济发展的充分分享性，需要应对一系列崭新的挑战。随着劳动力的产业转移带来资源重新配置效应的式微，提高生产率必然要求创造性破坏机制发挥更大作用。与此同时，劳动力市场的初次分配效应也呈现递减趋势，创新和创业成果的分享面临着诸多难点。这都要求政府承担更多的支出责任，通过一系列制度建设加大实施再分配政策。

首先，增强社会保障制度的普惠性质。包括基本社会保险、最低生活保障和各种社会救助制度在内的社会保障制度，虽然是分别从不同的风险角度进行制度设计，因而以不同的项目形式运作，但是，各类制度的共同目的是防范和抵御各种风险事件，对各类人群予以社会托底保障。碎片化的制度结构不能成为有机的体系，并且由于识别困难和实施的交易费用高，很多此类政策的托底效能常常发挥不力，因此需要根据条件的逐渐成熟进行整合。

每一项保障制度终究需要独立地经过自身的建立健全过程，这也确是走向整合的必要前提，但是，单项制度形成和完善过程中也会产生排斥整合的倾向。要避免这种现象发生，解决好单项制度的发育与最终整合之间的矛盾，从一开始就要着眼于增强每一类制度形式的普惠性，以便最终在这个共同基础上按照效率原则实现整合。国际经验表明，在走向现代化的过程中有一个建设福利国家的关键阶段或加速期。这个时期大体上是中国从现在起到 2035 年基本实现现代化期间，按人均 GDP 衡量的话，大约是从 10000 美元提高到 23000 美元期间。可见，对社会保障各项制度进行整合的最终目标，应该是构建中国特色福利国家。

其次，完善劳动力市场制度。在市场机制发挥资源配置决定性作用的条件下，各种生产要素市场的运行也需要得到规制和规范。其中，劳动力市场作为配置人力资源的机制，需要更多的规制和规范。这是因为，劳动力和人力资本这两种要素的性质，由于以人这个发展的目的主体为载体，因而与其他物质要素的情形并不完全相同。如果说，资本市场规制着眼于防范资本要素对市场及其主体产生可能的伤害的话，劳动力市场规制则更着眼于防止对劳动者本身的伤害。因此，发育劳动力市场所需要的努力，不仅包括提高其配置人力资源的效率，还包

第八章 创造与保护：为什么需要更多的再分配？

括劳动立法和执法、最低工资标准和制定机制、集体协商和劳动者权益表达等相关制度。

再次，实施收入分配政策。劳动力市场初次分配机制并不能保障收入分配公平，同时也未必带来效率。以往的发展成果不足甚至发展政策失误，可能产生一种不利于某些社会群体的收入分配结果；人力资本和其他个体性因素差异，也会导致人们并不处于同等起跑线或竞赛条件；来自外部环境和不确定因素的冲击，对不同群体的影响也有差异。这些因素都使得劳动力市场的初次分配，从社会角度来说并不一定是最适宜结果。

因此，旨在增加低收入者收入、扩大中等收入群体和调节过高收入的收入分配政策是必要的。特别是，再分配手段中缩小收入差距中的作用，并不是锦上添花的需要，而是要达到预定目标所必需的。例如，剔除 OECD 国家中收入差距较大的智利和墨西哥后，我们可以发现，这个高收入国家俱乐部较为合理的收入分配状况，实际上是在再分配之后才形成的。例如，经过税收和转移性支付，这些国家的基尼系数从平均 0.473 下降到 0.306，降低幅度高达 35.3%。[①]

最后，推进基本公共服务的均等化。政府承担支出责任或者作为提供者的基本公共服务，应该实现最大限度的均等化，才能实现保护弱势群体、降低各类风险和冲击、增强社会流动

---

① 笔者根据 OECD 数据库的计算，https://data.oecd.org/。

性、阻断贫困代际传递等设定目标。诚然，国家财力的有限性始终构成相应的资源制约，使得基本公共服务均等化只能以渐进的节奏和方式推进。然而，如果确立更明确的战略目标和更精准的制度设计，可以通过确定最适宜的政策优先序来加快这个过程。

例如，以往的研究表明，户籍制度改革可以通过提高劳动力对非农产业的参与率和改善资源重新配置效率，显著提高中国经济的潜在增长率。[1] 这个真金白银的改革红利，就可以成为选择优先序的方法论依据和决策基础。决定优先序的因素可以包括相应的政策调整在提高经济增长速度、保障和改善民生、获得社会回报率、成本收益比最小化等方面的显著性。也就是说，选择在那些成本最小、受益最大的领域率先实现改革关键步骤的突破，可以利用获得的社会效益支持进一步的改革，从而形成改革促发展、发展促分享的良性循环。

---

[1] Fang Cai and Yang Lu, "The End of China's Demographic Dividend: The Perspective of Potential GDP Growth", in Ross Garnaut, Fang Cai and Ligang Song (eds.), *China: A New Model for Growth and Development*, Canberra: ANU E Press, 2013, pp. 55 – 74.

第九章　人往高处走：高质量发展与社会流动

一　引言

改革开放以来，中国创造了经济持续健康发展、社会持续安全稳定两大"奇迹"。两个奇迹的创造密不可分。特别是，社会能够长期保持稳定，正是由于经济发展取得突出的成果并且能够为全体人民共同分享，同时整个社会保持了充分的流动性，形成人人向上，通过努力工作和积极创业改善生活、勤劳致富的局面。中国经济已经从高速增长阶段转向高质量发展阶段，面临着转变发展方式和产业优化升级的艰巨任务，如何在这个发展阶段上保持充分的社会性流动，同样是一个严峻的挑战。

改革开放以来的中国经济高速增长，与同一时期发生的人口转变密切相关，或者说，这一时期的经济增长源泉直接来自于人口红利。从不同的视角来观察，结合运用人口学、经济学和社会学的多视角，我们可以发现人口变化通常表现为三种形式，分别为人口的自然变化、机械变化和社会变化。这些人口变化形式在受到经济社会发展结果影响的同时，也分别以种种方式反作用于经济社会发展过程。

许多学者用特定时期形成的人口特征，如人口抚养比处于较低水平且处于持续下降过程的表现，并将其纳入经济增长的分析框架，以解释人口因素如何促进经济增长，在经济学的分析框架内形成了人口红利理论。[①]也可以说，这种研究关注的是由人口自然变化及其特质产生的经济增长结果。

这种分析方法也被用于对中国经济增长的研究。根据早期开创性学者常常采用的方法，一些中国问题研究者把抚养比作为一个变量纳入计量模型，得出其对改革开放以来经济增长产生正面促进效果的结论。例如，王丰和梅森（Andrew Mason）以人口抚养比作为人口红利的代理指标，估计出在1982—2000年期间，人口红利对中国经济增长的贡献为15%。[②]笔者和王德文的估计显示，同一时期抚养比下降对人均GDP增长的贡献高达26.8%。[③]

[①] Jeffrey Williamson, Growth, "Distribution and Demography: Some Lessons from History", NBER Working Paper, No. 6244, 1997.

[②] Feng Wang and Andrew Mason, "The Demographic Factor in China's Transition", in Loren Brandt and Thomas G. Rawski (eds.), *China's Great Economic Transformation*, Cambridge · New York: Cambridge University Press, 2008, p. 147.

[③] Fang Cai and Dewen Wang, "China's Demographic Transition: Implications for Growth", in Garnaut, Ross and Ligang Song (eds.), *The China Boom and Its Discontents*, Canberra: Asia Pacific Press, 2005.

第九章　人往高处走：高质量发展与社会流动

也有的研究从更为广义的范畴定义人口红利，着眼于人口因素对生产函数中诸多变量的影响，观察人口红利的作用。在从经验角度分解了经济增长的各因素之后，研究者对代表这些因素的各主要变量做出解释，发现其直接或间接地都与人口因素相关。[①] 例如，资本积累的贡献，与人口抚养比低带来的高储蓄率以及劳动力无限供给带来的高回报率相关；劳动力数量和人力资本贡献，与劳动年龄人口的持续增长相关；全要素生产率或劳动生产率的贡献，则与劳动力在部门间和地区间转移产生的资源重新配置效率相关。[②] 很显然，这里所称的资源重新配置过程，在现实中的表现就是人口的机械变化，即劳动力流动或人口迁移。

然而，从社会学角度认识人口变化，或者说，把社会性流动与人口因素结合分析的文献，迄今为止尚不多见。人口的社会性流动是相对于迁移等横向流动而言，人口在攀登职业、收入、社会身份等社会阶梯方面发生的纵向流动。正如人口自然变化已经从人口学视角拓展到经济学视角、人口机械变化日益具有了多学科的维度一样，人口社会变化也不仅是社会学的研究对象。特别是，中国的社会性流动是过去改革开放发展成果

[①] Fang Cai and Wen Zhao, "When Demographic Dividend Disappears: Growth Sustainability of China", in Aoki, Masahiko and Jinglian Wu (eds.), *The Chinese Economy: A New Transition*, Basingstoke: Palgrave Macmillan, 2012.

[②] 参见蔡昉《中国经济改革效应分析——劳动力重新配置的视角》，《经济研究》2017年第 7 期。

得以广泛分享的关键,也将是检验高质量发展成败的重要评判依据。

从广义的角度来看发展,社会性流动是一个经济增长和社会变迁相互影响、彼此促进的过程,因此,产生对经济增长正面推动效应的人口因素,同时或多或少具有对社会变迁的正面推动效应。换言之,人口红利既有其经济含义,也有其社会含义。而对于后者的研究,在相关学科的文献中可以说暂付阙如。

本章把人口变化的自然、机械和社会三个维度结合起来,观察和理解改革开放以来高速经济增长如何得到分享;揭示人口转变和经济发展阶段变化如何对社会性流动提出新的挑战;分析高质量发展与社会性流动的关系;提出在全面建成小康社会之后,农村绝对贫困现象被消除之后,相对贫困提出的新问题和新任务。进而,从破解效率与公平之间的"取舍"难题,以及把握好保障民生尽力而为和量力而行之间的动态平衡等角度,提出相应的政策建议。

二 人口变化的社会经济视角

实际上,自改革开放以来,无论是透过人口的自然变化、机械变化还是社会变化,人们都可以从中观察到中国经济和社会的快速发展。同时,分别从不同视角进行观察,也帮助我们

第九章 人往高处走：高质量发展与社会流动

从广义人口红利的效果上，理解这一时期中国创造两大奇迹的经济社会原理和具体机制。

首先，我们来观察人口的自然变化，即人口学意义上的人口转变过程。作为一般规律，一个国家完整地完成人口转变，通常要依次经历三个阶段：第一，在人均收入较低的发展阶段，人口类型表现为高出生率、高死亡率和低自然增长率；第二，随着收入水平提高，人口转变逐渐表现出高出生率、低死亡率和高自然增长率的类型；第三，在更高的发展阶段，人口转变类型呈现低出生率、低死亡率和低自然增长率的特征。简言之，经历这样一些阶段，实现从高生育率到低生育率的转变，就是作为人口学研究对象的人口转变过程。

中华人民共和国成立以后，结束了长期战乱及其造成的民不聊生状况，人民实现了安居乐业，人口死亡率迅速大幅度下降。同时，直到20世纪60年代中期之前，人口出生率的下降相对缓慢，滞后于死亡率的下降，导致人口自然增长率上升。随后，在整个70年代死亡率继续下降但略微趋缓的同时，出生率开始大幅度下降，导致1970年人口自然增长率比1949低了1个百分点。在那之后，死亡率基本稳定，出生率和增长率在80年代有所上升。自1998年以后，人口自然增长率便一直低于10.0‰，2004年以来进一步降到6.0‰以下，2019年仅为3.3‰。

在中国完成这样一个完整的人口转变过程，具有十分重要的意义。其一，中国拥有世界人口的 1/5，因而，其所经历的这个过程，堪称人类历史上最大规模的人口转变。其二，中国的完整人口转变，也是人类有史以来完成速度最快的。正如学者通过比较发现，英国和法国的总和生育率从 5 降到更替水平 2 左右，共用了约 75 年的时间。而从中国的数据看，同样幅度的生育率下降只用了 20 年的时间。[①] 其三，正是这个快速的人口转变，使有利于经济增长的人口特征得以表现出来，形成在 1980—2010 年期间，劳动年龄人口的高速增长和人口抚养比的持续下降态势，给中国经济增长创造了独特的人口红利。

其次，我们来观察人口的机械变化，即劳动力在城乡之间、地域之间和产业之间的大规模流动。在计划经济条件下，人民公社体制、户籍制度和票证制度形成制度"三驾马车"，严格限制了农村劳动力进行产业转移和地域流动，严重阻碍了城市化过程。也就意味着，那个时期既不存在劳动力的横向流动，人口的社会结构也是高度固化的。

在改革初期，农村实行家庭联产承包责任制释放出农民的劳动生产积极性，剩余劳动力被显现出来。进一步，非农产业的高速增长创造了大量的就业岗位，随着经济体制改革和政策调整拆除一系列制度障碍，使劳动者能够依据就业机会和相对

[①] 参见中国发展研究基金会《中国发展报告 2011/2012：人口形势的变化和人口政策的调整》，中国发展出版社 2012 年版，第 28—29 页。

第九章 人往高处走：高质量发展与社会流动

收入的市场信号，离开原来所在的低生产率就业领域，在地域上和产业间流动，并进入新的、生产率更高的就业领域。这形成了一个人类历史在和平时期最大规模的人口流动。

在2000—2019年期间，离开户籍所在乡镇外出打工的农村劳动力（即农民工），从7800余万人增长到1.74亿人，年平均增长速度为4.3%。这个速度甚至显著快于城镇总就业的扩大速度（年平均3.5%）。由于这里定义的农民工有77.5%在城镇居住，农民工增长速度快于城镇就业增长速度的现象，便显示出这个人口机械变化的本来含义。也就是说，从农业中转移出来的人口，为城市非农产业发展提供了源源不断的劳动力、人力资本、投资高回报的条件和资源重新配置效率。因此，这个过程成为改革开放以来经济发展的重要且不可或缺的部分。

最后，我们观察人口的社会变化，即人们的社会经济地位在代际或年龄队列间的变化。在计划经济时期，在各种禁锢生产要素流动的体制下，中国社会具有高度不流动的性质。人口迁移和劳动力流动被严格限制在集中计划的范围内，人们只能通过统一招工、高等学校毕业分配和部队复员转业，才能实现在城乡之间和地区之间的横向流动，获得职业变化、收入群体地位变化从而社会身份的改变。

改革开放以来，高速经济增长和产业结构变化，为城乡居民创造了更多的经济机会。同时，通过一系列旨在清除制度性障碍的改革，人们获得了更多的社会通道，通过人口流动进行横向的职业选择，纵向流动的通道也相应得以疏通。特别是，随着以普及九年制义务教育和高等教育扩大招生为主要推动力的教育发展，人们主要通过职业阶梯的攀升以及创业，得以改变自己及其父辈所属的收入分组地位。一般来说，在一个经济高速增长、产业结构迅速变化，并且教育得到广泛普及和提高的发展阶段，职业结构趋于向人力资本含量和社会地位更高的水平提升，与此相应的变化也比较剧烈，因而社会流动性较强。

限于数据可得性，我们仅根据2000年第五次人口普查和2010年第六次人口普查数据，以教育发展和职业地位变化为例，认识这个人口转变时期的社会性流动趋势。

第一个可以帮助我们进行观察的指标是分年龄组的受教育年限。根据人口普查数据中分年龄组的受教育阶段，我们分别赋予各种受教育状态人群的受教育年限，即"未上过学"为0年，小学为6年，初中为9年，高中为12年，大学专科为15年，大学本科为16年，研究生为19.3年（按硕士生和博士生人数的加权平均值计算）。

第二个帮助我们进行观察的指标是分年龄组的职业高度化指数。由于在相关统计数据中，职业被定义为"专业技术人员"和"办事人员和有关人员"两部分人员，相对于生产、服务和操作人员更接近于"白领"类职业，我们计算了每个年龄

第九章 人往高处走：高质量发展与社会流动　　301

组人群中这两类人员合计占全部就业人员的比重，用来反映职业的向上流动变化。在图9-1中，我们分别展示这两个指标在2000—2010年期间，以及在同一时点上随年龄变化的趋势。

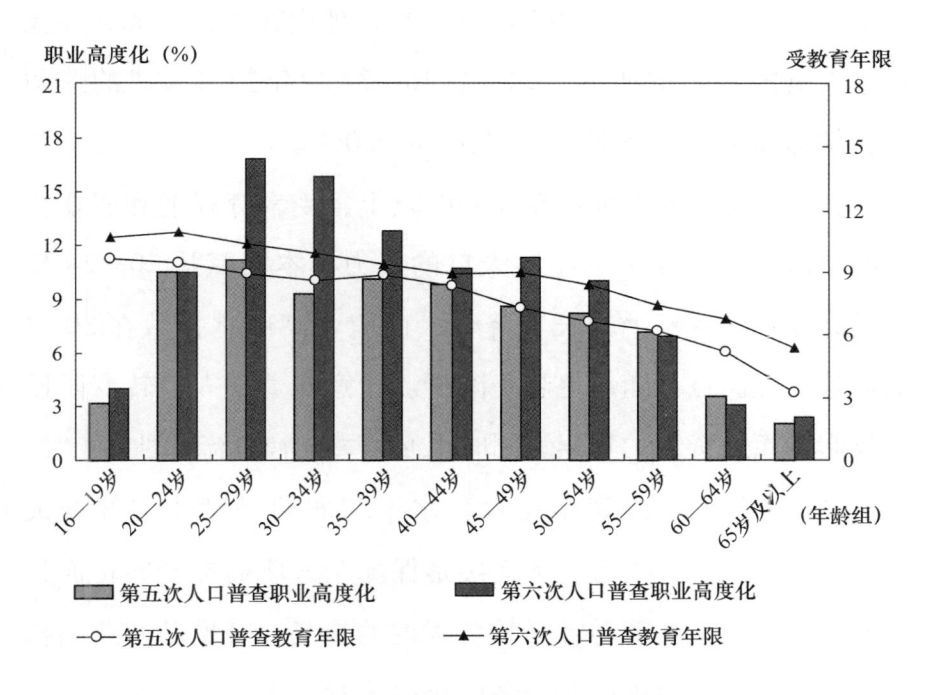

图9-1　人均受教育年限和职业高度化指数

资料来源：国家统计局网站，http://www.stats.gov.cn/tjsj/pcsj/。

首先，在两次人口普查间隔的2000—2010年期间，恰好经历了由于普及九年制义务教育和高等学校扩大招生引起的教育快速扩张，以及中国加入世界贸易组织后的高速增长。我们可以观察到，受教育程度和职业构成的变化，表现为人均受教育年限的显著提高，以及随着非农产业特别是制造业和服务行业的扩大，更多的"白领岗位"被创造出来，职业高度化程度整体得到提高。

例如，在2000—2010年期间，25—29岁年龄组人口的平均受教育年限提高了15.9%，相应地，他们在工作中成为专业技术人员的机会增加了50.1%；30—34岁年龄组人口的这两个比例提高幅度，分别为15.2%和70.0%。

其次，我们可以观察在同一时点上，受教育程度和职业构成的年龄分布，即劳动年龄人口的人力资本禀赋从20—24岁的最高点，随着年龄增长而降低，而职业高度化指数在30岁前后达到最高点，随后也趋于降低。这意味着，人口转变阶段不仅影响人力资本的积累，同时也必然影响社会流动性。

最后，我们可以观察受教育水平与职业高度化之间的关系，即总体来看，人力资本无疑是保障个人职业提升的正面且重要的影响因素。劳动者受教育程度的提高，既推动产业结构优化升级，从而促进职业的高度化，同时，也由于产业结构的调整对人力资本产生更大的需求，劳动者、家庭和社会对此做出积极反应，提供了更大的教育激励。

职业构成的升级过程及其可能发生的减速，也可以从上述关系中预期到。从2002—2006年期间平均来看，16岁及以上人口中"白领"职业构成为12.5%，到2012—2017年期间，这个平均比重提高到18.9%。但是，若干与人口红利消失相关的因素，通过与人力资本积累速度放缓共同作用，产生使职业结构升级势头弱化，进而使社会流动趋势减弱的效应。

一般来说，在普及初中级义务教育的阶段，人均受教育年限能够以很快的速度提高。不过，即便在这样的时期，由于劳动年龄人口存量中更多的是人力资本禀赋较低的人群，劳动年龄人口整体的人均受教育年限的增长，也相当平缓。而一旦义务教育得到较充分的普及和巩固之后，提高人均受教育年限难度就更大了，教育扩张就不再能够保持超常规的速度。

由于长期以来中国劳动力总体受教育水平的改善主要依靠这种增量效应，随着劳动年龄人口进入负增长，每年新成长劳动力的人数减少、增速下降，也就意味着人力资本增量减少，劳动年龄人口整体人力资本的存量改善，也就不可避免地减慢速度。此外，人口老龄化也导致劳动力老龄化，由于劳动年龄人口中的各年龄组，分别对应着不同的职业结构特征，职业高度化水平随年龄增大而降低，因而从静态意义上降低社会流动性。

在人口红利逐渐消失的一定阶段，例如，自2004年中国经济跨越刘易斯转折点之后，普通劳动力出现持续短缺现象，导致低技能工人的工资上涨快于高技能工人。这意味着，在这个特定的时期，人力资本的市场回报率趋于降低。由此产生的信号会对教育产生负激励，个人和家庭的升学、在学意愿下降，从而削弱未来的人力资本积累，降低未来的社会流动性。

三 社会性流动的两种模式

在不同的人口转变时期、不同的教育扩张阶段，以及在不同的经济发展阶段，社会性流动的发生通常采取不尽相同的模式，而这些模式之间往往具有巨大的差异性，并可能形成异质的变化特征，进而导致大相径庭的社会经济后果。因社会流动性减弱而导致收入差距扩大并且固化这种差距，进而造成政治分化和社会分裂，是当今世界普遍存在的现象，发生在不同类型的国家。

从世界各国的发展经验中，我们可以做出一些抽象概括，从理论层面上回答，在何种情况下社会流动性较强，在何种情况下社会流动性减弱等问题，或许有助于中国在保持和增强社会性流动的政策调整和制度安排中借鉴。我们先来根据人口转变阶段因而经济发展阶段的不同，把社会性流动划分为两种类型或模式。

在劳动年龄人口迅速增长、人口抚养比持续下降的人口转变阶段，人口因素有利于经济增长。这种潜在的人口红利，通过劳动力充足供给和人力资本的快速改善、高储蓄率和高投资回报率，以及资源重新配置引致的生产率提高，实际推动高速经济增长和产业结构变化。

这个过程为各类劳动者提供了大量的就业和流动机会。一方面，劳动者实现就业类型的转换，如从生产率低的农业等传统产业，转移到生产率更高的制造业和服务业等产业。另一方面，伴随着新成长劳动力受教育程度的提高，劳动者具有与劳动力市场需求相匹配的职业技能和就业能力，得以抓住多种机会，沿着岗位阶梯提升自己的职业高度，进而带动家庭收入和社会地位的提高。

由于在这个发展阶段存在着大量的横向流动机会，使得更多的个人和家庭能够提高自身的职业高度、收入地位和社会身份，实现向上的纵向社会性流动。由于流动性大、职业机会多、开放性强，任何群体的向上流动都无须以其他个人和家庭的向下流动为条件。因此，这种类型的社会性流动具有"帕累托改进"的性质。

以上描述的情形，正是改革开放以来中国实际经历的过程。实际上，图9-1所显示的人均受教育年限与职业高度化的同时提高，就表明了，在中国经济高速增长时期，伴随着全社会人力资本的改善和职业地位的提升机会增多，社会性流动属于帕累托改进。由于高速经济增长和社会性流动同时发生，城乡居民也得以在改革开放发展过程中广泛获益。

在进入劳动年龄人口负增长、人口抚养比提高的人口转变阶段，以及经济增长减速的发展阶段情况下，由于有利于高速增长和生产率提高的人口因素趋于式微，潜在增长率下降，也就意味着人口红利的消失。这时，在经济总量扩大和产业结构变化都明显趋缓的情况下，较高的职业位置、收入组别从而社会分层趋于"饱和"，社会流动似乎只能以有赢有输的方式进行，即一些群体在社会阶梯上的向上流动，可能伴随着另一些群体在社会阶梯上的下滑。甚至于，这一上一下成为社会流动性变化这枚硬币的两面，彼此互为因果。

这里似乎产生一个关于社会流动的"合成悖论"。在更为高度化的职业位置有限且变化渐微的情况下，每个家庭无疑都力争上游，即处于更高职业位置的群体力图保持既有格局，而处于较低职业位置的群体希望打破现状，不可避免地使得职业高度化的过程成为一种双向流动。由此也诱发一系列派生的结果，如收入地位形成有升有降的格局，人们在社会阶梯上也不再是人人向上，而是有上有下。按照性质，这种类型的社会性流动更接近于是一种零和博弈。

随着2010年以后人口红利的加速消失，中国经济的增长速度也进入减速期，进而影响社会流动性。根据生产要素供给和生产率提高的趋势，我们可以估算和预测各年份的GDP潜在增长率。[①] 把2000—2020年期间的各年估计值按照五年算术平均计算，2000—2005年年均潜在增长率为9.5%，2006—2010年为11.2%，2011—2015年为8.0%，2016—2020年为6.3%。剔除

---

① Fang Cai and Yang Lu, "The End of China's Demographic Dividend: The Perspective of Potential GDP Growth", in Ross Garnaut, Fang Cai and Ligang Song (eds.), *China: A New Model for Growth and Development*, Canberra: ANU E Press, 2013, pp. 55 – 74.

2020年受新冠肺炎疫情影响的因素，按照正常情况，这一期间GDP实际增长率的五年算术平均值分别为9.6%、11.3%、8.4%和6.6%。

由此带来的社会性流动机会萎缩的现实，可以从收入差距呈现再次扩大的趋势中观察到。观察图9-2中的城乡居民人均可支配收入的五等分，即分别占全部住户20%的高收入组、中等偏上收入组、中间收入组、中等偏下收入组和低收入组这五类家庭可以看到，虽然各收入组都经历了名义平均收入的增长，但是，近年来较低收入组的收入增长速度慢于较高收入组的趋势日益明显。特别是，无论是从城镇还是从农村看，最低收入组即分别占城乡住户20%的家庭，人均收入增长的曲线最为平坦。其中，由于脱贫攻坚战进入冲刺阶段，农村贫困家庭和低收入家庭获得较大规模的转移性收入，推动这一组别的收入增长在2019年明显加快。

从城乡人均可支配收入的组别水平比较，也可以看到收入差距仍未明显缩小。我们观察20%高收入组与20%低收入组的人均可支配收入平均水平比率，无论是城镇、农村还是城乡之间，在2002—2019年期间差距都扩大了。在城镇，该比率从2002年的5.08上升到2008年的5.77，随后一度下降。但是，在2012年5.00的基础上再次提高，直到2019年的5.90。在农村，从2002年的6.89作为起点，一直处于上升趋势，最高点为2017年的9.48，随后两年的下降趋势则是转移性收入的效果。

为了利用这个五等分数据观察城乡收入差距和高收入组与低收入组的极端差距，可以把城镇20%高收入组与农村20%低收入组的人均可支配收入平均水平进行比较。结果显示，这个比率从2002年的17.95一度提高到2009年的24.27，随后下降到2013年的20.07，此后则再度提高，2017年为23.35，随后两年受到转移性收入增长的影响略有下降。

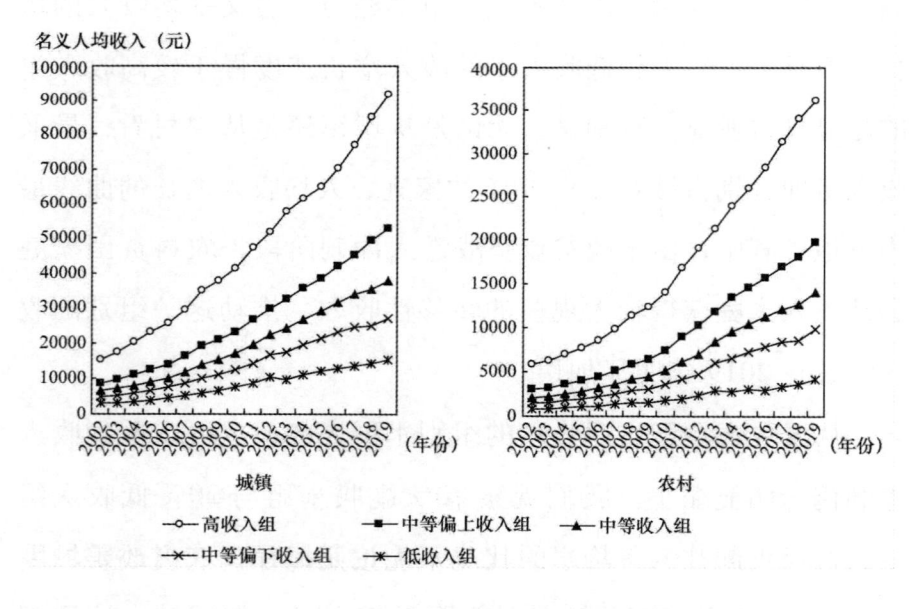

图9-2 城乡居民五等分收入组的收入增长趋势

资料来源：国家统计局网站，http://www.stats.gov.cn/；国家统计局，历年《中国统计年鉴》，中国统计出版社。

随着劳动力短缺现象的出现，劳动密集型产业加快丧失比较优势，中国制造业增加值占GDP的比重于2006年开始下降。从国际比较来看，这个比重的下降明显早于发展阶段的要求。这一早熟型的制造业比重下降会导致诸多不利情形，我们在第四章已经做了深入的分析。这里所要强调的是，相应于制造业比重下降及其导致就业结构的不利变化，致使社会流动性的趋势发生一定程度的逆转。

当我们说到职业高度化时，主要应该指在制造业内部岗位的提升，即更多职工有机会上升到专业技术工作岗位上。事实上，在图9-1中做出2000—2010年期间职业高度化趋势比较的基础上，我们可以看到，在2010年之后情况发生了新的变化。例如，2015年1%人口抽样调查数据显示，专业技术人员占就业人员比重的提高速度，开始明显慢于商业、服务业人员比重的提高速度，而后一比重的上升并不意味着劳动生产率的提高，也就无法支撑工资的持续合理上涨。

如果一个社会确乎形成这样一种社会流动悖论，从而使得零和博弈大行其道的话，就有极大的可能性导致收入差距扩大，进而引起社会各阶层的状况不能按照以往的速度改善，因而降低一些群体的获得感，引起相应程度的社会不满。一方面，处于社会流动阶梯下端的群体力图打破既有格局，往往会以各种形式进行表达，有时是温和的，有时则是激进的；另一方面，处于社会流动阶梯上端的群体产生更强的维护既得利益的动机，也会以某种方式表现出来，结果便会造成社会凝聚力的弱化和社会和谐程度的降低。

这种情况在发达国家和发展中国家都曾经发生过,在不少国家目前正在发生。早些年的时候,在中等收入国家特别是在中等偏上收入国家,更容易产生这种现象,并且常常会演变成严重的扰动事件。然而,近年来此类严重骚乱越来越多地发生在富裕国家。其中最为激进的一例,是美国2020年在新冠肺炎疫情仍在肆虐的同时,因警察虐杀黑人引起的全美范围的"黑人的命也是命"运动。

中国于2009年跨入世界银行定义的中等偏上收入国家行列后,人均收入迅速向高收入国家门槛靠拢。近年来,随着经济增长因人口红利消失而出现逐年减速的趋势,国际经济学界提出的一个关于"中等收入陷阱"的命题[①],也引起国内的热烈讨论。在这个讨论中,一般而言,居民收入差距与经济增长绩效的关系,或者特别而言,是收入差距过大导致经济增长停滞,还是经济增长停滞造成收入差距扩大,抑或两者之间互为因果等问题,成为旷日持久、莫衷一是的争论话题。

一般而言,各个国家在不同时期的实践分别具有独特性,依据此时此地或者彼时彼地的经验所形成的特征化事实,都不足以得出一般性的结论,获得一致的赞同。即便有些研究者尝

---

① 参见[美]印德尔米特·吉尔、霍米·卡拉斯等《东亚复兴:关于经济增长的观点》,中信出版社2008年版。

试做出某些判断,也难以在学界相关领域达成共识,更不能以之作为认识事物的放之四海而皆准的准则。

不过,就目前我们所关心的研究内容而言,人们仍然可以从各种现象之中,观察到收入差距与增长绩效之间至少存在着某种并存关系。也就是说,在蛋糕不能做大的国家和地区,往往同时存在着蛋糕不能合理分配的情形。由于以前的研究表明,特定的经济增长表现与发展阶段特征是相关的,因此,我们预期可以看到收入分配状况与发展阶段变化之间的联系。

在图9-3中,我们根据世界银行数据,整体观察158个国家的人均GDP(反映发展阶段特征)与基尼系数(反映收入分配状况)之间的关系。简便起见,我们以40%的基尼系数作为分界点,以此区分收入分配"较好"(小于40%)或"较差"(大于40%)两种状况。

从中可以大体看到的一个统计趋势是:人均GDP在12535美元以上的高收入国家,大多数分布在较小基尼系数的区间;同时,有些人均收入在1006—12535美元之间的中等收入国家,以及人均收入在1005美元以下的低收入国家也处于这个较小基尼系数区间;然而,在较大基尼系数的区间中,分布频率最大的多为中等收入国家。可见,无论因果关系如何,处在中等收入阶段或中等收入陷阱这种状态,与收入分配的恶化具有比较密切的相关性。

经济学家的经验分析表明,在中等偏上收入发展阶段,国

人均GDP（现价美元）

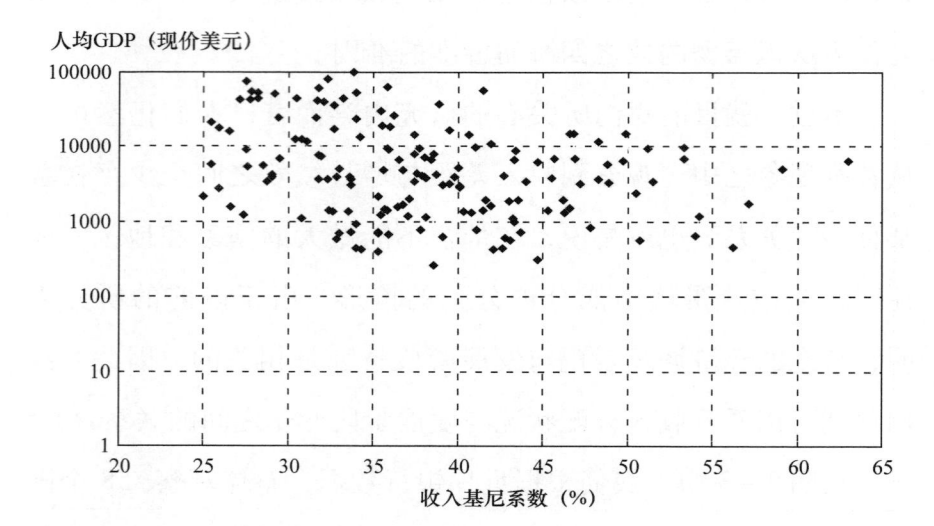

图9-3 收入分配状况与经济发展阶段

注：纵坐标取对数形式。

资料来源：World Bank，"World Development Indicators"，世界银行官方网站，https://data.worldbank.org/。

家倾向于在既往的经济增长速度基础上，出现显著的减速现象。① 不仅如此，即便在跨过世界银行区分中等收入国家与高收入国家的收入门槛之后，经济增长明显减速甚至陷入长期停滞的情形也不乏其例。

以往还有许多研究，尝试通过跨国数据的比较，探索这种

---

① 参见 Barry Eichengreen, Donghyun Park, and Kwanho Shin, "When Fast Growing Economies Slow Down: International Evidence and Implications for China", NBER Working Paper, No. 16919, 2011; Barry Eichengreen, Donghyun Park, and Kwanho Shin, "Growth Slowdowns Redux: New Evidence on the Middle-income Trap", NBER Working Paper, No. 18673, 2013。

普遍性减速现象的原因。① 这里，我们应该关注的是，处于中等偏上收入这个发展阶段，恰好与社会性流动从第一种类型转向第二种类型的时间区间相重合。因此，在这个阶段，如果不能解决好社会性流动趋于零和博弈的问题，不能开启新的社会流动通道，收入分配状况恶化就会作为结果表现出来。

四 高质量发展与社会性流动

在中等偏上收入阶段乃至刚刚跨入高收入门槛之时，经济增长遭遇减速是正常的，并不意味着处在这个阶段的国家必然陷入中等收入陷阱。不过，在这个发展阶段，经济持续增长的源泉，与较早阶段摆脱低收入陷阱并在中等收入阶段保持高速增长的源泉是不一样的。如果说早期的增长主要来自于生产要素积累的贡献，生产率的提高主要得益于资源重新配置效应的话，在更高的发展阶段实现高质量发展，则越来越依赖于创新驱动的生产率提高。

不仅如此，高质量发展还应该有一个重要的要求，即做到发展目的与发展手段的有机结合。中国进入高质量发展阶段以后，需要更加突出以人民为中心的发展思想。在发展中保障和改善民生，既要处理好效率与公平之间的关系，也需要处理好

---

① 参见蔡昉《从中等收入陷阱到门槛效应》，《经济学动态》2019 年第 11 期。

尽力而为和量力而行之间的关系，以此把中国未来的经济发展模式，再次与新自由主义模式和民粹主义模式截然区分开来。

在西方主流经济学的传统思维中，效率与公平通常被视为一对此消彼长的关系，因而发生需要做出取舍的矛盾。例如，美国经济学家奥肯（Arthur M. Okun）在其1975年出版并且广为流行的著作中，就把公平与效率之间的关系阐述为一个非此即彼、此消彼长，从而需要在不可兼得的鱼和熊掌之间进行权衡取舍的大问题。[①]

无论是否读过这本书，持有这种公平与效率"取舍论"的学者和决策者不在少数。基于这个理念，无论是在发达国家还是在发展中国家，政府在政策制定和实施中，面对要"公平"还是要"效率"的两难抉择，经常性地处于忽左忽右、摇摆不定的状态。在许多国家关于福利政策的政策设计和实施中，往往也不能保持尽力而为和量力而行之间的平衡。

例如，很多国家的决策者在过去几十年受到新自由主义"涓流经济学"的影响，坚信市场机制可以自动解决收入分配问题，资本所有者在全球化中挣得的收益终究会通过"涓流效应"使劳动者获益。因而政策上被跨国公司、大科技企业和大金融机构所俘获，减少了就业岗位的创造和维护，忽视对普通

[①] Arthur M. Okun, *Equality and Efficiency: The Big Tradeoff*, Washington, D.C.: Brookings Institution Press, 2015.

第九章 人往高处走：高质量发展与社会流动   315

劳动者权益的保护和对低收入家庭的社会保障，最终造成贫富两极分化和中产阶级的萎缩。

由于没有认识到或者不愿意承认问题产生的根源，一些国家的政治家为了争取选票，把自身的问题归咎于经济全球化以及其他国家的发展，及至近年来在许多国家中，各种版本的民族主义、民粹主义和保护主义思潮纷纷涌现，相应的政策措施终究也只能产生南辕北辙的效果。

这些现象都证明，在理念上把效率与公平看作是对立的，必然导致实践中的两难抉择，既不能实现效率与公平之间的相互促进关系，也无法形成尽力而为和量力而行的良性平衡。无论是在成功保持竞争力和生活质量的发达国家，还是许多成功实现对发达经济体赶超的国家，都提供了公平与效率互相促进的有益经验，经济学文献也有充分的反映。

这里，我们主要关心的是，在新技术革命和全球化的条件下，社会流动如何成为促进公平与效率统一的有效途径。从某种程度上说，经济学家较少讨论社会流动问题，而社会学家所讨论的效率问题，往往不能在话语体系上与经济学家对接。所以，这方面的讨论在现有相关学科的文献中并不多见。这里，我们尝试进行一点初步的阐释。

首先，社会性流动是人的社会身份和生活质量的改进，由于这种改进的本质要求是普遍性和包容性，因此，第一位的要求便是公平在社会结构变化中得到体现。与此同时，人又是生产要素中劳动力和人力资本的载体，而生产要素的不断流动，按照生产率提高的方向进行重新配置，是效率的本质要求。从这个意义上说，社会流动在同一个过程中同时体现了发展的目的和实现发展的手段，从而实现了两者的有机统一，兼顾了公平与效率。

其次，中国的高质量发展阶段，在时间上将与新一轮全球化和新的科技革命等相伴随，这些新的、全球性的变革过程都将进一步提高社会生产力。一方面，人作为生产要素的载体，需要在这样的过程中不断自我提升和改进，由此必然产生向上流动的推动力，也要求向上流动通道的畅通无阻。因此，产业结构变革与社会结构变革具有了相同的目标和着力点。另一方面，人作为发展的目的本身，也必然要求这些变革的过程既有助于社会纵向流动，又以这种流动性的效果为自身的目标。

因此，在高质量发展中保持和扩大社会性流动，是破解效率与公平之间的"取舍"难题，保持尽力而为和量力而行之间动态平衡的关键。一方面，通过体制机制改革和建设，充分畅通社会性流动的渠道，使社会上的每一个人和每一个群体，都感觉上升有希望，前行有奔头；另一方面，保持和创造市场配置资源的激励机制，鼓励人人通过自身的努力，在公平竞争的环境中创业就业，提高收入水平和生活质量。

五　更高发展阶段上的相对贫困现象

消除贫困是提高社会流动性的重要途径，也是政府促进社会纵向流动的有力抓手。在改革开放40余年的时间里，中国实施的扶贫战略使数亿农村人口摆脱绝对贫困，对全球减贫的贡献超过76%。党的十九大做出2020年农村贫困人口按现行标准实现全部脱贫的战略部署，是全面建成小康社会的标志性任务和核心目标。党的十九届四中全会要求，坚决打赢脱贫攻坚战，巩固脱贫攻坚成果，建立解决相对贫困的长效机制。

在2012—2019年期间，中国共有9348万农村贫困人口脱贫，平均每年脱贫人口超过1300万人。截止到2019年年底，全国仅剩551万农村贫困人口，贫困发生率降至0.6%，94%的贫困县实现摘帽，区域性整体贫困基本得到解决。这意味着我们距离完成在中国大地上消除绝对贫困现象只有一步之遥，并且为"最后一公里"脱贫难度加大，甚至应对突发事件造成返贫以及新发生贫困现象留出了必要的余地。

在遭遇新冠肺炎疫情严重冲击的情况下，第十三届人民代表大会第三次会议审议通过的《政府工作报告》，破天荒地没有为2020年确立具体的经济增长目标，却把脱贫作为全面建成小康社会必须完成的硬任务，对确保剩余贫困人口全部脱贫和巩固脱贫成果做出了部署。归根结底，消除绝对贫困的努力主要是政府行为，在中国这种具有高度社会动员能力的治理环境中，完成农村贫困人口全部脱贫的目标是毋庸置疑的，也是具有重大意义的。

首先，彰显中国特色社会主义制度的优越性。在2015年联合国制定《2030年可持续发展议程》的17项目标中，在全球范围消除所有类型的贫困位列第一。中国农村脱贫的现行标准为按2011年不变价计算的2300元，到2020年大约为现价4000元。在中国的脱贫实践中，这一标准还需要进行实际比照，具体表现为不愁吃穿以及义务教育、基本医疗和住房安全有保障。这是一个显著高于国际上通行的每人每天1.92购买力平价美元的贫困线或脱贫标准。

根据世界银行国际比较项目结果，2017年中国购买力平价（PPP）值为4.184。[①] 按照这个折算系数而不是官方汇率计算，2017年中国的脱贫标准为3242元，折合成每天人均收入为2.12购买力平价美元，比同年的国际通行脱贫标准高10.2%。实际上，与2011年2300元的标准相比，2020年4000元的脱贫标准，年平均名义提高高达6.3%，远高于物价上涨幅度。与此同时，我们假设世界银行的购买力平价值不会发生明显的变化。因此，2020年中国农村脱贫标准比国际水平高出的程度

[①] 转引自许宪春《中国仍为世界最大的发展中国家——从购买力平价法视角评析》，国家统计局网站，http://www.stats.gov.cn/tjsj/sjjd/202005/t20200520_1746690.html，2020年7月13日浏览。

会更为显著。实现近一亿人的脱贫，标志着中国以更高的标准提前10年实现联合国可持续发展目标，是对世界减贫和人类发展事业的重大贡献。

其次，打赢脱贫攻坚战意味着全面建成小康社会。2020年面临的脱贫攻坚任务，包括帮扶551万贫困人口脱贫、52个贫困县摘帽和2707个贫困村出列，是打赢脱贫攻坚战的关键一役。聚焦剩余贫困人口和贫困县村的特别脱贫困难，针对新冠肺炎疫情造成的经济冲击，坚持精准扶贫脱贫的各种行之有效的手段，保证脱贫前后扶持政策不变、扶助措施力度不减，不仅能够保证全面小康一个不掉队，也直接有助于农村居民可支配收入的增长，实现保障和改善民生的目标。

按照2010年不变价格，2019年中国居民可支配收入已达24582元，2020年脱贫攻坚和稳定民生的努力，确保居民收入保持与GDP增长同步，只要达到1.9%的增速，即可实现翻一番的目标。

最后，实现脱贫目标有助于在更高的民生起点上开启全面建设社会主义现代化国家的新征程。以改善民生福祉为根本出发点和落脚点的"两个一百年"奋斗目标，在时间上是继起的，目标任务和实现手段是相互衔接的。以2020年和2021年为历史交汇点，分别实现第一个"一百年"目标和开始为第二个"一百年"目标奋斗的新征程。打赢脱贫攻坚战，按照现行标准实现农村贫困人口全部脱贫、贫困县全部摘帽和区域性整体贫困基本解决，完成符合中国所处发展阶段的目标任务，同时为全面建设社会主义现代化国家的新阶段确立恰当的起点，确定并提出下一个奋斗目标。

保障和改善民生没有终点，只有连续不断的新起点。脱贫攻坚也是如此，既没有终点也不是一劳永逸的。就作为发展中国家所处的经济发展阶段而言，以显著高于世界银行推荐的标准，在中国5亿多农村人口中不再有绝对贫困现象，这是人类历史上罕见的成就，也为人类反贫困事业作出了巨大的贡献。然而，2020年按照现行标准实现农村贫困人口全部脱贫这个任务目标，并不意味着全社会和农村的扶贫脱贫任务就完成了。

2019年中国人均国内生产总值（GDP）达到1万美元，超过中等偏上收入国家平均水平，但是尚未达到世界银行分组中的高收入国家门槛（12055美元，2020年为12535美元），意味着中国在实现了全面建成小康社会这第一个"一百年"目标、开启全面建设社会主义现代化国家新征途后，第一个直接目标就是跨入高收入国家的行列。因此，解决相对贫困是按照现行标准脱贫战略的自然延伸。

贫困现象本身就具有绝对和相对两个特性。一方面，解决绝对贫困是为了保障所有群体的基本生活，另一方面，基本生活水平的标准也随发展阶段的变化和整体人均收入的提高而变化。相应地，在不同的发展阶段上，贫困现象具有阶段性特

第九章　人往高处走：高质量发展与社会流动　321

点。更重要的是，按照新的相对标准不断解决贫困问题，是继续促进社会纵向流动的有效途径和政府职责。

从发展阶段特征出发，我们可以从贫困标准的两种确定方式来认识下一步脱贫任务。在经济发展与合作组织国家，通常以占居民收入中位数50%的水平作为相对贫困标准。[①] 就这个比例来说，2019年农村居民人均可支配收入的平均水平为16021元，收入中位数为14389元。同年农村住户中最低20%收入组的平均收入为7380元。假设这一组的平均收入与中位数的关系，与全部农村居民收入相同，即中位数收入相当于平均收入89.8%，其中位数收入仅为6629元。以全部农村住户人均可支配收入中位数的50%即7195元作为相对贫困标准，可以看到，占20%的农村住户人均收入显著低于相对贫困线。

世界银行从2017年开始，尝试为按人均GDP分组中的不同国家制定相应的贫困标准。按照世界银行2018—2019年的分组标准[②]，以及按2011年不变价购买力平价收入标准确定的新的贫困标准[③]，人均GNI为996美元以下为低收入国家，贫

---

① 参见经济学在线网站：https://www.economicsonline.co.uk/Managing_the_economy/Poverty.html，2020年7月13日浏览。
② 请参见World Bank Data Team, "New Country Classifications by Income Level: 2018–2019", July 1, 2018, http://blogs.worldbank.org/opendata/new-country-classifications-income-level-2018-2019，2020年7月13日浏览。
③ Francisco Ferreira and Carolina Sanchez, "A Richer Array of International Poverty Lines", *Let's Talk Development*, October 13, 2017, http://blogs.worldbank.org/developmenttalk，2018年8月29日下载。

困线为每天1.9美元；人均GNI在996—3895美元之间为中等偏下收入国家，贫困线为3.2美元；人均GNI在3896—12055美元之间为中等偏上收入国家，贫困线为5.5美元；人均GNI超过12055美元为高收入国家，贫困线为21.7美元。

如果按照世界银行最新估算的中国购买力平价值（4.184），中国2020年的脱贫标准为农村居民年均可支配收入4000元，由此折算成每人每天标准仅为2.62美元，尚未达到世界银行最新推荐的中等偏下收入国家标准。因此，完成农村贫困人口全部脱贫的2020年目标之后，中国无疑应该在理解相对贫困性质的基础上确定新的脱贫标准。

如果说以现行标准定义的绝对贫困是特定发展阶段现象的话，相对贫困现象将是长期存在的，因此需要建立健全解决这个长期问题的长效机制。改革开放以来特别是党的十八大以来，中国在脱贫攻坚的实践中形成了一系列行之有效的做法，应该提升和常态化为相对稳定和规范的机制。面对新发展阶段的相对贫困现象新特点，应该将脱贫工作及其机制与时俱进地提升到新阶段，根据贫困问题新特征赋予扶贫脱贫工作以崭新面貌。

首先，密切关注和积极应对人口老龄化带来的新致贫风险。中国正在进入人口加速老龄化的阶段，2019年，65岁及以上人口占全部人口的比重已经高达12.6%，而由于农村青壮年劳动力大规模外出务工，在统计意义上成为城镇常住人口，导致农村老龄化程度显著高于城市。根据2015年1%人口抽样调查数据，农村老龄化率比城市高出31.2%。随着老龄化程度的加深，农村高龄老年人口和失能人口的规模将呈现扩大的趋势，造成的家庭劳动力短缺问题将成为新发生贫困现象的重要诱因。

特别是，在随着年龄的提高老年人劳动参与率趋于下降这个一般趋势下，农村劳动力年龄越大，流动性越低，依靠打工改善收入的机会明显减少。因此，今后的脱贫政策手段应该同积极应对人口老龄化的措施，特别是提高包括农村人口在内的劳动参与率的措施密切结合起来。

其次，防范和应对各种风险冲击型致贫因素。2019年，在农民家庭可支配收入构成中，工资性收入占41.1%，经营净收入占36.0%，合计占到全部可支配收入的77.1%。在农村劳动力深入参与市场经济活动的条件下，在发生不可抗外力导致冲击性事件的情况下，无论是市场因素还是自然因素，对这两个收入组成部分的冲击都会严重影响农户收入和基本生活。

这次新冠肺炎疫情的发生就属于这种冲击型风险，既有"灰犀牛"事件那样长期中终究要发生的大概率特点，也有"黑天鹅"事件那样难以预见和不确定性质，必然造成对处于相对脆弱地位的农村地区、低收入农户和人口的冲击。这也提示我们，解决相对贫困问题的长效机制，需要把这种风险因素充分考虑在内，形成及时反应的预警系统和应对机制，以及有效应对的政策手段。

六 结语和政策建议

社会流动为经济活动提供个体或微观层面的激励，是经济总量增长和结构变迁的重要途径，也是经济发展和社会进步的终极目的。这些功能并不随着发展阶段的变化而改变，但是，在更高的发展阶段上，社会流动方式本身却必然发生变化，如果不能适应这些变化，社会流动性有可能趋于减弱。有鉴于此，我们从目的论和手段论相结合的角度，简述通过制度建设和体制改革促进社会性流动的几个关键方面。

首先，在更高发展阶段促进社会流动，需要发挥政府作用和加强社会保护力度。当我们说让市场机制在资源配置中起决定性作用、更好发挥政府作用时，实际上是讲市场和政府作用之间既是相互补充的，更是互为条件的。因此，在更高的发展阶段上提出的这一制度需求主要产生于两个因素，分别为以创新为主要驱动力的发展阶段创造性破坏的必要性，以及中国所处特定发展阶段产生的社会流动性降低的倾向。

在高质量发展阶段，各类市场主体都需要面对创造性破坏，以保持生产率的持续提高。随着农业中剩余劳动力的减少，大规模劳动力流动带来的资源重新配置效应不再像以往那样明显，生产率的提高越来越依赖市场主体的创新。许多国家

第九章 人往高处走：高质量发展与社会流动

的经验也表明，只有社会保障网足够牢固并且充分覆盖，对那些受到影响的劳动者个人实施尽可能充分的社会保护，市场主体才能义无反顾地进行创新，社会也才能够经受得住与创造性破坏相伴的成长中的烦恼。

如前所述，中国经济社会发展已经到了这样的阶段，社会性流动的帕累托改进性质减弱，倾向于具有零和博弈的性质。创新发展需要允许个体的失败，同时又不能对个人和群体的基本生活造成伤害。这时，保持社会性流动，就要做到既在微观层面激励人人向上，同时在社会层面对潜在的受损群体给予政策托底。惟其如此，持续的社会性流动才得以保持。

其次，教育深化和均等化是疏通社会性流动通道的根本途径。固然，让全体人民接受更多的教育是人的全面发展的需要，也是经济社会发展的目的所在。更重要的在于，教育还是一个社会在更高发展阶段持续发展的驱动力，是保持社会流动性的润滑剂。中国经济发展面临着两大国际环境，分别是新一轮科技革命和新一轮全球化，国家竞争力有赖于全民人力资本的整体提升。

虽然中国已经临近高收入阶段的门槛，教育投入的能力显著增强，但是，教育社会回报率的难以度量性质仍然制约着各级政府发展教育的积极性。因此，当前中国教育发展面临的主要挑战，仍然是如何突破资源约束和形成有效激励，实现教育优先发展。应对挑战的举措应该是双重的：一是坚持市场配置资源的改革，提高人力资本回报率，激励个人和家庭对教育进行投资；二是加大政府公共投入，从具有最高社会回报率的儿童早期发展和学前教育入手，推动教育深化和均等化，阻断贫困代际传递，促进公平合理的社会性流动。

再次，通过深化改革消除不利于社会性流动的各种制度性障碍。党的十九大报告指出："破除妨碍劳动力、人才社会性流动的体制机制弊端"。[①] 在现行经济体制和社会政策中，的确存在着种种阻碍社会性流动的障碍因素，需要通过制度建设和深化改革予以破除。这些制度障碍有些是看得见的，也有很多是难以察觉的。只有认识到社会流动性的重要性，才可能把诸种制度性障碍识别出来并予以破除。

例如，户籍制度的存在以及基本公共服务供给的不均等性，仍然构成人口和劳动力横向流动的障碍，而充分的横向流动是纵向流动的必要前提。人们只有在具有对于永久居住地、期望职业、创业机会以及基本公共服务的完全获得权和选择权之后，才能真正面临社会性流动的平等机会。因此，通过深化体制改革、完善社会政策托底，让每个社会成员站在相同的起跑线，社会性流动仍然可以最大限度地成为正和博弈过程。

[①] 习近平：《决胜全面建成小康社会　夺取新时代中国特色社会主义伟大胜利——在中国共产党第十九次全国代表大会上的报告》，人民出版社2017年版，第46页。

第九章 人往高处走：高质量发展与社会流动

最后，把政府实施的消除绝对贫困战略转变为应对相对贫困的职能，形成长期和常态化的机制。越来越多的证据显示，包括技术进步和全球化等因素所决定的社会生产力，与社会进行合理收入分配的功能并不是内在统一的。生产率和社会生产力意义上的经济增长并不能自动解决好收入分配问题。一般来说，做大蛋糕的能力越强，越是需要独立形成更有效的分好蛋糕的机制。因此，更高水平的反贫困战略需要把两种政府职能统一在一起。

一方面，探讨形成社会政策兜底与扶贫措施的合理边界，实现两者之间的无缝衔接，随时防止绝对贫困现象的产生。有一部分贫困群众，因家庭人口结构和身体健康等因素，处于缺乏劳动和就业能力状态，暂时或永久性地无法靠自己的力量实现脱贫，需要用标准恰当的最低生活保障等社会保障制度予以托底确保脱贫。应该按照弱有所扶的民生保障要求和现行扶贫标准，合理确定社会政策托底的保障水平和保障对象，并使之成为完成脱贫攻坚战之后的长效机制的重要组成部分。

另一方面，把解决相对贫困问题与收入分配问题有机统一起来，运用好政府再分配政策，实现基本公共服务均等化，促进社会流动。由于经济史已经反复证明，资本收益的增长快于劳动收益增长具有规律性，因此，通过再分配政策改善收入分配，皮凯蒂（Thomas Piketty）和庇古（Arthur Cecil Pigou）等建议的税收手段无疑是有效的。然而，从中国特定的发展阶段和特殊的针对性出发，从基本公共服务均等化入手，缩小城乡全体居民在生活质量方面的差距，在一段时间里更加符合国情，也能够取得立竿见影的效果。

第十章 如何开启第二次人口红利？

一 引言

自改革开放以来，中国经济的高速增长同时伴随着一个有利于增长的人口转变过程。随着一系列妨碍生产要素有效配置的体制障碍的清除，有利的人口年龄结构变化，通过劳动力数量增加和质量提高、高储蓄率和高投资回报率，以及劳动力等资源的重新配置，成为这个时期史无前例高速增长的源泉。因此，可以说这个时期的经济增长来自于人口红利。例如，在1980—2010年这个劳动年龄人口快速增长、其他人口组零增长的人口机会窗口期，中国国内生产总值（GDP）年均实际增长率高达10.1%。

2010年以来，人口年龄结构的变化趋势发生了逆转，出现了劳动力数量短缺和质量改善速度放慢、投资回报率下降和资源重新配置空间缩小的现象，意味着传统意义上的人口红利迅速消失。相应地,GDP 的增长率自 2012 年以来逐年降低,2012—2019 年期间年平均增长率下降为 6.96%。

诚然,这个增长速度减慢现象是经济发展阶段和人口转变阶段变化的自然结果,是一种客观必然性。跨国数据分析表明,大多数进入中等偏上收入发展阶段的国家,都会在某个时点经历经济增长的减速。[1] 但是,在面对增长减速这个现象的同时,市场做出怎样的反应,政府采取什么样的政策,决定了一个国家能否开启发展阶段变化后的新增长源泉,因而也影响此后的发展路径。不同的应对措施及其效果,最终导致国家之间在增长绩效上产生分化,其中未能良好应对因而把自然减速转变为长期停滞的国家,被认为落入所谓的"中等收入陷阱"。[2]

鉴于此,经济研究的关注点和讨论焦点,部分地转向探索在传统增长源泉式微乃至消失之后,如何开启新的、可持续的增长源泉。其中一个探讨内容,就是围绕开启第二次人口红利展开的。虽然第二次人口红利这个概念常常为人所提起,迄今为止,学术界对此进行的严肃讨论却并不多见。

从已有的研究性文献和观点性的说法看,关于第二次人口

---

[1] 参见 Barry Eichengreen, Donghyun Park, and Kwanho Shin, "When Fast Growing Economies Slow Down: International Evidence and Implications for China", NBER Working Paper, No. 16919, 2011; Barry Eichengreen, Donghyun Park, and Kwanho Shin, "Growth Slowdowns Redux: New Evidence on the Middle-income Trap", NBER Working Paper, No. 18673, 2013。

[2] 参见蔡昉《从中等收入陷阱到门槛效应》,《经济学动态》2019 年第 11 期。

红利，需要破除若干认识上的误区。第一个误区是寄希望于生育率回到以往的水平，以便再次形成有利于经济增长的人口年龄结构。也就是说，这种观点天真地认为能够把收获第一次人口红利的过程重演一遍。第二个误区是把高储蓄率作为人口红利的主要表现，因而在讨论第二次人口红利时，比较片面地把关注点放在如何在老龄化条件下保持高储蓄率上面。

这一章结合以往关于人口因素对中国经济增长影响的研究，尝试澄清对于第二次人口红利的认识误区。笔者认为，探寻新发展阶段的经济增长源泉不能离开人口老龄化这个基本前提。同时，我们将揭示与人口老龄化，特别是与未富先老国情相关的一些现象如何制约中国未来的经济增长。着眼于打破相应的制约，本章探索第二次人口红利的内涵，展示其中的经济学逻辑，提出把老龄化转化为积极因素的政策建议。

本章的其他部分做如下安排。第二节从中国的人口转变和世界人口趋势，揭示人口老龄化是一个不可逆转的趋势，中国经济可持续增长应立足于这个前提条件。第三节从中国获得第一次人口红利的经验推论，开启第二次人口红利的关键不在于资本积累率而在于资本回报率，后者更重要的是要提高劳动者的人力资本。第四节从保持经济增长可持续的需要，揭示中国特殊老龄化社会的现实制约，即伴随人口老龄化显现出人力资本递减、劳动参与率递减和消费力递减等现象。第五节借助人口的回声效应，从人口各个年龄段入手分析改善人力资本、提高劳动者的就业能力和老年人的劳动参与率，进而增加老年群体的收入和社会保障水平的潜力。在最后一节提出若干政策建议。

二　与老龄化共舞：创新理念与实践

中国的总和生育率在20世纪50年代和60年代平均为5.8，在70年代和80年代平均为3.2，到90年代初就下降到2.0，已经低于替代水平（replacement level）。随后生育率继续下降，并自90年代后期以来总体稳定在1.5左右的水平。在前期高生育率下实现高人口增长率之后，因生育率下降从而人口增长率降低，相应形成了前述有利于经济增长的人口转变格局。

人口转变的一个重要特点是所谓回声效应，即人口中的较早一代或者年龄队列，其数量、结构等特征会在随后的一代、一列甚至更多代和列中再现。据此，上述中国人口生育率的下降过程的内在规律，便是早期的"婴儿潮"（baby boom）在生育率下降后形成第一次人口"回声"，形成一个"青年波"（youth bulge）。按照这样的逻辑和相同的趋势，下一次人口回声则必然表现为"老龄峰"（elderly plateau），即老年人口占比达到很高的程度。这整个过程也就是第一次人口红利从酝酿到形成、再到消失的过程。

第十章 如何开启第二次人口红利？

如果中国的生育率下降是计划生育政策独自促成的，则意味着当前这个生育水平并不符合家庭生育意愿。那么，只要放宽生育政策，生育率便必然回归到与生育意愿相符的水平。事实上，从 2014 年开始，全国已经实行了夫妻一方为独生子女的可生育二孩的政策（简称"单独二孩"政策）；从 2016 年开始，全面实行了一对夫妻可以生育二孩的政策（简称"全面二孩"政策）。然而，人们并没有看到预期的生育率回升的现象发生。虽然目前没有关于总和生育率变化的权威数据，但是，我们仍然可以根据人口出生率即自然增长率的最近变化做出一个趋势判断。

如图 10-1 所示，1978 年以来，人口死亡率始终保持稳定的低水平，大体在 6‰ 到 7‰ 之间。人口出生率从 1987 年的峰值（23.3‰）迅速降低，带动人口自然增长率以相同的幅度下降，并于进入 21 世纪后稳定在低水平上。特别是从 2003 年以来，人口自然增长率年平均仅为 5‰ 上下。即便在 2014 年之后计划生育政策进行了 30 余年来最大的调整，出生率和自然增长率也仅仅在 2016 年有小幅回升，随即再次进入降低的轨道。

值得注意的是，进入 21 世纪以来死亡率有所上升，已经从 2003 年的 6.4‰ 提高到 2018 年的 7.1‰。在预期寿命持续大幅度提高的情况下，死亡率的上升无疑是人口年龄结构变化即老龄化程度提高的结果。并且，随着老龄化进程的深化，高龄老年人比重提高，死亡率还会继续提高，成为另一个负面影响人口自然增长的因素。

334　成长的烦恼

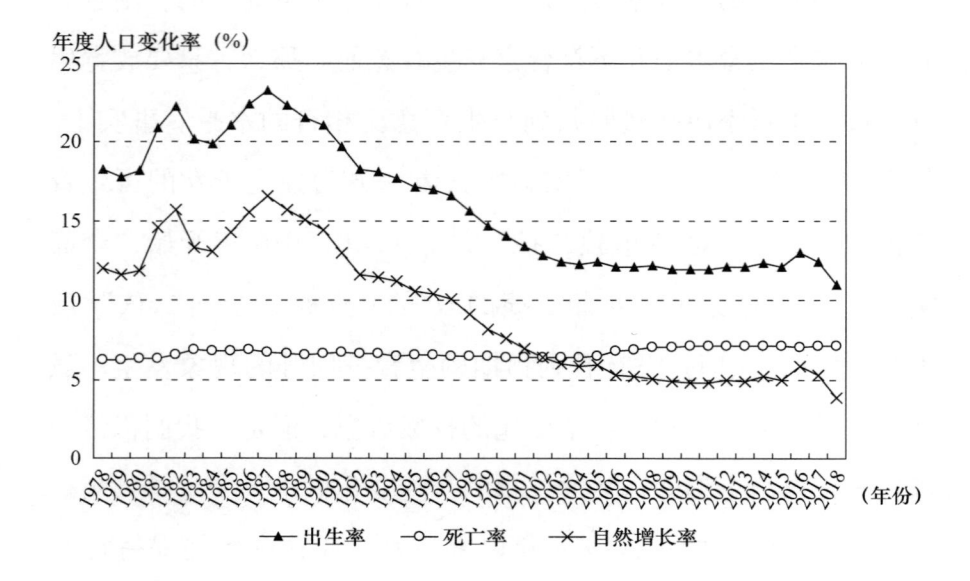

图10-1　中国人口出生率、死亡率和自然增长率

资料来源：国家统计局网站，http://www.stats.gov.cn/。

　　由此判断，中国的生育率下降趋势主要受到经济社会发展的影响。虽然生育政策的进一步调整，以及一系列有助于降低养育子女费用的公共服务更充分供给，仍然可以提高家庭的生育意愿，提高总和生育率或者延缓其降低趋势，但是，从长期趋势来看，并且就可能改变的程度而言，指望回到甚至接近替代水平的生育率，无疑是不现实的。

　　因此，第二次人口红利绝不意味着通过生育率回升，可以重现人口转变的"回声"过程，甚至在其中的特定时期再次形成劳动力无限供给特征。开启第二次人口红利的立足点和着力点，必须建立在承认人口老龄化是一个不可逆的长期趋势这一认识基础上。

人口老龄化是一个世界性趋势。根据联合国人口预测，在2020—2050年的30年里，不论处在经济发展的哪个阶段，各国都将经历老龄化程度提高的过程，其中发达国家处于老龄化的后期，老龄化程度高但提高速度减慢；发展中国家在老龄化提高速度上方兴未艾；而最不发达国家的老龄化也在迅速赶超。例如，从60岁及以上人口占全部人口比重来看，未来30年发达国家将以年平均0.79%的速度提高，剔除最不发达国家后的发展中国家，每年平均增长率为2.11%，而最不发达国家的这个增长率也高达1.80%。中国的老龄化正处于提速最快的时期，以中等偏上收入国家地位作为起点的中国，在同一期间老年人口比重年平均增长速度将高达2.48%。

实际上，即便把对人口老龄化的预测区间加以延伸，在2050—2100年期间，全球以及各组别国家的老龄化水平也将继续提高。这个预测表明，在目前可以预见得到的情形下，人口老龄化不会停止下来。对于中国来说，这个趋势具有诸多重要的政策含义。

首先，中国生育水平下降和老龄化程度提高的趋势说明，着眼于人口数量控制的传统计划生育政策思路需要进行根本性的转变。无论是作为经济社会发展的结果，还是政策效应的体现，生育率下降具有不可逆转的性质。也就是说，我们既不需要担心进一步放宽生育政策造成人口数量失控，导致出生人口堆积的局面，也不应期待政策调整会实质性增加新生婴儿的结果。尽快实现家庭自主生育政策无疑是必要的，然而，真正能够在一定程度上有助于提高家庭生育意愿的政策手段，应该从各种有利于降低生养孩子成本的公共政策中寻找。

其次，中国未来的经济社会发展，必然始终伴随着人口老龄化。因此，公共政策不能回避这个客观事实，而必须学会与老龄化共舞，从各方面去适应这个崭新的背景，主动规避其负面影响，利用其有利于经济社会发展的积极因素。这方面涉及一个应对人口老龄化关注点的转变，即从单纯把老龄化作为负担，关注如何转移社会资源用于赡养老年人，转向把老年人作为一种经济社会资源，使其对进一步发展做出贡献，也为构建自身美好生活做出贡献。这就是开启第二次人口红利的应有含义。

最后，第二次人口红利的核心，是基于人口老龄化这一不可更改的现实，利用老年人口规模庞大且日益扩大的人力资源优势，对经济发展做出特有的贡献。以老年人口比重衡量的老龄化水平提高，分别缘于分母和分子两种效应。一方面，青少年和劳动年龄人口数量减少，使老年人口比重相对提高；另一方面，老年人更加长寿，提高了该人群占总人口的比重。

同时，老年人预期寿命提高也意味着其健康预期寿命的延长。因此，如果仍然以老年人口抚养比作为人口年龄结构是否具有生产性的指标，那么，在这个人口变化趋势不可改变的情况下，唯有重新定义劳动年龄人口与老年人口，调整两个人口群体的划分界线。

当然，这里所讲对两类人口进行重新定义和划分，实际上只是个象征性的说法，并不是说武断地把两个人口群体的年龄界线做个重新划分便可了事，而是需要创造诸多必要的条件，使以往被界定为老年人口中的越来越大的部分，不再表现为依赖型人口的特征，而更加具有生产性。因此，改变对于老龄化的认识，创新应对老龄化社会的理念，必然要求进行实践创新，即转变政策方向，着眼于发挥老年人口对于经济增长的积极作用。

三　人口特征如何支撑未来增长？

在一个老龄化社会，把老年人作为经济增长的贡献因素，开启第二次人口红利，既包括供给侧效应，譬如老年人作为劳动力、人力资本和创新主体的作用，也包括需求侧效应，譬如他们作为消费者群体产生的需求拉动作用。然而，与老年人口和老龄化社会特别是中国未富先老国情相关的一些特征，妨碍着第二次人口红利的开启。

传统人口红利理论与发展经济学的一个共同之处，是强调资本积累对发展中国家经济起飞的重要作用。因此，基于人口红利理论的研究认为，正是由于人口抚养比（其他年龄组人口与劳动年龄人口的比率）的持续下降，有利于实现和保持高储蓄率，才使一些国家得以打破资本积累瓶颈，从而利用人口红利实现了高速经济增长。[1] 相应地，对于人口红利的消失，研究者所关注的也是在抚养比上升的条件下，如何才能保持必要的储蓄率。

按照这个思路，有的研究者认为，在人口老龄化程度加深从而人口抚养比提高的情况下，如果具备以下两个条件，则可以获得第二次人口红利。第一个条件是未雨绸缪的储蓄动机，即人们对老龄社会的来临做出积极反应，为自身养老增加储蓄。第二个条件是能够激励养老储蓄的机制，这就要求发展社会养老保险而不是家庭养老，同时社会养老保险模式应该是完全积累型而非现收现付型（pay as you go）。一旦为养老进行储蓄的动机得到激发，储蓄率得以保持甚至有所提高，就能够保障经济增长所必需的资本积累。实际上，第二次人口红利的概念正是在此前提下被提出。[2]

---

[1] 把人口抚养比作为人口红利的代理变量，以中国为对象的经验研究可参见 Feng Wang and Andrew Mason, "The Demographic Factor in China's Transition", in Loren Brandt and Thomas G. Rawski (eds.), *China's Great Economic Transformation*, Cambridge · New York: Cambridge University Press, 2008。笔者也进行过类似的研究，如参见 Fang Cai and Dewen Wang, "China's Demographic Transition: Implications for Growth", in Ross Garnaut and Ligang Song (eds.), *The China Boom and Its Discontents*, Canberra: Asia Pacific Press, 2005。

[2] Ronald Lee and Andrew Mason, "What Is the Demographic Dividend?", *Finance and Development*, Vol. 43, No. 3, September 2006.

第十章　如何开启第二次人口红利？

然而，中国获得第一次人口红利的经验表明，获得第二次人口红利的关键不仅在于较高的储蓄率即资本供给，更在于劳动力无限供给特征打破了资本报酬递减，从而实现了较高的投资回报率。相应地，获得第二次人口红利的条件，应该着眼于借助变化了的人口因素保持合理的投资回报率。

中国储蓄水平位于世界前列，能够保障经济增长所必需的资本供给，满足创造第二次人口红利的要求。相比而言，与实体经济发展相关的投资回报率仍有较大的提升空间。一个重要的表现是，随着中国第一次人口红利的消失，劳动力成本提高使制造业比较优势迅速弱化，与此同时又没有开启新的增长引擎，导致制造业增加值占GDP比重自2006年以来持续降低。[①]

与此相伴随的一个现象，就是投资回报率的明显降低。白重恩等估算，中国的资本回报率从2004年的24.3%降低到2013年的14.7%，其间以年平均5.7%的速度下降。[②] 这也说明，人口红利消失不仅以劳动力短缺的方式对经济增长产生负面影响，劳动力无限供给特征消失导致的资本边际报酬递减现象的出现，是更根本的经济增长减速原因。

世界经济和国际资本市场也提供了一致性的证据，显示投

[①] 参见蔡昉、都阳、杨开忠等《新中国城镇化发展七十年》，人民出版社2019年版，第十二章《深化对城镇化规律的认识》。

[②] 参见白重恩、张琼《中国的资本回报率及其影响因素分析》，《世界经济》2014年第10期。

资回报率远比储蓄率重要。在老龄化加深加速、全球化遭遇逆风、发达国家面临技术变革的"生产率悖论",以及中国之外的新兴经济体增长乏力等背景下,世界经济进入一个低速增长阶段。在投资回报率普遍下降的同时,主要经济体纷纷实施量化宽松政策,包括大规模积累起来的养老基金在内的资金,在全球范围寻求投资增值的机会。

在这些因素的推动下,国际资本市场流动性充足,并不缺少资金。相反,由于实体经济中缺少可以获得合理回报的投资机会,资本市场上的各类资金和金融资产面临着巨大的风险,有人甚至认为下一次金融危机将由养老基金酝酿而成。[①]

经济发展理论和经验表明,提升投资回报率,最重要的是提高全要素生产率和人力资本,而全要素生产率的提高也要靠人力资本的提升。[②] 体现在劳动者技能和企业家能力中的人力资本,虽然可以依靠"干中学"得到改进,但从根本上讲则要靠教育发展获得整体提高。而且,各阶段和各类教育打下的人力资本基础,也决定了"干中学"的效果。

所以,对于中国而言,创造第二次人口红利的关键是通过

[①] John Authers, "The Next Crisis Is Brewing in Pension Funds, Not Banks", *Financial Times*, 27 July 2018.

[②] 沃利等对中国经济增长因素的估计表明,人力资本对经济增长的直接贡献率为 11.7%。如果考虑到教育水平具有提高生产率的效果,他们估计的人力资本总贡献率可提高到 38%。参见 John Whalley and Xiliang Zhao, "The Contribution of Human Capital to China's Economic Growth", NBER Working Paper, No. 16592, 2010。

发展教育和培训，改善各个年龄段人口特别是老年人口的人力资本，并依托这个庞大的人力资源，提高劳动参与率和全要素生产率。

四 老龄化对经济增长的制约

着眼于中国经济在更高发展阶段的持续增长，开启第二次人口红利面临的最突出制约，可以概括为随着人口老龄化显现的三个"递减现象"。第一是劳动参与率递减。一般来说，随着年龄提高劳动参与率下降，因此，老年人口比重提高导致全社会的劳动参与率趋于下降。第二是人力资本递减。作为发展中国家，中国的教育发展一直处于赶超阶段，以劳动年龄人口平均受教育年限衡量，年轻人口队列的人力资本优于年长队列，故呈现随年龄提高人力资本递减现象。新成长劳动力规模缩小，必然减慢人力资本改善速度。第三是消费力递减。由于老年人的劳动收入骤减、财产收入不足，以及与养老相关的后顾之忧，导致随年龄提高而消费能力下降的现象。上述因素分别从供给侧和需求侧对中国经济长期可持续增长构成制约。

虽然人口对经济增长的影响并不仅仅表现为劳动力供给一个因素，但是，所有其他不利因素却都是由劳动力无限供给特征消失引起的。例如，由于年轻劳动力的受教育程度更高，因此，新成长劳动力数量的减少就会使整体人力资本的改善速度放慢；农村新成长劳动力减少还导致劳动力流动规模缩小，造成资源重新配置的空间收窄，使生产率改善的速度下降；劳动力短缺导致工资成本升高，会促使资本替代劳动的节奏过急，造成资本回报率下降。可见，劳动力供给不足的确是老龄化带来的首位负面因素。

因此，通过延迟退休达到增加劳动力供给的目的，是应对人口老龄化的一个常见政策建议和举措。许多老龄化程度较高的发达国家，也的确大幅度地提高了退休的年龄。例如，2018年，经济合作与发展组织平均的正常退休年龄相当于男性64.2岁，女性63.5岁。其中冰岛和挪威的全部性别以及以色列和意大利的男性，正常退休年龄则高达67岁。未来的正常退休年龄将继续提高。平均而言，2018年22岁进入劳动力市场的劳动者，预期的正常退休年龄与2018年相比，男性提高1.9年，女性提高2.2年。[①]

总体来看，中国老年人的劳动参与率较低。根据2010年人口普查和2015年1%人口抽样调查数据，我们分别展示这两年按五岁分组的劳动参与率（图10-2），从中可以清晰地看到劳动参与率随年龄而变化的特点。

在20—24岁和50—54岁这两个年龄组之间，劳动参与率

[①] OECD, *Pension at a Glance 2019: OECD and G20 Indicators*, OECD Publishing, Paris, https://doi.org/10.1787/b6d3dcfc-en, pp. 138–140.

第十章 如何开启第二次人口红利？ 343

劳动参与率(%)

图中数据点：
- 16—19岁：32.4（2010年）、23.4（2015年）
- 20—24岁：72.6、66.4
- 25—29岁：88.9、84.3
- 30—34岁：90.3、85.7
- 35—39岁：90.6、86.4
- 40—44岁：90.7、86.1
- 45—49岁：87.7、83.2
- 50—54岁：76.3、72.4
- 55—59岁：67.3、58.4
- 60—64岁：49.6、40.5
- 65岁及以上：21.0、19.4

—○— 2010年 —▲— 2015年

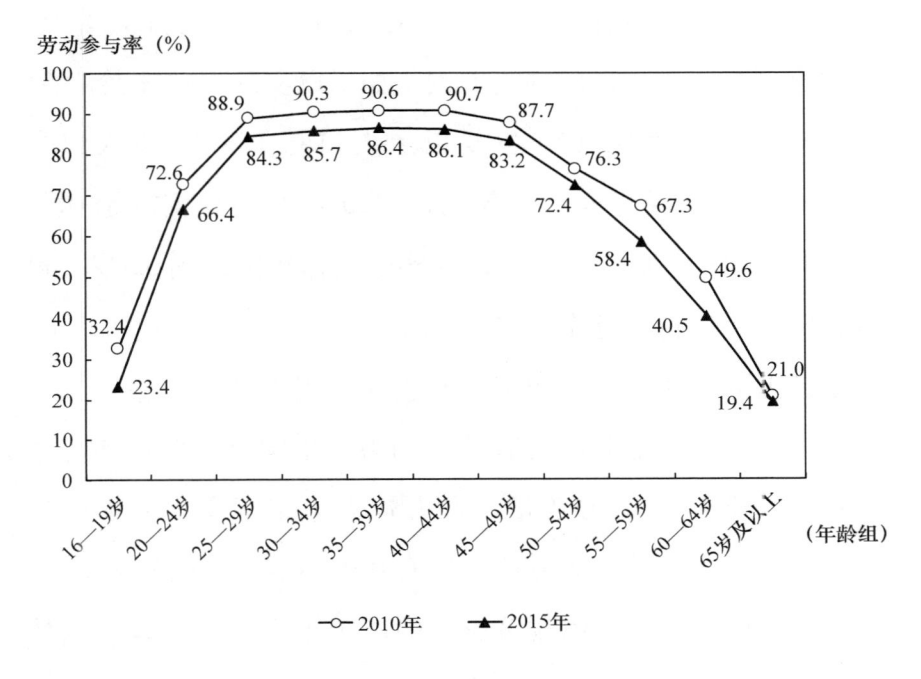

图 10-2 分年龄劳动参与率

资料来源：陆旸根据第六次人口普查和2015年1%人口抽样调查数据计算。

高于总体水平，其中25—29岁到45—49岁年龄组之间保持在较高水平。从45—49岁开始便迅速降低，到60—64岁时便下降到很低的水平。[①] 这里显示的是包括农业和非农产业在内的整体劳动参与率。一般来说，非农产业的劳动参与率与整体水平相比要低20.5%，而且，其开始下降的年龄更小，下降曲线也更加陡峭。

---

① 中国的劳动参与率下降并不完全是由老龄化这一个因素导致。例如，2015年与2010年相比，各年龄组的劳动参与率均有显著的下降。不过，这显然属于另一个课题研究的对象。

可见，中国在退休年龄方面仍有相当大可供挖掘的潜力。根据联合国对中国人口的预测数据，如果以实际退休年龄为55岁计，2020年赡养比（55岁及以上人口与15—54岁人口之比）为0.46。要保持这个赡养比，2030年必须把实际退休年龄提高到60岁。到2050年，即便实际退休年龄达到65岁，也难以把赡养比维持在这个水平。

正是因为如此，中国制定了渐进式延迟退休的方案。如果老年人口中更多的部分成为有效劳动力，中国整体劳动参与率相应提高，会从劳动力数量、人力资本、储蓄率、资本回报率、资源重新配置效率等方面产生有利于经济增长的效果。

但是，许多预期受该政策影响的职工不乐于接受延迟退休的安排，以致这个方案推进起来面临困难。出现这种情况的原因在于，在劳动者的年龄与受教育程度的关系上，中国与发达国家有很大的不同特点。在发达国家，长期以来教育发展水平已经较高，人力资本的积累可谓历时已久，所以，相对年长的劳动者也具有较长的受教育年限，足以使他们有能力延缓退休的时间，从而整体劳动力供给可以得到扩大。然而，鉴于中国人口受教育水平的年龄分布特征，延迟退休很难达到预期效果。

这里涉及的就是随着年龄增长人力资本递减的曲线。换句话说，对于教育发展十分迅速却起步较晚的中国来说，"一代比一代强"的特点十分明显。劳动年龄人口的教育水平呈现出

第十章 如何开启第二次人口红利？

随着年龄增大，受教育程度显著降低的特征。根据 2010 年人口普查数据，可以计算劳动年龄人口在每个年龄上的人均受教育年限。在计算中，我们赋予各教育阶段的受教育年限分别为："未上过学"为 0 年，小学为 6 年，初中为 9 年，高中为 12 年，大学专科为 15 年，大学本科为 16 年，研究生为 19.3 年（按硕士生和博士生人数的加权平均值计算）。[①]

从计算结果可知，16 岁及以上劳动年龄人口的平均受教育年限约为 9.0 年，在 20 岁达到受教育年限峰值 11.2 年之后，几乎每增加 1 岁都伴随着受教育年限的降低，在 41 岁时下降到平均水平。在更大的年龄组中，平均受教育年限基本都低于平均水平，而且在 50 岁以后便以极快的速度降低。到 55—59 岁这个临近法定退休年龄的区间，中国人口的平均受教育年限只有 7.5 年，到 60—64 岁年龄组，则进一步下降为 6.8 年（图 10-3）。

这些年龄偏大的人群虽然属于劳动年龄人口，但由于受教育程度低，认知能力和技能常常难以适应产业结构升级换代的要求，随着旧的技能逐渐被替代，他们很容易遭遇结构性就业困难或受到劳动力市场冲击。这也是职工普遍对延迟退休的政策抱有担忧的原因，也是在实施渐进式延迟退休政策时，必须

[①] 这里所做的计算，目的不在于反映受教育年限数字本身，而仅限于说明本节的论点，具体的结果完全可能与其他计算存在差异。

平均受教育年限（年）

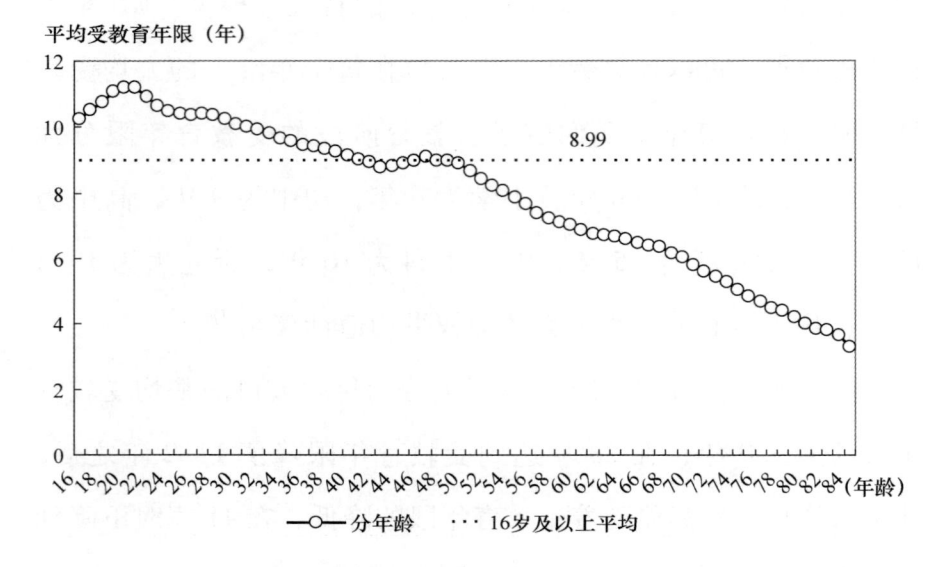

图 10-3　分年龄平均受教育年限

资料来源：作者根据第六次人口普查数据计算，国家统计局网站，http://www.stats.gov.cn/。

予以充分考虑的风险因素。至于更高年龄组的人口，受教育水平显然更不能适应劳动力市场的需要。

人力资本的另一个体现是劳动年龄人口的健康水平。老年人更加长寿是人均预期寿命提高的一个重要因素，也是提高老年人劳动参与率的人力资本基础。[①] 然而，预期寿命和预期健

---

① 在较早发展阶段，预期寿命提高主要是由于婴儿死亡率的降低，在较高的发展阶段，预期寿命提高则越来越依赖于老年人寿命的延长。如参见 Samuel H. Preston, "American Longevity, Past, Present and Future", *Policy Brief*, 7/1996, Syracuse University, Maxwell School Center for Policy Research, 1996。

第十章 如何开启第二次人口红利？

康寿命两者虽然可以同时提高，却并不必然保持相同的步调，这是因为前者可以是包括婴儿等低龄人口死亡率下降的结果，后者则主要反映老年人口的健康状况。

利用世界卫生组织的数据，我们可以从各国平均预期寿命和平均预期健康寿命分别偏离世界平均水平的程度（分别称为"寿命缺口"和"健康缺口"），观察人口整体健康水平和老年人口的健康水平（图10-4）。从中可见，2016年中国虽然在

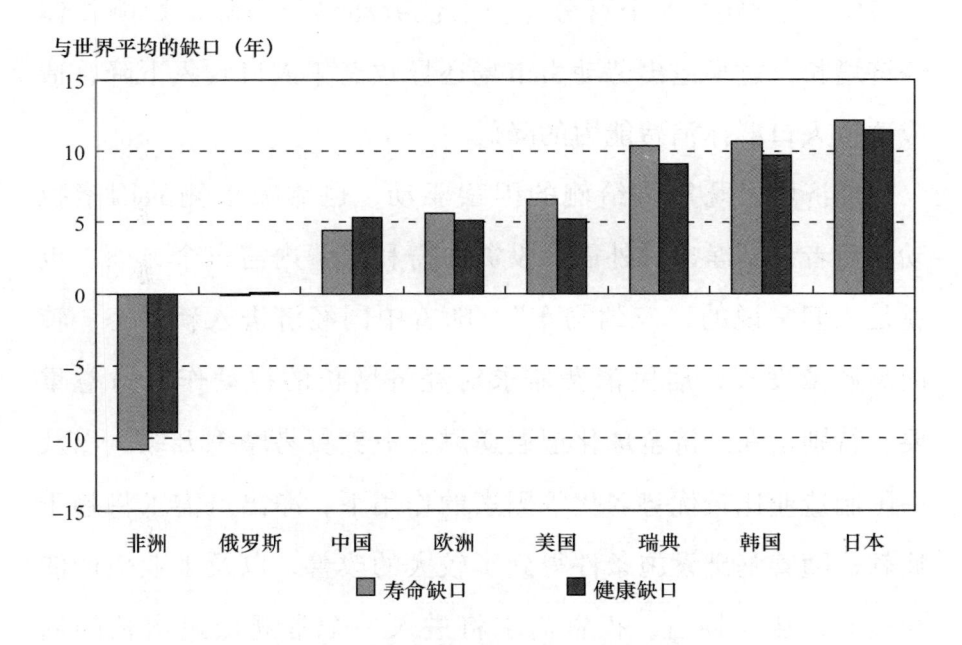

图10-4 预期寿命和预期健康寿命的国际比较

资料来源：世界卫生组织官方网站，https://www.who.int/data/gho/data/themes/topics/indicator-groups/indicator-group-details/GHO/life-expectancy-and-healthy-life-expecancy，2020年1月12日浏览。

两个指标上与欧美的平均水平相差不大，但是，与日本、韩国和瑞典等北欧国家相比仍有较大差距。老年人口健康状况较低，无疑也是劳动参与率难以提高的一个重要因素。

由于教育和健康等人力资本积累不足，从而劳动参与率随年龄增长而递减，中国人口的劳动参与率将呈现长期下降的趋势。根据预测，假设不发生特别的条件变化，中国16岁及以上人口的劳动参与率，将从2015年的69.7%降低到2050年的54.7%，下降约15个百分点。不仅劳动参与率降低影响整体经济增长，过早退出劳动力市场还导致老年人口收入下降，造成这个人口群体消费能力的降低。

经济增长既靠供给侧的因素驱动，也靠需求侧的因素拉动。后者包括净出口外需、投资内需和消费内需三个方面，也就是人们常说的"三驾马车"。随着中国经济进入新常态、转向高质量发展，居民消费需求对经济增长的拉动作用愈益重要。特别是在经济全球化遭遇逆风、中美贸易摩擦升级，以及中国制造业比较优势弱化等因素的作用下，净出口需求将趋于疲软；随着基础设施条件得到了较大的改善，以及工业生产能力过剩，从长期看，投资需求将进入一个常规低速增长的周期。因此，客观上需要把消费需求打造成经济增长的主要拉动力。

随着老龄化程度的加速提高，中国老年人口规模相应扩大。例如，预计2025年60岁及以上人口将接近3亿人。这个年龄组的庞大人群作为消费者的作用也越来越不容忽视。我们面临的一个重要课题,便是如何进一步挖掘老年人口的消费需求潜力,使之在拉动国内消费需求,进而拉动经济增长方面发挥更大的作用。

然而,这里遇到另一个与老龄化相关的现象,即随着年龄增长消费力递减。国内外研究都显示,临近退休和已经退休的人口群体,其消费力趋于减弱。在发达国家,这个现象与人们随年龄增长、收入水平更高、财富积累更多的情况相悖,因而不符合经济学理论预期,所以被称为"退休消费之谜"。然而,也有较为晚近的研究得出不尽相同的结论。

综合有关文献,我们可以概括若干与退休相关的消费行为特征。第一,退休消费行为具有显著的异质性,并不能套用任何统一的模型做出完美的解释。第二,退休人员在与就业相关的商品和服务类别上,消费数量确实明显减少。第三,财富积累较少的家庭以及非自愿退休的家庭,通常消费数量的减少较为显著。[①]

由此可见,中国老年人的消费行为,一方面与未富先老的特征相关,另一方面也可以通过约束条件的变化而予以改变。从中国人口的年龄与消费关系看,固然呈现消费力随着年龄提

---

① Erik Hurst, "The Retirement of a Consumption Puzzle", NBER Working Paper, No. 13789, 2008.

高而减弱的趋势,却的确算不上是一个"谜",因为消费水平变化与收入水平变化的方向是一致的,也就是说,既然收入水平降低,消费必然受到抑制。

从横截面数据看,中国人口的收入水平随年龄增长,实际上呈现一个倒"U"字形曲线,即一个人大约从 20 岁才开始获得劳动收入,随后劳动收入得到迅速提高,在 30 岁达到峰值并稳定在较高水平一段时间之后,便进入逐渐下降的过程,到 60 岁以后便基本消失了(图 10-5)。

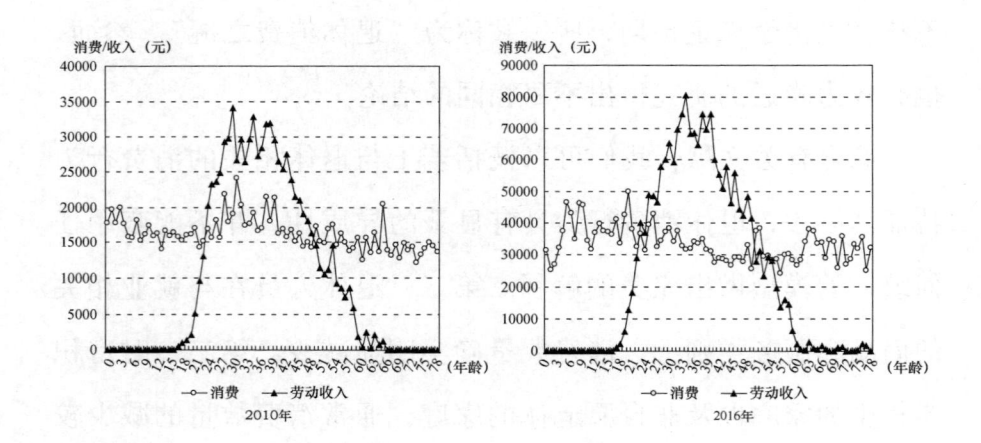

图 10-5 分年龄劳动收入与消费

资料来源:作者根据 2010 年和 2016 年中国城市劳动力调查数据计算。[①]

[①] 中国城市劳动力调查(China Urban Labor Survey,简称 CULS)是由中国社会科学院人口与劳动经济研究所组织实施的一项大规模城市家庭抽样调查项目,包括上海、福州、武汉、沈阳、西安、广州六个城市。2001 年启动首轮调查,大体每五年开展一次,2010 年为第三轮调查,2016 年为第四轮调查。调查采用分层概率抽样方法,样本对所调查的城市具有代表性。详见 https://www.culs.org.cn/。

将劳动收入的生命周期与消费的年龄特征进行比较，可以得出以下结论：第一，平均而言人们在25—50岁之间收入大于消费，也就是说净储蓄只是在这个年龄段上才能形成。第二，消费水平达到峰值之后，也会随劳动收入峰值之后的下降而递减，不过是以平缓得多的幅度而发生，总体来说在人的一生中呈水平分布。这说明，一般意义的生命周期消费理论以及特殊意义的中国语境，都对这个消费力下降现象有一定的解释力。第三，从2016年与2010年的比较中，我们可以发现两个差异之处。第一个差异表现在，2010年消费峰值与劳动收入峰值相同，都是在30—40岁区间达到的，随后两者同步降低；而2016年的消费峰值却发生在前劳动年龄人口区间。对于这个差异，在进一步深入分析之前尚难以给出可信的解释。第二个差异表现在，与2010年相比，2016年退休老年人的消费水平更高，甚至比50—60岁这个年龄段的消费水平都有明显提高。可以解释这个现象的一个足以确定的理由，是这一时期社会养老保险覆盖率和保障水平的明显提高。例如，根据联合国人口数据，在2010—2020年期间，60岁以上中国老年人口年平均增长率为3.2%，而在2012—2018年期间，中国城乡居民实际领取社会养老保险待遇的人数的年平均增长率为2.9%，同期城乡居民社会养老保险基金支出年平均增长率高达16.7%。由此，我们也可以看到，政府基本公共服务水平对于老年人的消费能力可以产生显著的影响。

总而言之,中国老年人消费扩大并为宏观经济的消费需求做贡献的根本制约,在于他们作为一个整体收入水平偏低。而且,由于实际退休年龄偏低,即很多人尚未达到法定退休年龄便提前退出劳动力市场,使得这个消费力递减曲线来得更为明显。此外,养老保险等社会保障制度的覆盖率和保障水平偏低,也构成老年人消费的后顾之忧。

五 回声效应中的人口红利

老龄化既是人口年龄结构变化的结果,也是老年人寿命延长的结果。因此,老年人力资源,包括作为劳动力及其拥有的人力资本存量,都是宝贵的生产要素,应该得到挖掘从而使其对经济增长继续做出贡献。根据中国人口老龄化的趋势和其他国家的经验,通过延迟退休来增加劳动力供给这条路,虽然困难重重但非走不可。

虽然第一次人口红利的消失,是中国当前面临各种严峻挑战的原因,但是,人口发展的规律本身,也有助于我们找到破解难题的路径。为简单起见,我们利用联合国关于1950—2050年中国人口数据,以20—40年为时间周期,来观察一个五岁分组人口的动态变化,即当年0—4岁"婴儿潮"如何变为20

第十章 如何开启第二次人口红利? 353

年后的"青年波",以及60年后的"老年峰"(图10-6)。需要指出的是,这里的每一个年龄组的人口只是作为代表,同时也或多或少反映着相邻年龄组的特征。与此同时,虽然这里显示的是时间序列的历史数据和预测数据,也可以作为一个特定时点截面状况的参照系。

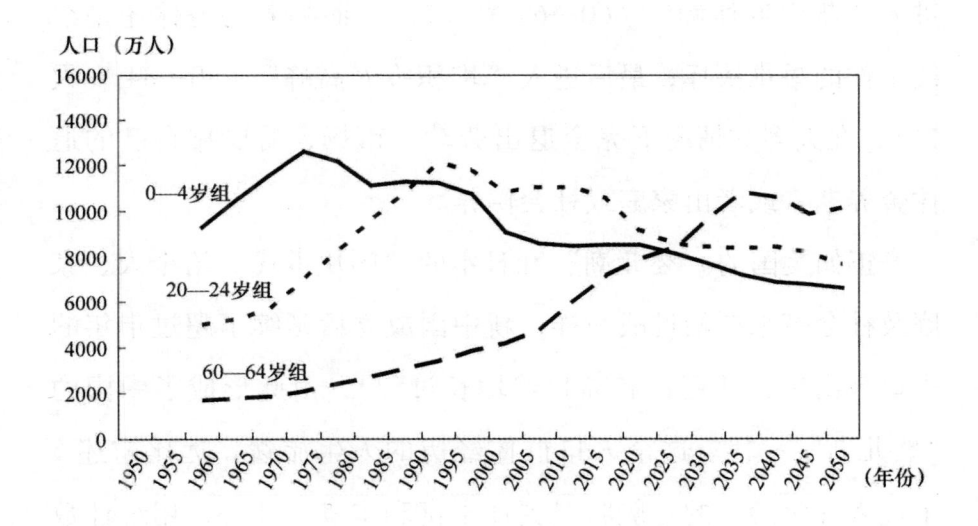

图 10-6 中国人口的长期"回声"

注:为了图形更加清晰,绘制时进行了三年平滑处理。

资料来源:United Nations, Department of Economic and Social Affairs, Population Division, 2019, *World Population Prospects: The 2019 Revision*, DVD Edition。

实际上,我们可以以20年为间隔,观察更多年龄组对婴儿潮的回声效应。早期形成的"婴儿潮"(0—4岁人口)先是转变为"青年波"(20—24岁人口),相应地,家庭抚养婴儿和幼童的负担，转化为如何使子女继续升学或进入劳动力市场的难题；继而进入"中年就业高峰"（40—44岁人口），遇到的是劳动者如何能够提升技能，以便保持在劳动力市场的竞争力，因而稳定自己的就业岗位，以及不断提升职业阶梯并增加收入，对家庭做出贡献（抚养子女和赡养老人）等挑战；随后进入"集中退休潮"（60—64岁人口），面临着是退休还是继续工作的艰难抉择；最后进入"堆积赡养高峰"（80—84岁人口），在大多数情况下完全退出劳动力市场，需要靠自己的退休金养老，或者由家庭或社会供养。

正如美国的"婴儿潮"和日本的"团块世代"给个人、家庭及社会带来严峻挑战一样，新中国成立后延续了超过十年的人口高出生、低死亡和高自然增长过程[1]，由此形成了中国的"婴儿潮"一代。这个人口群体经历的人生旅途，远比前述5个代表性年龄组的一般状况更加丰富和丰满。此外，用统计数字讲故事，隐含着这一代人具有同质性的假设，即舍弃了一个人出生在什么家庭、受过怎样的教育、从事何种工作、个人生活是平淡无奇还是起伏跌宕等差异性。

像这样把丰富多样的个人合并在一个数据集中，观察其平均值在不同时点面临的同质化人生选择，与现实生活大相径

---

[1] 20世纪50年代末和60年代初天灾人祸造成异常的出生率下降、死亡率上升，从而自然增长率下降。作为对这个扰动因素的补偿，形成"婴儿潮"一代的人口发展趋势一直延续到60年代中期。

庭。特别是在社会流动性不充分的环境下,对于农村居民、城市居民或者流动人口来说,面对的生存和发展挑战并不相同,对于拥有不同禀赋的个人来说,应对挑战的方式和结局也相去甚远。

不过,从人口学意义上,人们在不同的人生阶段,基于自身的年龄特征,在生活目标、优先序和挑战感等方面,与同一年龄组人群有着更多的群体相同性或相似性,而与其他年龄组人群有着更多的群体差异性和疏离感。总的来说,这个"婴儿潮"一代分别在被抚育、受教育、找工作和被赡养等几个人生阶段遭遇过共同的挑战。在人口老龄化不可逆转的条件下,他们最终所面临的最严峻挑战,与老龄化带给社会的挑战也别无二致。

尽管经济学家揭示了家庭生育决策背后的经济理性,但是,一个社会在一个特定时代显现出的人口格局终究不是市场的结果,而受到诸多个人和家庭所不能控制因素的影响。特别是,中国在不同时期的体制模式和发展状况,以及与之相关的政策因素,最终决定了当今中国的人口转变格局。解铃还须系铃人,在人口老龄化背景下挖掘第二次人口红利,需要政府进行恰当的政策干预。

综上所述,开启第二次人口红利,固然不应寄望于生育率回到以往的高水平,把人口转变过程重演一遍。不过,人口发展过程的队列特征,或者说"婴儿潮""青年波"和"老年峰"相继出现的回声效应[①],作为人口变化规律,以及老龄化不可逆转并且长期相伴的现实,提示我们解决老龄化的问题,应该从所有年龄阶段着眼,结合中国老年人口的特殊性,从达到期望目标出发,进行必要的公共政策调整和干预。

六 结语和政策建议

获得第二次人口红利的条件,不仅是与人口因素相关的储蓄率,更重要的是与人口因素相关的投资回报率。中国储蓄率水平位于世界前列,足以保障经济增长所必需的资本供给,从而满足创造第二次人口红利对储蓄率的要求。至于投资回报率,则是亟待突破的经济增长瓶颈。在老龄化的条件下,提升投资回报率的关键是通过教育发展打破现实的人力资本制约,并为未来积累必要的人力资本。

教育发展首先表现为数量上的扩张,在研究中一般用"受教育年限"来度量。提高人力资本,要求扩大教育规模,通过增加在学时间和提高各教育阶段入学率,延长劳动者的受教育年限。教育发展固然也有其质量的维度,但是,教育质量提高一般以教育数量扩大为前提。在教育质量既定的情况下延长受

[①] David E. Bloom and David Canning, "Booms, Busts, and Echoes: How the Biggest Demographic Upheaval in History is Affecting Global Development", *PGDA Working Papers*, No. 1506, Program on the Global Demography of Aging, 2006.

第十章 如何开启第二次人口红利？

教育年限，同时表现为数量和质量的人力资本总规模增大。反过来的逻辑却未必成立，也就是说如果没有教育数量的扩大则难以提高教育质量。这是因为教育作为人力资本的生产部门，是一个具有特殊外部性的领域，质量的提高需要在增量中实现。

质量是一种效率。在一般的生产领域，效率的提高靠的是充分竞争和优胜劣汰，即需要一个创造性破坏的过程。但是，由于教育领域的"产品"与物质生产领域不同——教育既是增进人力资本的手段，又服务于满足人的全面发展这个目的本身，因此，教育发展过程只能"创造"而不能"破坏"，既不能使学校"破产"，更不能让学生的学习过程中断。

因此，在普及九年制义务教育的基础上，向前（高中阶段）和向后（学前教育阶段）延长教育时间，对于提高人力资本具有明显效果。在资源有限的条件下，延长教育时间可以分步骤推进，根据社会回报率大小来决定优先次序。国际范围的经验研究表明，教育阶段从低到高具有社会回报率递减的特点。学前教育在促进幼儿智力、社会交往能力、价值观和自我意识发展方面具有重要作用，对于促进个人发展、社会进步、人力资源开发和综合国力增强具有长远意义。

鉴于中国已经把小学和初中教育纳入义务教育，因而有必要重点发展学前教育，加大对学前教育的投入。这不仅有利于发挥教育"阻断贫困代际传递"的功能，而且能够从财务和时间上为家庭解除后顾之忧，使出生孩子数量在政策规定的前提下尽可能接近家庭的生育意愿，更是培养一代更有可持续竞争力劳动者的关键之举。可以说，这是创造第二次人口红利和让人民过上更加幸福生活的一举两得之举。

通过政策扶助提高老年人口的劳动参与率，把应对老龄化的战略取向从消极应对型转向积极应对型。核心是改善劳动力存量的人力资本，包括推进终身学习体系建设，加强职工技能培训，把培训资源向年龄偏大的劳动者群体倾斜，针对特殊需求提高这个群体的人力资本，从而提高其在劳动力市场的适应力和竞争力，有效促进老年人口就业。与此同时，结合养老保障制度改革，设计出一个激励机制，鼓励年龄偏大的劳动年龄人口保持就业状态，而不是急于退出就业岗位。

从政策取向上来看，渐进式延迟退休政策的操作目标，应该是提高劳动参与率而不是减少养老金发放；实施手段着眼于提高实际退休年龄而不是调整法定退休年龄。把就业优先战略和实施更加积极的就业政策做得更细，特别是聚焦于保障那些年龄偏大劳动者的就业稳定。

此外，还应该采取必要的政策干预，提高中国人口的预期健康寿命。预期寿命的提高并不意味着预期健康寿命可以同比例提高。劳动参与率能否得到提高还取决于健康寿命。平均预期健康寿命越长，个体和社会的创造力越高。日本是老龄化程度最高的国家之一，该国政府从提高劳动参与率的目的出发，多次就延长预期健康寿命提出国家目标。2019年日本制定出台了最新措施，旨在实现到2040年使日本人健康寿命比2016年延长3年以上的目标。① 类似政策也应该纳入中国积极应对人口老龄化战略和政策体系之中。

以稳定劳动收入、增加财产性收入，以及提高社会保障水平为突破口，释放老年人的消费能量，提高老年人收入和消费力。只有通过稳定就业保持他们的收入不会随着年龄增长而降低，并使其积累起必要的个人财产，才能切实稳定和扩大这个群体的消费能力。完善基本社会养老保障制度，筑牢退休群体的基本生活基础，才能消除老年人消费的后顾之忧。

为了根本解决养老保障全覆盖的问题，应该增强社会养老保障的普惠性质，逐步做到每个人无论是否缴费，达到一定年龄后都能够有一个最基本的保障。这也是建设中国特色福利国家的一项重要内容。在此基础上增强养老保险的积累性质，辅之以能够保值增值的基金运营机制，同时以企业年金和商业保险等多种形式作为补充养老。

人口发展是关系中华民族生存发展的千年大计，合理提高

---

① 参见余诗泉编《日本提出把健康寿命"延长三年"国家战略》，2019年10月15日，参考消息网，http：//www.cankaoxiaoxi.com/culture/20191015/2393031.shtml，2020年1月13日浏览。

生育意愿的政策具有公共品的性质，需要制定和实施相关公共政策，形成政府埋单鼓励、家庭自主生育、企业依规配合的激励格局。配合生育政策调整，有针对性地加强公共服务供给，解除年轻夫妇的后顾之忧，同时有助于减轻老年人的跨代负担，不必为补贴子女甚至孙辈而过度储蓄。例如，继续发育劳动力市场和完善劳动力市场制度，提高年轻家庭的生育意愿和养育子女的能力，提高总和生育率，实现人口长期均衡发展。

在培育更加成熟的消费细分市场的过程中，关注老年人群体的消费需求，提高其消费的便利性，同时加强对其重要消费特点的研究，培育与老龄化相关的消费新领域。第四轮中国城市劳动力调查数据显示，在老年型家庭中，与就业相关的消费以及教育消费明显降低，比年轻型家庭分别低34.8%和80.8%。与此同时，老年家庭的食品消费比年轻家庭高21.4%，医疗保健消费更高出213%。提高劳动参与率有利于稳定前一类消费，而后一类消费值得培育为新的增长点。

迄今为止，老年人养老的需求远未得到有效满足。政府应该制定相应的政策，从税收、融资、公共设施和用地供给等方面给予扶持，切实形成产业投资的吸引力，促进养老服务业和老年人消费等相关产业的发展。这不仅是社会养老的必要内容和领域，还可以培育新的产业和业态，形成新的投资领域，使老龄人口红利成为一种新的经济增长拉动力。

参考文献

蔡昉：《"卑贱者"最聪明》，社会科学文献出版社2017年版。

蔡昉、都阳、杨开忠等：《新中国城镇化发展70年》，人民出版社2019年版。

蔡昉主编：《"大流行"经济学——应对疫情冲击与恢复经济增长》，中国社会科学出版社2020年版。

胡焕庸著，胡崇庆编：《中国人口之分布》，载《胡焕庸人口地理选集》，中国财政经济出版社1990年版。

林毅夫、蔡昉、李周：《中国的奇迹：发展战略与经济改革》，格致出版社、上海三联书店、上海人民出版社2014年版。

平新乔：《财政原理与比较财政制度》，上海三联弓店1995年版。

王小鲁、樊纲、胡李鹏：《中国分省份市场化指数报告（2018）》，社会科学文献出版社2019年版。

谢伏瞻主编，蔡昉、李雪松副主编：《迈上新征程的中国经济社会发展》，中国社会科学出版社 2020 年版。

徐东华、李闽榕、李加洪等：《中国可持续发展遥感监测报告（2016）》，社会科学文献出版社 2017 年版。

郑功成、[德] 沃尔夫冈·舒尔茨：《全球社会保障与经济发展关系：回顾与展望》，中国劳动社会保障出版社 2019 年版。

中共中央文献研究室编：《习近平关于社会主义经济建设论述摘编》，中央文献出版社 2017 年版。

中国发展研究基金会：《中国发展报告 2011/2012：人口形势的变化和人口政策的调整》，中国发展出版社 2012 年版。

[美] W. W. 罗斯托：《经济增长的阶段：非共产党宣言》，中国社会科学出版社 2001 年版。

[美] 阿蒂夫·迈恩、阿米尔·苏非：《房债：为什么会出现大衰退，如何避免重蹈覆辙》，中信出版社 2015 年版。

[美] 阿尔伯特·O. 赫希曼：《退出、呼吁与忠诚——对企业、组织和国家衰退的回应》，经济科学出版社 2001 年版。

[美] 艾伦·格林斯潘：《繁荣与衰退——一部美国经济发展史》，中信出版集团 2019 年版。

[美] 保罗·罗默：《何不推行特许城市》，《财经》2011 年第 16 期。

[美] 格雷厄姆·艾利森：《注定一战：中美能避免修昔底德陷

阱吗?》，上海人民出版社 2018 年版。

［美］格申克龙：《经济落后的历史透视》，商务印书馆 2009 年版。

［美］拉古拉迈·拉詹：《断层线——全球经济潜在的危机》，中信出版社 2011 年版。

［美］曼瑟尔·奥尔森：《集体行动的逻辑》，上海人民出版社 1995 年版。

［美］瓦科拉夫·斯米尔：《美国制造：国家繁荣为什么离不开制造业》，机械工业出版社 2014 年版。

［美］西蒙·库兹涅茨：《各国的经济增长：总产值和生产结构》，商务印书馆 1985 年版。

［美］小罗伯特·E. 卢卡斯：《为何资本不从富国流向穷国》，江苏人民出版社 2005 年版。

［美］印德尔米特·吉尔、霍米·卡拉斯等：《东亚复兴：关于经济增长的观点》，中信出版社 2008 年版。

［美］约瑟夫·熊彼特：《经济发展理论——对于利润、资本、信贷和经济周期的考察》，商务印书馆 1990 年版。

［美］约瑟夫·熊彼特：《熊彼特经济发展理论精选之经济周期循环论：对利润、资本、信贷以及经济周期的探究》，中国长安出版社 2009 年版。

［美］约瑟夫·熊彼特：《资本主义、社会主义与民主》，商务

印书馆 1999 年版。

[日] 小宫隆太郎、奥野正宽、铃村兴太郎编:《日本的产业政策》,国际文化出版公司 1988 年版。

[匈牙利] 亚诺什·科尔内:《短缺经济学》(上卷·下卷),经济科学出版社 1986 年版。

[英] 约翰·梅纳德·凯恩斯:《就业、利息和货币通论》,华夏出版社 2004 年版。

[英] 艾玛·罗斯柴尔德:《经济情操论——亚当·斯密、孔多塞与启蒙运动》,社会科学文献出版社 2019 年版。

[英] 安格斯·麦迪森:《世界经济千年统计》,北京大学出版社 2009 年版。

[英] 海韦尔·G. 琼斯:《现代经济增长理论导引》,商务印书馆 1984 年版。

[英] 亚当·斯密:《国民财富的性质和原因的研究》(上卷),商务印书馆 1996 年版。

[英] 约翰·穆勒:《政治经济学原理及其在社会哲学上的若干应用》,商务印书馆 1991 年版。

白重恩、张琼:《中国的资本回报率及其影响因素分析》,《世界经济》2014 年第 10 期。

蔡昉:《从中等收入陷阱到门槛效应》,《经济学动态》2019 年第 11 期。

蔡昉：《二元经济作为一个发展阶段的形成过程》，《经济研究》2015 年第 7 期。

蔡昉：《哪些因素扭曲了全球供应链？》，《财经》2019 年第 15 期。

蔡昉：《全球化、趋同与中国经济发展》，《世界经济与政治》2019 年第 3 期。

蔡昉：《中国经济改革效应分析——劳动力重新配置的视角》，《经济研究》2017 年第 7 期。

龚奕洁：《朱民对话格林斯潘：全球经济衰退的秘密》，《财经》2019 年第 27 期。

陆旸、蔡昉：《人口结构变化对潜在增长率的影响：中国和日本的比较》，《世界经济》2014 年第 1 期。

吴珍倩、贾怀勤、杨贵中：《拉动经济的第三匹马：经济学视角与统计学视角》，《国际经济评论》2017 年第 2 期。

［美］理查德·达舍、原田信行、星岳熊、柿田健儿、冈崎哲二：《创新驱动型经济增长的制度基础》，《比较》2017 年第 5 辑。

中华人民共和国国家质量监督检验检疫总局、中国国家标准化管理委员会（发布）：《国民经济行业分类》，2017 年 6 月 30

日，国家统计局官方网站：http：//www. stats. gov. cn/tjsj/tjbz/hyflbz/201905/P020190716349644060705. pdf.

许宪春：《中国仍为世界最大的发展中国家——从购买力平价法视角评析》，国家统计局网站，http：//www. stats. gov. cn/tjsj/sjjd/202005/t20200520_ 1746690. html.

经济学在线网站，https：//www. economicsonline. co. uk/Managing_ the_ economy/Poverty. html.

余诗泉编：《日本提出把健康寿命"延长三年"国家战略》，参考消息网，2019年10月15日。

Aoki Masahiko, Timur Kuran, and Gérard Roland (eds.), *Institutions and Comparative Economic Development*, Basingstoke：Palgrave Macmillan, 2012.

Aoki, Masahiko and Jinglian Wu (eds.), *The Chinese Economy：A New Transition*, Basingstoke：Palgrave Macmillan, 2012.

Arthur M. Okun, *Equality and Efficiency：The Big Tradeoff*, Washington, D. C. ：Brookings Institution Press, 2015.

Asian Productivity Organization, *APO Productivity Databook 2008*, Tokyo：The Asian Productivity Organization, 2008.

Fang Cai and Dewen Wang, "China's Demographic Transition：Implications for Growth", in Ross Garnaut and Ligang Song (eds.), *The China Boom and Its Discontents*, Canberra: Asia Pacific Press, 2005.

Fang Cai, *China's Economic Growth Prospects: From Demographic Dividend to Reform Dividend*, Cheltenham, UK · Northampton, M. A., USA: Edward Elgar Publishing, 2016.

Chang-Tai Hsieh and Peter J. Klenow, "Misallocation and Manufacturing TFP in China and India", *The Quarterly Journal of Economics*, Vol. CXXIV, Issue 4, November 2009.

Charles Goodhart and Manoj Pradhan, *The Great Demographic Reversal: Ageing Societies, Waning Inequality, and An Inflation Revival*, 1st ed., Cham, Switzerland: Palgrave Macmillan, 2020.

David Kennedy and Joseph Stiglitz (eds.), *Law and Economics with Chinese Characteristics: Institutions for Promoting Development in the Twenty-First Century*, Oxford, United Kingdom: Oxford University Press, 2013.

Fang Cai and Yang Lu, "The End of China's Demographic Dividend: The Perspective of Potential GDP Growth", in Ross Garnaut, Fang Cai and Ligang Song (eds.), *China: A New Model for Growth and Development*, Canberra: ANU E Press, 2013.

Fang Cai, *Demystifying China's Economy Development*, Beijing, Berlin. Heidelberg: China Social Sciences Press and Springer-

Verlag, 2015.

Feng Wang and Andrew Mason, "The Demographic Factor in China's Transition", in Loren Brandt and Thomas G. Rawski (eds.), *China's Great Economic Transformation*, Cambridge · New York: Cambridge University Press, 2008.

Garnaut, Ross and Ligang Song (eds.), *The China Boom and Its Discontents*, Canberra: Asia Pacific Press, 2005.

Gerald M. Meier, *Leading Issues in Economic Development* (Revised), Oxford University Press, Incorporated, 1995.

Heather Boushey, Ryan Nunn, and Jay Shambaugh (eds.), *Recession Ready: Fiscal Policies to Stabilize the American Economy*, Washington, D. C.: The Hamilton Project and the Washington Center on Equitable Growth, 2019.

Huw McKay and Ligang Song (eds.), *Rebalancing and Sustaining Growth in China*, Canberra: Australian National University E Press, 2012.

Justin Yifu Lin and Yan Wang, "China's Integration with the World: Development as a Process of Learning and Industrial Upgrading", in Fang Cai (ed.), *Transforming the Chinese Economy*, Leiden · Boston: Brill, 2010.

Justin Yifu Lin, Fang Cai and Zhou Li, *The China Miracle: Develop-*

ment Strategy and Economic Reform (Revised Edition), Hong Kong: The Chinese University Press, 2003.

Lucia Foster, John Haltiwanger and C. J. Krizan, "Aggregate Productivity Growth: Lessons from Microeconomic Evidence", in *New Developments in Productivity Analysis*, NBER/University of Chicago Press, 2001.

Loren Brandt and Thomas G. Rawski (eds.), *China's Great Economic Transformation*, Cambridge · New York: Cambridge University Press, 2008.

Luigi Zingales, *A Capitalism for the People: Recapturing the Lost Genius of American Prosperity*, New York: Basic Books, 2014.

Masahiko Aoki, "The Five Phases of Economic Development and Institutional Evolution in China, Japan, and Korea", in Aoki Masahiko, Timur Kuran, and Gérard Roland (eds.), *Institutions and Comparative Economic Development*, Basingstoke: Palgrave Macmillan, 2012.

Matthew Vincent, "Lossmaking Tech Companies Are Floating Like Its 1999, Making Some Investors Wary", FT Wealth, Issue 56, June 2019.

Milton Friedman and Rose Friedman, *Free to Choose: A Personal Statement*, New York, London and Other Cities: A Harvest Book ·

Hardcourt, Inc. , 1990.

Milton Friedman, *Capitalism and Freedom*, Chicago · London: The University of Chicago Press, 1962.

Nicholas D. Kristof and Sheryl WuDunn, *Tightrope: Americans Reaching for Hope*, New York: Alfred A. Knopf, 2020.

Paul Krugman, *The Great Unraveling: Losing Our Way in the New Century*, New York · London: W. W. Norton & Company, 2003.

Rainer Kattel, Jan A. Kregel and Erik S. Reinert (eds.), *Ragnar Nurkse (1907 – 2007): Classical Development Economics and Its Relevance for Today*, London · New York · Delhi: Anthem Press, 2009.

Richard C. Koo, *The Holy Grail of Macroeconomics: Lessons from Japan's Great Recession (Revised and Updated)*, Singapore: John Wiley & Sons (Asia) Pte. Ltd. , 2009.

Robert Barro and Xavier Sala-i-Martin, *Economic Growth*, New York: McGraw-Hill, 1995.

Ross Garnaut, Fang Cai and Ligang Song (eds.), *China: A New Model for Growth and Development*, Canberra: ANU E Press, 2013.

Ross Garnaut, "Macro-economic Implications of the Turning Point", in Huang Yiping and Fang Cai (eds.), *Debating the*

Lewis Turning Point in China, London and New York: Routledge, 2014.

Stephen S. Roach, *Stephen Roach on the Next Asia: Opportunities and Challenges for a New Globalization*, John Wiley & Sons, Inc., 2009.

The World Bank and The International Monetary Fund, "Development Goals in an Era of Demographic Change: Global Monitoring Report 2015/2016", Washington, D. C. : International Bank for Reconstruction and Development / The World Bank, 2016.

Thomas Philippon, *The Great Reversal: How America Gave Up on Free Markets*, Cambridge, Massachusetts, London, England: The Belknap Press of Harvard University Press, 2019.

Thomas Piketty, *Capital and Ideology*, Cambridge, M. A., U. S. A., and London, U. K., Publisher Belknap Press, 2020.

Thomas Piketty, *Capital in the Twenty-First Century*, Cambridge Massachusetts: The Belknap Press of Harvard University Press, 2014.

World Bank et al., "Global Value Chain Development Report 2017: Measuring and Analyzing the Impact of GVCs on Economic Development", Foreword by Michael Spence, Washington D. C: International Bank for Reconstruction and Development/The

World Bank.

World Bank Group, "Doing Business 2019", Washington D. C., International Bank of Reconstruction and Development / The World Bank.

World Bank, "Global Economic Prospects", June 2020, Washington, D. C.: World Bank. DOI: 10. 1596/978-1-4648-1553-9. License: Creative Commons Attribution CC BY 3. 0 IGO.

World Bank, "Per Capita Income: Estimating Internationally Comparable Numbers", Washington D. C.: World Bank, 1989.

World Trade Organization et al., "Global Value Chain Development Report 2019: Technological Innovation, Supply Chain Trade, and Workers in a Globalized World", Executive Summary by David Dollar, Geneva, Switzerland: World Trade Organization.

W. G. Hoffmann, The Growth of Industrial Economies, Manchester University Press, 1958.

Alwyn Young, "The Razor s Edge: Distortions and Incremental Reform in the People's Republic of China", NBER Working Paper, No. 7828, 2000.

Atif R. Mian, Ludwig Straub, and Amir Sufi, "The Saving Glut of the Rich and the Rise in Household Debt", NBER Working Paper, No. 26941, April 2020.

Barry Bosworth and Susan Collins, "Accounting for Growth: Comparing China and India", NBER Working Paper, 12943, 2007.

Barry Eichengreen, Donghyun Park, and Kwanho Shin, "When Fast Growing Economies Slow Down: International Evidence and Implications for China", NBER Working Paper, No. 16919, 2011.

Barry Eichengreen, Donghyun Park, and Kwanho Shin, "Growth Slowdowns Redux: New Evidence on the Middle-income Trap", NBER Working Paper, No. 18673, 2013.

David E. Bloom and David Canning, "Booms, Busts, and Echoes: How the Biggest Demographic Upheaval in History is Affecting Global Development", PGDA Working Papers, No. 1506, Program on the Global Demography of Aging, 2006.

Erik Hurst, "The Retirement of a Consumption Puzzle", NBER Working Paper, No. 13789, 2008.

Fredrik Heyman, Pehr-Johan Norbäck and Lars Persson, "The Turnaround of Swedish Industry: Reforms, Firm Diversity and Job and Productivity Dynamics", IFN Working Paper, No. 1079, Research Institute of Industrial Economics, 2015.

Jeffrey Williamson, Growth, "Distribution and Demography: Some Lessons from History", NBER Working Paper, No. 6244, 1997.

John Whalley and Xiliang Zhao, "The Contribution of Human Capital to China's Economic Growth", NBER Working Paper, No. 16592, 2010.

Louis Kuijs, "China Through 2020: A Macroeconomic Scenario", World Bank China Research Working Paper, No. 9, 2010.

Margaret S. McMillan and Dani Rodrik, "Globalization, Structural Change and Productivity Growth", NBER Working Paper, No. 17143, 2011.

Matias Covarrubias, Germán Gutiérrez and Thomas Philippon, "From Good to Bad Concentration? U. S. Industries over the Past 30 Years", NBER Working Paper, 25983, 2019.

Rudiger W. Dornbusch and Sebastian Edwards, "Macroeconomic Populism in Latin America", NBER Working Paper, No. w2986, May 1989.

Thor Berger and Carl Benedikt Frey, "Structural Transformation in the OECD: Digitalisation, Deindustrialisation and the Future of Work", OECD Social, Employment and Migration Working Papers No. 193, 2016, OECD Publishing.

Alvin Hansen, "On Economic Progress and Declining Population Growth", *Population and Development Review*, Vol. 30, No. 2, 2004.

Alwyn Young, "Gold into the Base Metals: Productivity Growth in the People's Republic of China during the Reform Period", *Journal of Political Economy*, Vol. 111, No. 6, 2003.

Alwyn Young, "Lessons from the NICs: A Contrarian View", *European Economic Review*, Vol. 38, issue 3/4, 1994.

Andrew Walder, "Local Governments As Industrial Firms", *American Journal of Sociology*, Vol. 101, No. 2, 1995.

Angus Deaton, "We May Not All Be Equal in the Eyes of Coronavirus", *Financial Times*, 6 April 2020.

Arthur Lewis, "Economic Development with Unlimited Supplies of Labour", *The Manchester School of Economic and Social Studies* 22, 1954.

Arvind Subramanian, "After Capital: A Radical Agenda to Tame Inequality", *Foreign Affairs*, Vol. 99, No. 4, 2020.

Carsten Herrmann-Pillath and Feng Xingyuan, "Competitive Governments, Fiscal Arrangements, and the Provision of Local Public Infrastructure in China: A Theory-driven Study of Gujiao Municipality", *China Information*, Vol. 18, No. 3, 2004.

Charles M. Tiebout, "A Pure Theory of Local Expenditures", *Journal of Political Economy*, Vol. 64, No. 5, 1956.

D. Schultz, "Regional Disparities in Economic Development: Lessons Learned from the United States of America", *RUDN Journal of Public Administration*, Vol. 4, No. 2, 2017.

Gavyn Davies, "The Effects of Covid-19 Risk Deepening Secular Stagnation", *Financial Times*, 1 June 2020.

Gillian Tett, "Expect a Bank-shaped Recovery", *Financial Time*, 16 July 2020.

Jin Hehui, Qian Yingyi and Barry R. Weingast, "Regional Decentralization and Fiscal Incentives: Federalism, Chinese Style", *Journal of Public Economics*, Vol. 89, 2005.

Hollis B. Chenery and Alan M. Strout, "Foreign Assistance and Economic Development", *The American Economic Review*, Vol. LVI, No. 4, Part 1, September 1966.

John Authers, "The Next Crisis Is Brewing in Pension Funds, Not Banks", *Financial Times*, 27 July 2018.

John Maynard Keynes, "Some Economic Consequences of a Declining Population", *Population and Development Review*, Vol. 4, No. 3, 1978.

Justin Yifu Lin, "China and the Global Economy", *China Economic Journal*, Vol. 4, No. 1, 2011.

Justin Yifu Lin, "Rural Reforms and Agricultural Growth in China", *The American Economic Review*, Vol. 82, No. 1, 1992.

Kiyoshi Kojima, "The 'Flying Geese' Model of Asian Economic

Development: Origin, Theoretical Extensions, and Regional Policy Implications", *Journal of Asian Economics*, Vol. 11, 2000.

Lawrence H. Summers, "The Age of Secular Stagnation: What It Is and What to Do About It", *Foreign Affaires*, Vol. 95, No. 2, 2016.

Lawrence H. Summers, "Secular Stagnation and Macroeconomic Policy", *IMF Economic Review*, No. 66, 2018.

Lucia Foster, John Haltiwanger, and Chad Syverson, "Reallocation, Firm Turnover, and Efficiency: Selection on Productivity or Profitability?", *American Economic Review*, Vol. 98, 2008.

Mario Draghi, "We Must Mobilise As If for War", *Financial Times*, 27 March 2020.

Martin McGuire, "Group Segregation and Optimal Jurisdictions", *Journal of Political Economy*, Vol. 82, No. 1, 1974.

Martin Wolf, "Hypocrisy and Confusion Distort the Debate on Social Mobility", *inancial Times*, 3 May 2019.

Martin Wolf, "Saving Capitalism from the Rentiers", *Financial Times*, 18 September 2019.

M. P. Todaro, "A Model of Labor Migration and Urban Unemployment in Less Developed Countries", *American Economic Review*, Vol. 59, No. 1, 1969.

Robert J. Shiller, "Narrative Economics", *Cowles Foundation Discussion Paper*, No. 2069, January 2017.

Ronald Lee and Andrew Mason, "What Is the Demographic Dividend?", *Finance and Development*, Vol. 43, No. 3, September 2006.

Ryoshin Minami, "The Turning Point in the Japanese Economy", *Quarterly Journal of Economics*, Vol. 82, No. 3, 1968.

Samuel H. Preston, "American Longevity, Past, Present and Future", *Policy Brief*, 7/1996, Syracuse University, Maxwell School Center for Policy Research, 1996.

scar Jordà, Moritz Schularick, and Alan M. Taylow, "The Great Mortgaging: Housing Finance, Crises and Business Cycles", *Economic Policy*, Vol. 31, No. 85.

Takamisu Sawa, "What Jobs Will Be Lost to AI and Robotics?", *The Japan Times*, October 13, 2018.

Tobias Buck, "Eastern Germany in Grip of Population Collapse", *Financial Times*, 10 June 2019; Tobias Buck, "Germany's Lingering Divide", *Financial Times*, 30 August 2019.

Tobias Buck, "Eastern Germany in Grip of Population Collapse", *Financial Times*, 10 June 2019.

Tobias Buck, "German Taxpayers Grow Weary of Levy to Help Rebuild East", *Financial Times*, 24 October 2019.

William J. Baumol, Productivity Growth, Convergence, and Welfare: "What the Long-Run Data Show", *The American Economic Review*, Vol. 76, No. 5, 1986.

Angus Deaton, "Globalization and Health in America", January 14, 2018, based on remarks during a panel discussion at the IMF conference on Meeting Globalization's Challenges (October 2017), http://www.princeton.edu/~deaton/downloads/Globalization-and-health-in-America_ IMF-remarks.pdf.

Francisco Ferreira and Carolina Sanchez, "A Richer Array of International Poverty Lines", Let's Talk Development, October 13, 2017, http://blogs.worldbank.org/developmenttalk.

International Monetary Fund, "World Economic Outlook", April 2021, https://www.imf.org/zh/Publications/WEO/Issues/2021/03/23/world-economic-outlook-april-2021.

Joseph Stiglitz, "Monopoly's New Era", https://www.project-syndicate.org/commentary/high-monopoly-profits-persist-in-markets-by-joseph-e-stiglitz-2016-05.

McKinsey Global Institute, "China and the World: Inside a Changing Economic Relationship", December 21, 2018, McKinsey & Company official website: https://www.mckinsey.com/featured-insights/asia-pacific/china-and-the-world-inside-a-changing-economic-relationship.

Naoko Hara et al., "The New Estimates of Output Gap and Potential Growth Rate", Bank of Japan Review, 2006-E-3, May 2006, 日本银行官方网站, https://www.boj.or.jp/en/research/wps_rev/rev_2006/data/rev06e03.pdf.

NPR, The Liberty City, https://www.npr.org/transcripts/771371881, October 18, 2019.

NPR, "The Lancaster", Pa., Puzzle, https://www.npr.org/2019/11/08/777804090/the-lancaster-pa-puzzle, November 8.

OECD, Pension at a Glance 2019: OECD and G20 Indicators, OECD Publishing, Paris, https://doi.org/10.1787/b6d3dcfc-en.

Oxford Economics, "Global Cities: The Outlook for the World's Leading Urban Economies amid the Global Slowdown", https://www.oxfordeconomics.com/recent-releases/global-cities-2035-2019.

Stephen Roach, "Don't Blame Supply Chains", Yale Global Online, May 7, 2020, https://yaleglobal.yale.edu/content/dont-blame-supply-chains.

The Global Trade Alert, "The GTA Reports", May 2020, https://www.globaltradealert.org/reports.

World Bank Data Team, "New Country Classifications by Income Level: 2018 - 2019", July 1, 2018, http://blogs.worldbank.org/opendata/new-country-classifications-income-level-2018-2019.

World Bank Group, "Global Economic Prospects: Slow Growth, Policy Challenges", World Bank Group, 2020, https://www.worldbank.org/en/publication/global-economic-prospects.

World Bank, "How Are the Income Group Thresholds Determined?" https://datahelpdesk.worldbank.org/knowledgebase.

后　　记

本书包含了作者近年来关于中国特色社会主义现代化的理论思考和经验阐释。作者尝试对中国在实现第二个一百年奋斗目标过程中，所面对的经济和社会挑战做出规范的分析，并提出具有针对性的政策建议。写作过程中既坚持严谨规范的态度，也努力在表达上做到简洁生动；不仅意在吸引经济学界的同行参与相关问题的讨论，同时期待关心中国经济社会发展问题的更广泛读者有兴趣阅读本书，希望作者的研究过程和结论对读者有所裨益。

书中引用其他作者的观点，均按照学术规范提供了必要的文献出处，对独特的数据也注明了来源。除了众所周知且已有约定俗成译名的作者如亚当·斯密之外，文章提到国外作者时，均标出英文姓名。对于一些常见的数据，由于引自常规的官方发布渠道，为简洁起见不再注明出处。这些数据主要涉及

后　记

两个来源，一个是国家统计局的国家数据网站（https://data.stats.gov.cn/index.htm），另一个是世界银行开放数据网站（https://data.worldbank.org/）。

在本书出版之际，作者感谢在研究写作中给予帮助和鼓励的中国社会科学院同事及学界同仁。特别感谢中国社会科学院人口与劳动经济研究所的贾朋博士，高效地完成了很多科研辅助工作；中国社会科学出版社赵剑英社长，对本书的写作和完成给予诸多鼓励；王茵副总编辑在督促和编辑工作中的作用是不可替代的。当然，作者本人乐见读者的批评，也将对所有难免存在的错误和遗漏之处承担责任。

蔡　昉

2021 年 6 月 18 日于北京